神奈川大学人文学研究叢書――37

〈68年〉の性

変容する社会と「わたし」の身体

これまでの68年論が見落としてきた文芸作品や芸術表現、
解放を目指した運動の陰で抑圧されていた女性問題などを取り上げて、
変革のなかで「性と身体」がどのように語られてきたのかを検証する。
アメリカの白人・黒人社会の女性差別、強制不妊手術、
男性中心的な視点からの性の解放、
中絶をめぐる闘いと女性性の新たなる地平、
白土三平の『カムイ伝』で読む政治と女性……。
60年代論の新機軸を提示する論集。

神奈川大学人文学研究所［編］
小松原由理［編著］

青弓社

〈68年〉の性——変容する社会と「わたし」の身体

目次

序文　小松原由理　9

第1章　幽閉されるアメリカン・ヒロイン
——十九世紀末から一九六〇年代へ　山口ヨシ子　17

1　一九六三年、ベティ・フリーダンとシルヴィア・プラス　17
2　消えた「新しい女」　22
3　幽閉されるヒロインの系譜　31
4　「職業・主婦」を推奨する社会の諸事情　41
5　変革への兆し　50

第2章　誰の〈身体〉か？
——アメリカの福祉権運動と性と生殖をめぐる政治　土屋和代　62

1　「福祉の爆発」と不妊手術　65

2　レルフ姉妹をめぐる裁判　69
3　黒人の「組織的集団虐殺《ジェノサイド》」か？　73
4　「鍵となる言葉は「選択の自由（choice）」である」　75

第3章　スウィンギング・シックスティーズの脱神話化
——アンジェラ・カーター『ラブ』再訪　村井まや子　91

1　「性の革命」元年　94
2　『ラブ』にみる愛の神話の論理的帰結——一九六九年　101
3　「あとがき」による『ラブ』の脱神話化——一九八七年　109

第4章　身体の「自律」から「関係」の身体へ
——アニエス・ヴァルダ『歌う女、歌わない女』をめぐって　熊谷謙介　118

1　ヌーヴェル・ヴァーグと女性　122
2　フランス女性解放運動と『歌う女、歌わない女』　125

3 自律の身体、関係の身体 136

第5章 女性性の戦略的表象
――アンナ・オッパーマンの「アンサンブル・アート」と〈六八年〉の身体 小松原由理 158

1 アンサンブルの誕生 161
2 手法としてのアンサンブル 166
3 ハイパーメディア空間としてのアンサンブル 172
4 〈六八年〉の「痕跡保全」としてのアンサンブル 178
5 アンサンブル『主婦であること』――イメージとしてのジェンダー 182

第6章 一九六〇年代日本の女性運動家の実情とイメージ
――白土三平のマルクス主義的長篇漫画『カムイ伝』を題材に クリスチャン・ラットクリフ 198

1 若い運動家が揺るがした一九六〇年代日本での女性活動家の立場と役割 198
2 資料としての『カムイ伝』 204

3 『カムイ伝』で描かれる女性の類型とその役割 208
4 『カムイ伝』の女性描写と一九六〇年代の女性運動家 250

カバー写真——アフロ
装丁——岩橋香月［デザインフォリオ］

序文

小松原由理

本書は、〈六八年〉の身体表象とジェンダー規範の変容を、各国・各地域の文学・映画・美術・マンガ・社会運動といった広範囲なジャンルを通して分析・検証したものである。改めていうまでもないかもしれないが、この〈六八年〉とは、年号的な意味での一九六八年ではない。イマニュエル・ウォーラーステインが六八年を一八四八年革命に次ぐ第二の世界システム的変化と位置づけたように、歴史家アーサー・マーウィックが一九六〇年代に発生した変化を広範な「文化革命」とし、その変容のスパンはそれ以前からそれ以後まで長期に及ぶとして「長い六〇年代」論を説いたように、本書でも、〈六八年〉は世界史的な変容を語る一つの記号として使われている。

そしてもう一つ。各章で共有されている問題意識は、「性と身体」という、それ自体が個人対社会、私的領域対公的領域の狭間に位置するメディアへのアプローチである。〈六八年〉という変革のときに、身体の自由、性の自由がグローバルにうたわれながら、同時にその自由の意味をめぐって、回収されない固有性や地域性、歴史性が強固に浮かび上がってくるところは興味深い。通底しているのは、〈六八年〉の文化変容の多様性を考察するためにはむしろ、身体やジェンダーというものを直接的に説く運動や表層的な言説を追いかけて並べるのではなく、またその体験者たちの話をただ回顧録的に記述するのでもなく、諸地域・諸文化の多様なジャンル、多様なコンテンツから変容を物語る断片を取り出していくという手法である。それは、これまで〈六八年〉という文脈で必ずしも読み解かれてこなかった作品、歴史というメインストリームから逸脱したために封じ込まれてきた記録、集団の記憶とはほど遠い個人的な芸術表現とその格闘こそを主題として扱うという意識である。

振り返れば、これまで性と身体の問題は、〈六八年〉という出来事をめぐる言説ではあくまで副次的なものとして論じられてきた。「六八年運動」という言葉がイメージさせるものは、まずもって直接政治的なアクションであり、「六八年世代」という言葉がイメージさせるものは、ドイツではナチズムに結び付いた過去との闘いを意味したが、各国・各地域のそれは人種問題や階級社会の諸問題、権威主義的社会への若者世代による抗議活動といった社会問題だった。ドイツの歴史家ノルベルト・フライは一連の史実とその前後のつながりを詳細に記述し、一九六〇年代に始まるアメリカ南部ノースカロライナ州のグリーンズボロを発信地としたシット・イン・ムーヴメントから、東部のカリフォルニア州バークレーでのフリー・スピーチ・ムーヴメントをあげ「はじめにはアメリカがあった」とした。続けて、フランスでの学生と労働者による五月革命、西ドイツでのドイツ社会主義学生同盟（SDS）による抗議運動、イギリスでの学生による大学占拠とベトナム連帯キャンペーン（VSC）の設立とデモ行進、さらに日本でも日米安全保障条約の改定と沖縄返還交渉を前に抗議デモは五十万人に及び、当時百五十万人といわれた日本の大学生のうち半数が急進左派の全学連（全日本学生自治総連合）に属していたと述べ、六八年運動のグローバリズムを強調した。(1)

では、〈六八年〉のジェンダー問題に関しては、同じようにグローバリズムの観点から記述できるのだろうか。フライがこの反乱のグローバリズムのなかで補足的に記述するのが、西ドイツでの「コムーネI」の性の共有化の実践を目指した若者たちの共同生活についてと、六八年九月のSDS集会で女性軽視的な態度に怒った女性参加者たちがトマトを投げたという事件についてである。前者は、マルクス主義的な共有概念の延長でもくろんだ実験対象の一つであり、素朴な理想主義の果てに失敗した試みとしての「性」を、また後者は七〇年代以降の第二派フェミニズムによって制度化されていく女性問題が代表するような、性差撤廃としての「性」を取り上げたものではあるが、(2)いずれの「性」も、六八年運動の中心からは遠く離れたところで起こった付随的なものとして了解されている。本書は、この了解を解くこと、つまり、集団での思考実践としての「性」ではなく、〈六八年〉という世界史的変容に、個々の人間の根源的要素としての「性と身体」というものの所在が、どのように取り組まれてそこに再配置されたか、各国・各地域について再度検証する。したがって、この試みは神話化された〈六八年〉の一つの解体作業を意味する。

ここで、各章の概要をあらかじめみておきたい。第1章「幽閉されるアメリカン・ヒロイン――十九世紀末から一九六〇年代へ」（山口ヨシ子）では、アメリカでの第二派フェミニズムの記念碑的な作品になったベティ・フリーダンの『女らしさの神話』（一九六三年）と同年に出版されたシルヴィア・プラスの小説『ベル・ジャー』に注目する。一九五〇年代のジェンダー化されるアメリカ社会に絶望的な閉塞感をみる女子大生を描いた作者プラスは、同年に自殺した。プラスもフリーダンもともに、白人中産階級の女性が男性の補助的な役割を社会から押し付けられている状況を小説と批評というそれぞれのジャンルから糾弾した。山口はとりわけプラスが、社会のなかで密閉された女性の姿を、化学実験で用いるガラス器具「ベル・ジャー」を用いて、「ベル・ジャーのなかで、死んだ赤ちゃんみたいに虚ろにとどまっているよう」という表現で示したことに着目し、十八世紀以降、女性たちに繰り返し重ね合わされてきた「幽閉」というイメージからの連続性をみる。また同時に、二十世紀への転換期から巻き起こった「新しい女」の出現、そして第一波フェミニズムの動きから半世紀以上の時を経て、なぜ再びプラスが描いたような行き詰まりにいたったのか、その背景として新聞・雑誌・書籍などのニューメディアの存在、なかでもとりわけ廉価で、広い読者層を得ていた女性誌に掲載される連載小説を詳細に分析しながら、「揺り戻し」の実体を丹念に検証していく。

第2章「誰の〈身体〉か？――アメリカの福祉権運動と性と生殖をめぐる政治」（土屋和代）は、第1章で山口が解き明かした白人中産階級の女性たちの性と身体へのアメリカ社会の力学とはまた別の、いわば「もう一つの力学」、すなわち黒人貧困層の女性たちの性と身体への力学を取り上げる。土屋は、黒人解放運動や移民の増加といった社会背景を受けた戦後一九五〇年代から七〇年代のアメリカ社会の、いわゆる「福祉」の爆発が誘発した社会不安が、「福祉に依存する母親」を「経済的脅威」とみなす基盤を作り、その「逸脱」を矯正するための公的正義の手段として、本人に説明もしないまま不妊手術をとりおこなっていたという事実を徹底的に究明する。なかでも土屋が詳細に取り上げるレルフ姉妹の事例とその裁判をめぐる過程には、自分たちの〈身体〉を自分たちの手に取り戻すための闘いが鮮明に浮かび上がる。ここから土屋は、この性と生殖に関する決定権を自らの手に回復するための姉妹とその支援者であるNWRO（全米福祉権団体）の闘いは、「白人中産階級主導のフェミニズムとも、黒人男性中心の解放思想とも異なる、独自の視点を作り出した」という一つの結論を導き出す。

第3章「スウィンギング・シックスティーズの脱神話化——アンジェラ・カーターの『ラブ』再訪」（村井まや子）では、一九六〇年代のロンドンの若者文化を形容する言葉として定着した「スウィンギング・シックスティーズ」という、まさに時代の申し子のような若者たちの姿を描いた、日本でも著名なイギリス人女性作家アンジェラ・カーターの『ラブ』（一九六九年に執筆、七一年に出版）を中心に取り上げる。村井は、『ラブ』というタイトルとは裏腹に、自己の性的幻想を他者にぶつけることで傷つけ合い、欲望の行き場をなくしたヒロインを描いたこの作品が、ヒロインの自殺という寒々としたラストにならざるをえなかった背景に新たな視点から注目する。『チャタレイ夫人の恋人』裁判と精神分析家ロナルド・デイヴィッド・レインの『引き裂かれた自己』（一九六〇年）に始まる六〇年代の文化と性の革命が、あらゆる旧弊からの脱却を目指しながらもジェンダーの神話については無自覚だった事実を検証し、さらにカーター自身の六八年への回顧録や、『ラブ』への後日譚を参照しながら、当時の『ラブ』が「男性のふりをする者」によって書かれていたのだというカーター自身の自覚、さらにそのための加筆を読み解く。こうした分析によって村井は、小説というメディアによる「スウィンギング・シックスティーズ」の脱神話化の具体例を提示するのである。

第4章「身体の「自律」から「関係」の身体へ——アニエス・ヴァルダ『歌う女、歌わない女』をめぐって」

（熊谷謙介）が取り上げるのは、フランスのヌーヴェル・ヴァーグの祖母と呼ばれるアニエス・ヴァルダの映画作品である。熊谷によれば、ヌーヴェル・ヴァーグと呼ばれる一連の映画作品は、女性を観客として対象にこそすれ、女性が作品中の主体を担うことは実は多くなかったが、ヴァルダは独自の女性像を作り出す稀有な存在だった。なかでも『歌う女、歌わない女』（一九七七年）は、女性運動や女性の生き方そのものを主題にしていて、彼女の独自性を遺憾なく発揮しているといえるだろう。熊谷はこの作品を、シュルレアリスト的な手法やモンタージュの効果的な使用といった映画技法ではなく、同時代に進行していった女性解放運動、なかでも中絶の合法化への大きな契機となったボビニー裁判との関連性に着目し、女性をめぐる社会の動きと寄り添いながら、ヴァルダがあえて一九六八年をこの映画で直接取り上げなかった理由を独自の視点で考察する。歌う女、歌わない女——二人の女がそれぞれに示す、それぞれの性と身体の選択肢によって、女性の生き方は複数で、常に一つの答えがあるわけではないのだという、第二派フェミニズムに対するヴァルダらしいメッセージの意味が見えてくる。

第5章「女性性の戦略的表象——アンナ・オッパーマンの「アンサンブル・アート」と〈六八年〉の身体」（小松原由理）では、一九七〇年代の第二派フェミニズムと連動し、前衛的な芸術表現に取り組んだ多くの「フェミニン・アヴァンギャルド」たちと活躍の時期を同じくしながら、彼女たちとは異なる独自の方法「アンサンブル・アート」によって、自己の探求としてのアートを徹底追求したドイツ人女性アーティスト、アンナ・オッパーマンを取り上げる。フェミニン・アヴァンギャルドのアーティストたちが、異性装を含む多様な「私」の演出により、こぞって女性性と自己との距離をクールに測り、これまでのアートを成立させていた作家性のなかに潜む男性性を暴き出して無効化した時代に、オッパーマンは逆行するかのように、エモーショナルでカオス的な空間を創作して女性としての自らの作家性を強調した。その創作はしかし、女性性を構築するための、確たる戦略とともに展開していたのである。アンサンブル・アートという彼女の手法は、いわばその戦略を実現し、新たな身体を構築するための文法だった。六八年五月のパリを目撃し、直後にスタートさせたアンサンブルというメソッドを、彼女は死の直前まで展開して増殖させていった。そこには、きわめて個人的なレベルでおこなわれた、女性の身体の所在をめぐる〈六八年〉の格闘の系譜とその継続が読み取れるのである。

最終章である第6章「一九六〇年代日本の女性運動家の実情とイメージ――白土三平のマルクス主義的長篇漫画『カムイ伝』を題材に」(クリスチャン・ラットクリフ)で取り上げるのは、六〇年代に日本の若者たちから絶大な支持を得た漫画誌「月刊漫画ガロ」に連載された長篇漫画『カムイ伝』である。ただし、ラットクリフが注目するのは、江戸時代を舞台として武士階級や商人階級の傲慢に立ち向かう百姓たちを描いたこの作品にまつわる、権力に立ち向かうということの思想的な意味解釈と読者層の関係ではない。その読者層のなかでも、女子学生たちを対象として、『カムイ伝』が描くジェンダー・イメージがどのような影響関係をもちえたかという視点である。ラットクリフは、学生運動のなかでただひたすら男子学生の補助的な役割を果たしていたとされた女子学生たちの実態と、『カムイ伝』がその行動規範に与えただろう影響を、作品中の女性の類型とその役割や、「戦う女」の描写から徹底検証する。そこに浮かび上がるのは、前章までのアメリカ、そしてイギリス、フランス、西ドイツといったヨーロッパでの展開と時代現象的にはリンクしながらも、きわめて独自な日本という社会での〈六八年〉の固有性と、その性と身体の存在である。

各章の議論で必ずしも表立って取り上げていないものの、〈身体〉と〈ジェンダー〉とともに、〈六八年〉の文化変容を考察するうえで無視できない要素が、報道＝広告としてのマスメディアの存在である。この意味で、〈六八年〉の表象は、突拍子もないようではあるが、ドイツでの一九一八年問題と多くの点で重なりを見せる。一九一四年から続いた世界戦争という極限体験を経て、四年目の一八年十一月、ドイツ帝国は崩壊した。民衆たちは一つの秩序があっけなく崩れ去り、民主主義というまた別の新たな秩序がやってくるのを目撃した。この際、民衆にこの変化を伝えたのは、当時興隆し始めていたニューメディアである新聞・雑誌といった報道媒体だった。

すなわち、〈六八年〉を生み出して演出したものとしてのマスメディアが、「性と身体」をどのようにとらえ、報道したのかと考えるとき、体制崩壊から民衆革命へという激動の時代を映し出したマスメディアこそが、イベントとしての〈一九一八年〉を生み出し、そのイメージを表層で形成する主役でもあったという視点は常に重要である。本書は、この視点とともに、社会に無批判に産出されるイメージとしての「性と身体」の内容に批判の意識を向ける。そして、亀裂を生み出すための装置としての映画や文学、漫画そして美術表象、あるいは言説化されえない場所でひそかに排除される沈黙する声なき身体こそを主題に据えることで、〈六八年〉の意味を、その深層で問い直すことを目指している。

既成の概念の揺らぎ、性的主体性の転倒、公民権の理想と限界――資本主義システムに対して徹底的に議論を尽くした時代を背景に、「性と身体」はどのように見つめ直されたのか。その当時よりも、さらに錯綜した高度なSNS（ソーシャル・ネットワーキング・サービス）と情報が氾濫する社会に生きる私たちにとって、現実＝リアリティーの意味は大幅に変容し、これからも変化していくだろう。しかし、だからこそ、私の「性と身体」が主体的であることと、私たちの「性と身体」が主体的であることの関係性、この関係性の構築のなかで、個々に豊かに生きることはどのようにして可能なのかという問いかけは、近年ますます重みを増しているように思う。〈六八年〉は、現在という時代を主体的に生きることの意味を知るための最新・最良の先行事例であり、その多角的な再検証と掘り起こしは、私たちが絶えず怠るべきではない課題である。本書がその検証作業の一助になりえれば幸いである。

注

（1）ノルベルト・フライ『一九六八年――反乱のグローバリズム』下村由一訳、みすず書房、二〇一二年

（2）例えば、中絶の合法化を例にジェンダーにおける制度的転換を時系列で示せば、次のようになる。旧西ドイツでは、一九七六年五月に中絶法の改正によって、条件付きではあるが、経済的な事由による妊娠中絶が合法化された。一方、男女平等が推し進められた旧東ドイツでは、西より早い七二年に「妊娠中絶に関する法律」施行によって中絶は合法化されている。ちなみに旧ソビエト連邦では五五年には中絶が合法化されていて、その流れで東側諸国では六〇年代には合法化が進んでいる。その間、実に多くの東ドイツ人女性が東ヨーロッパへと中絶旅行に出かけていたことが近年明らかになっている。イギリスは西ヨーロッパ諸国のなかではほかに先駆けて六七年には妊娠二十四週までの中絶が合法化された。一方、長らく中絶が禁止されてきたフランスでは七五年のヴァイユ法によって妊娠中絶を合法化した。ただし、この時点で合法週数は十週と限られていて、その後の改正でようやく十二週になるまで、フランス人女性の多くもまた、合法週数が長いほかの西ヨーロッパ諸国で中絶手術を受けている事実が明らかになっている。アメリカでは七三年に連邦最高裁判決（ロー対ウェイド判決）が「妊娠初期」の中絶を合法化したものの、近年では州の規制が進んでいる。日本では現行の母体保護法の原型である優生保護法が四九年に制定され、さらに五二年の改正によって、経済的な事由を含む妊娠中絶は、きわめて早い段階で合法とされた。ただし、七二年には当時の政府によって経済的な事由を認めないとする「改悪」案が提出されて廃案になったものの、中絶をめぐる議論は現在も継続中ともいえる。

第1章　幽閉されるアメリカン・ヒロイン——十九世紀末から一九六〇年代へ

山口ヨシ子

1　一九六三年、ベティ・フリーダンとシルヴィア・プラス

一九六三年に出版されたシルヴィア・プラスの小説『ベル・ジャー』(1)は、女子大学生が五〇年代のジェンダー化されたアメリカ社会で苦悩する姿を描き、同年に出版されたベティ・フリーダンによる『女らしさの神話』(2)の主張と深く呼応している。フリーダンが問題にしているのは、「りっぱな夫といい子ども」に恵まれた、才能豊かな「主婦」が自己の価値を認められずに苦悩する姿であり、プラスの小説が描くのは、将来への希望をもちえない十九歳の優秀な女子大学生である。対象にする女性の立場は異なるものの、両者が指摘するアメリカの白人中産階級の女性の苦悩には共通のイメージが見いだせる。プラスは、『ベル・ジャー』を出版した一カ月後の六三年二月に自殺し、その直後に発表されたフリーダンの著作を読むことはなかったと思われるが、東部の名門女子大学スミス・カレッジの同窓でもあったプラスとフリーダン（前者は五五年、後者は四二年卒業）は、小説と評論という異なった分野で、白人中産階級の女性が男性の補助的な役割を課される社会に「幽閉される」現実をほ

ぼ同時に指摘したのである。

フリーダンは、第二次世界大戦後、教育者、フロイト派の心理学者、機能主義の社会学者やマスメディアなどが女性の役割は良妻賢母になることだと唱えた結果、そのことに専念してきた多くのアメリカの「主婦」が、子どもの母親や夫の妻であっても「自分ではないこと」の悩みにさいなまれていると訴えた。そしてその悩みを「特定することができない悩み」と呼び、社会が称賛する「女らしさ」の「罠」にはまって専業主婦になった優秀な女性が自己を喪失している状況を「強制収容所」の比喩で示した。

郊外の一戸建て住宅に住むアメリカの専業主婦を「ナチの収容所で、死を待つ数万の人々と同じ運命にある」としたこの比喩は、当然ながら「ホロコーストの犠牲者たちに対するはなはだしい侮辱[3]」という批判を受けることになる。当時、アメリカ生まれのユダヤ系作家なども、アメリカ社会をアドルフ・ヒットラーやナチや収容所などの比喩でとらえていたとはいわれるが[4]、それでも、アメリカの消費文化を享受していた主婦たちを処刑前のナチの犠牲者と同様の比喩でとらえることは、やはり「不注意で誇張しすぎ[5]」で、フリーダン自身、のちに回想録『いままでの人生』で、「その比喩を恥じている[6]」と述べるにいたっている。

フリーダンの比喩はたしかに問題ではあったが、その真意は、一見幸せそうな主婦たちが夫や子どもなど他者を通して生きることに慣れ、決断力や自尊心をなくしていき、「幽閉されたような」状況にあることを示すことにあった。そして、そのような状況を打破するためにフリーダンは、女性の人間的成長をはばむ社会を変革することが重要だと訴え、女性が家庭ばかりでなく、社会のためになる仕事をしてこそ、自己を見いだせるようになると主張したのである。

『女らしさの神話』は、出版とともにベストセラーになり、フリーダンは一九六六年、約三百人の同志とともに全米女性機構ＮＯＷを立ち上げ、初代の会長に就任した。「女性が男性とまったく平等の権利と責任をもち、男性と協力して、アメリカ社会の主流に加わるために、実際に行動を開始するのはいま（NOW）だ[7]」と宣言して、アメリカでのフェミニズム運動の第二波の口火を切ることになったのである。運動は、家庭、教育、雇用での男女の平等な権利獲得に主眼をおき、女性の自己決定権としての中絶合法化や有名男子校への女子の入学、さらには、職場での昇進や賃金での男女不平等を是正するポジティブ・アクションなどを推し進めた。

フリーダンが指摘した白人中産階級の主婦の悩みは、プラスの小説『ベル・ジャー』の主人公の女子大学生エスター・グリーンウッドが将来に対して感じる悩みでもある。彼女は、成績優秀なエリート学生ではあるが、その能力を社会で発揮する道を探せず、周囲の大人ばかりか、同年代の異性や同性の友人たちからも孤立して自己を見失う。その孤立感を彼女は「悪夢」と呼び、「ベル・ジャーのなかで、死んだ赤ちゃんみたいに虚ろにとどまっているよう」だと表現する。

ベル・ジャーとは、真空実験などに用いる鐘形のガラスの覆いのことだが、エスターは、精神病院で治療を受け、その「覆い」をはねのけたあとも、それが常に自分やほかの女子学生たちの頭上に存在するものだと考える。エスターがベル・ジャーを女性にだけ強いられるものととらえ、そこに赤ん坊のイメージを見ていることで、ベル・ジャーとは女性が一様に結婚・出産という伝統的な生き方を強いられる社会の閉塞感の象徴とみなすことができる。その閉塞感は、エスターが自殺を試みて精神病院での治療を余儀なくされていることからわかるように、女性を狂気に陥れる危険をはらむものとして描かれている。

プラスの作品は当初イギリスで出版され、アメリカでの出版はプライバシーの問題を懸念する遺族の意向もあって、一九七一年まで待たなければならなかった。だが遺族の懸念は杞憂に終わり、出版後の読者の反応は、五〇年代の抑圧的なアメリカ社会に生きた才能あふれる女性のフラストレーションから生じた文化的疎外や怒りを描いた作品(8)という評価を得るにいたった。

だが、フリーダンが指摘しプラスが描いた女性の人間的成長をはばむ社会の問題は、アメリカ文学史をさかのぼればもっと早くから見られ、一九六〇年代になって初めて指摘されたことではない。フリーダンも『女らしさの神話』の第四章で先人たちの女性の権利確立への闘いについて述べているが、その闘いの歴史の系譜には、基本的人権が保障されない社会に幽閉される小説のヒロインたちが見いだせる。

例えば、十九世紀のアメリカで最大のベストセラーになったハリエット・ビーチャー・ストーの『アンクル・トムの小屋』（一九五二年）には、冷酷な農園主に監禁される肌の色が白い「黒人」奴隷キャシーが描かれている。(9)また、新聞連載小説として広く読まれ、十九世紀のアメリカで百万単位の読者を獲得していた、E・D・E・N・サウスワースの『見えざる手』（一九五九年）でも、主人公の母親が男性たちの家督相続の争いの犠牲になり、十八年もの長きにわたって古い屋敷に監禁されている。(10)

このように物理的に監禁されるばかりでなく、物質的には豊かな日常生活を送っている女性が精神的に幽閉される姿を描いた小説も多くある。なかでも、シャーロット・パーキンズ・ギルマンが一八九二年に「ニューイングランド・マガジン」誌に発表した短篇小説「黄色い壁紙」(11)と、ケイト・ショパンが九九年に出版した小説『目覚め』(12)は、誰もが羨むような「幸せな結婚生活」の実態を妻の視点から「幽閉される」イメージで告発した点で画期的だった。さらには、イーディス・ウォートンが一九〇五年に出版した小説『歓楽の家』(13)は、若い女性の最終目標を金持ちとの結婚だけにおくニューヨーク上流社会にあって、ヒロインが自己を解放できる自由な世界を求める物語である。これらの作品は特に、表面上は恵まれた状況におかれた女性たちが幽閉される状況を描いている点で、フリーダンやプラスが指摘した問題を先取りしている。

実際、女性が男性優位の社会に閉じ込められるイメージは目新しいものではなく、古くは、フェミニズムの先駆的存在であるイギリスの社会思想家メアリー・ウルストーンクラフトが一七九二年に出版した『女性の権利の擁護』(14)でも、女性を鳥籠のなかの鳥に例えている。サンドラ・ギルバートとスーザン・グーバーは、幽閉と逃亡のテーマが十九世紀の英語圏の女性作家の作品に広く浸透して、女性文学特有の伝統を形成していたと主張している。(15)例えば、エドガー・アラン・ポーのように、幽閉と逃亡のテーマを扱う男性作家もいたが、男性は女性よりも優位な立場にあるために客観的に自分のビジョンを示すことができ、その作品が形而上的で比喩的なのに対して、女性作家の作品は社会的で現実的だと述べている。[16]一九六九年には、アフリカ系アメリカ人の女性詩人マヤ・アンジェローが『私は鳥籠に閉じ込められた鳥がなぜ歌うか知っている[17]』というタイトルの自伝を出版していることからすれば、人権を侵害された女性の姿は、時代や国、人種などをも超えて共通しているといえる。

だが、フリーダンやプラスらが描く白人中産階級のアメリカ女性たちが、先にあげたギルマン、ショパン、ウォートンらが描いたヒロインと同じく、表面上の「幸せ」とは裏腹に幽閉されるイメージで描かれていることは注目すべきである。半世紀以上も前に出版された小説のテーマがなぜ一九六〇年代になっても繰り返されているのか、その間にアメリカ社会が女性問題をどのように扱ってきたか、という疑問が生じるからである。

本章では、十九世紀から二十世紀への転換期に書かれたギルマン、ショパン、ウォートンらの小説と、一九六〇年代に出版されたフリーダンやプラスの作品とを比較しながら、女性の参政権などを求めたフェミニズム第一波の時代から、家庭、学校、職場での女性の権利を求めたフェミニズム第二波までの半世紀以上の時間を経て、なぜなおまだ同様の問題が指摘されたのかを考えたい。女性参政権運動の高まりを背景に、ヴィクトリア朝的「真の女らしさ」の規範から脱却した「新しい女」が出現した十九世紀末から半世紀以上を経たにもかかわらず、なぜ逆戻りするようなかたちで、結婚・出産という伝統的な価値観に縛られる白人中産階級の女性の問題がフリーダンやプラスによって指摘されたのか。フリーダンは、新聞、雑誌、書籍などが女性を広い公的領域から狭い家庭の世界へと閉じ込める媒体になったと指摘したが、とりわけ白人中産階級の女性の間で広く読まれた女性誌がどのような役割を果たしたか、そこに掲載された小説を通して考えたい。女性誌の小説は、単行本を購入したり、図書館で借りたりするよりも廉価で手に入りやすいためにより多くの読者に読まれ、時代の風潮をより端的に表していたと考えられるからである。

2　消えた「新しい女」

フリーダンは『女らしさの神話』で、「レディーズ・ホーム・ジャーナル」（以下、「ジャーナル」と略記）、「マッコールズ」、「グッド・ハウスキーピング」（以下、「ハウスキーピング」と略記）、「ウーマンズ・ホーム・コンパニオン」（以下、「コンパニオン」と略記）などの主要な女性誌の内容を研究した結果として、第二次世界大戦後、それらの雑誌に掲載された小説からは「新しい女」が消えたと指摘している。フリーダンによれば、一九三九年には女性誌の小説のヒロインの多くは、「陽気に、しかも断固とした決意をもって」「自らの人生を創造する「新しい女」」だった。彼女たちは、看護師、教師、芸術家、女優、コピーライター、販売員などの仕事をもち、家の外で働く経験を通して発揮する「勇気、独立心、決断力などの性格の強さ」が、その人間的な「魅力の一部」として描かれていた。しかし、四九年以降になると、女性として完成することは、主婦になり母になること以外にはないという描き方になり、三人に一人はキャリア・ウーマンだった女性誌の小説のヒロインたちは、職業を捨てて主婦になっていく。そして、五八年と五九年には、廃刊になった「コンパニオン」誌を除く先の三つの女性誌には、「主婦業」以外の芸術活動や職業に従事したり、社会で果たすべき使命をもったりするヒロインは皆無になった。つまり、女性誌の小説から「新しい女」が消えたのだ。

そもそも「新しい女」の小説は、家の外で働く女性が出現したことと呼応していたわけではない。白人中産階級の女性の賃金労働への参入が急激に進み、家庭を女性の唯一の「適切な領域」とみなすそれまでの社会規範にとらわれない女性が増えた二十世紀初頭になっても、女性誌ではそのような「新しい女」現象に反発するような内容の小説が多かった。(18)　例えば、一九〇五年一月号から十二月号までの「ジャーナル」誌に掲載された小説六十八編を分析したパトリシア・サールズらは、女性の自己犠牲を称賛し、それこそが女性にとっての自己実現への道だとするような小説が主流だったと述べている。[19]

「ジャーナル」誌は一九〇五年にはすでに百万部に達するほど発行部数を伸ばし、そのような女性誌の発展に付随して女性の社会進出が促進されたという指摘もあるが、[20]一方で多くの雑誌が結婚と家庭を強調する傾向にあったのである。[21]女性誌が女性を伝統的な立場に押しとどめようとする傾向にあったことは、「ジャーナル」誌に加えて、「ハウスキーピング」「コンパニオン」「ディリニエイター」の三誌に掲載された小説を〇〇年から二十年間追跡したエレン・フークストラの研究[22]でも報告されている。

一九二〇年に女性が参政権を獲得したあとでも、多くの女性誌の記事がフェミニズムを攻撃し、中心記事はあくまでもファッションや室内装飾などで、社説は女性の商業界への参入を抑制するよう忠告していた。[23]それでも、各誌が敏腕編集長を雇って力を入れていた小説には、記事や社説などには表れない変化が生じ始め、「新しい女」が登場しつつあった。[24]家父長制への反発を明確に表して、社会で仕事をすることによって自己実現を願い、男性からの独立を達成しようとする女性を描き始めていたのである。[25]

フークストラによる一九〇〇年から二十年間に及ぶ女性誌の小説研究でも、一五年以降の現象の一つとして、賃金労働を通して自己実現を達成しようとする「働く女性の物語」[26]の出現が指摘されている。現実の社会でも、女子高等教育の充実が女性の社会進出の機会拡大をうながし、歴史家が「近代女性史で最も意義深い出来事」[27]と呼ぶ、白人中産階級の女性の労働市場への進出が急激に進んでいた。具体的には、二十世紀最初の二十年間で、大学で教育を受ける女子学生は、公立では一〇〇〇％、私立では、四八二％増えた。[28]また、農業を除く労働に従事していた女性の比率は、聖職、法律、医学などの専門職については、一八七〇年には、全女性労働者の六・四％を占め、一九〇〇年には一〇・〇％、二〇年には一三・三％と増えている。[29]簿記、速記、タイプなどの事務職では、一八七〇年には〇・八％、一九〇〇年には九・一％、二〇年には二五・六％とさらなる伸びを示している。[30]

女性がより高い教育を受け、社会に進出を果たすという構造の変化が進むにつれて、女性誌の小説にも少しずつ変化が表れ始めてきたのである。

社会で仕事をすることによって自己実現を願い、男性からの経済的・精神的独立を達成しようとする「新しい女」は、モーリーン・ハーニー編集の小説集によって確認できる。この小説集は、一九一五年から三〇年に及ぶ女性誌に掲載された小説のうち、特に伝統的な女性の役割に抵抗する女性が描かれた小説を選んで集めたものだが、そこには男性が「女性にはぞっとする仕事[31]」と呼ぶ事件レポーターのような仕事で経済的自立を果たす若い女性から、車の販売員、画家、女優、デパートのディスプレー・マネージャー、パイロットなどまで、さまざまな仕事を通して自己の可能性に挑戦しながら、恋愛や夫婦の問題を解決しようとする女性が登場している。女性誌の小説が膨大な数にのぼることを考えれば、この小説集だけをもってその時代の小説の特徴とすることはできないが、少なくとも、一〇年代、二〇年代の女性誌がどのような「新しい女」の小説を掲載していたかは明らかになるだろう。

例えば、ジュリエット・ウィルボー・トムキンズ作「シェルター」(「ハウスキーピング」一九一六年六月号)では、火事という災難を契機に、父親の「囚人」としての「耐えがたい退屈さ」から脱出する若い女性ドロシー・イーズが描かれている。災難が女性に職業を得る機会をもたらし、「男性というものは妻子を扶養する義務がある」と信じて疑わない父親の「庇護」を逃れる好機になるのである。ドロシーの脱出を強力に後押しするのは、当時の最新テクノロジーともいうべき車に関する彼女の知識である。「暗闇でも車を解体してまた組み立てることができる」というその専門知識が、車の販売員としての職につながり、彼女は、「壮年期の二十年という時をただ無為に」生きてきたという母親の人生を繰り返さずにすむ。

ドロシーの脱出は、小さな町から都市への脱出でもあり、同時に母親の脱出をも助けているが、母親は「驚くほどのエネルギーで」若いときの仕事に再び就く。ドロシーが働くことは、故郷の人々には同情の対象でしかないのだが、彼女自身には「冒険」であり、生きる意味の発見でもある。父親の「庇護」を逃れても、「面倒を見たい」という求婚者が現れ、彼女は新たな「庇護」と相対さなければならない。しかし、彼女は求婚者に向かって自らの独立を宣言している。

私はずっと面倒を見てもらってきました。半ば窒息するほどでした。やっと箱のなかから出てきたのに、あなたはまたそのなかに私を戻して、小さな穴から私に食料を与え、数人の選ばれた人しか近づけず話をさせないようにする。だめです、ジョージ！　私は自分自身の面倒を見たいのです。

ドロシーは求婚者ジョージの古い考えには屈しない決意を表明するものの、自分が「もし屈してしまうことがあっても」、自分の子どもたちは屈することなく「専門職をもつだろう」とも言う。「庇護」の提供者が父親から求婚者へと移り、ドロシーの自立への闘いは続くが、彼女が自立した娘を育てると誓っていることで、変革への希望を感じさせる結末になっている。

専門的知識が女性の自立の重要な要素であることは、ヴィヴィアン・R・ブレザートン作「バード・ガール」（「ハウスキーピング」一九二九年三月号）でも同様に示されている。この作品では、主人公ヴァンディ・キャメロンのパイロットとしての能力が、男性との対等なパートナーシップを生み出す魅力として描かれている。その恋敵として、「こっそりと優雅なかわいらしいしぐさをする、ヴァージンのようにみえる愛らしい女の子」が登場するが、ヴァンディは、伝統的な女性の姿を示すこの恋敵に勝利して自らの恋を成就させている。その恋敵は、男性にとっては理想の女性だったかもしれないが、パイロットとしてのヴァンディの能力は、危機にあっては男性の命さえ救うものとして描かれている。

「新しい女」の夫が社会からどのような扱いを受けるかを描きながら、妻の「新しさ」の意義を主張する小説も登場している。イーディス・バーナード・デラノによる「ヘンリーの離婚」(「ジャーナル」一九二九年六月号)で描かれるのは、デパートのディスプレー・マネージャーとして活躍する妻をもつ夫、ヘンリー・ブロンソンの葛藤である。彼は、実母と同様に伝統的な女性の生き方を貫く「優しく女性らしい」昔の女友達に「離婚もときに幸せ」と助言される。しかし、結局は、「新しい女」である妻のなかに「真の優しさや女らしさ」を確認して、離婚の危機を乗り越えていく。

結婚後も「専門分野で自分を有名にした名前」を用いて夫の姓を名乗らずに働き続けるヘンリーの妻は、男性の部下をもち、男性と対等に議論し、男性に火をつけさせてタバコを吸う「新しい女」である。夫は、妻が「伝統的な古きよき妻」ではないことを実母から同情され、さらには妻を働かせていることで知人からも「軽蔑されている」と感じて、妻に仕事を辞めるよう迫る。「自己実現のために働き続けることは当然」と考える妻に対して、夫は「妻や母としての役割においてだけ」女性は真に自己実現できるのではないかと問う。

夫の主張は、自分が十分に収入を得ているのだから妻を養って面倒を見たいということだが、妻は、愛している者同士が人生を共有することが夫婦ではないかと応じる。けれども、「伝統的な真の家庭の作り方をよく知っている」という実母の家に滞在中に、夫は妻の「真の優しさや女らしさ」を理解するようになり、愛情を再確認する。それは、妻が常に家にいて夫の服のボタンをつけるというようなことではなく、愛している人の人生に起こる「すべてを共有する」ことこそ夫婦だという、妻が主張する夫婦像を理解したことによる。「新しい女」である妻に対する夫の葛藤は、妻自身に対する不満というよりも、そのような妻をもつ夫に対する社会の反応ゆえに生じているが、それを夫が克服している点で、彼自身が「新しい男」になっている。

一九二〇年代には、ウォートンが「無垢の時代」(一九二〇年)、「母の償い」(一九二五年)、「子どもたち」(一九二八年)を単行本として出版する前に、当時の主要女性誌の一つ「ピクトリアル・レビュー」に連載し、ウィラ・キャザーが「マッコールズ」誌に「不倶戴天の敵」(一九二六年)を掲載している。[32]『無垢の時代』[33]は既婚女性の結婚外の恋愛を描き、『母の償い』[34]は夫と子どもを捨てて外国に出奔した女性の一時帰国を描いた小説である。『子どもたち』[35]についても、伝統的な家庭の子どもの姿を描いたものではない。さらに『不倶戴天の敵』[36]は、結婚によって失われた人生を嘆き、死を目前にして、夫を「不倶戴天の敵」とまでみなす女性の物語である。

これらの小説の内容には、一九二〇年代の女性誌の小説の傾向の一端が表れているといえる。「幸せな主婦のヒロイン」の小説が主流を占めるようになる五〇年代・六〇年代の女性誌とは一線を画しているのである。その当時、「著名な作家の作品は女性誌の小説の特徴だった」といわれ、先の二人の作家だけでなく、戦前にはほかの多くの有名作家が「新しい女」の登場する小説を女性誌に投稿していたことを考えると、[37]女性誌の小説は第二次世界大戦後から六〇年代にかけて、内容の面白さや作品としての価値を追求するよりも、女性の伝統的な役割を強調するばかりの内容になったといえるのである。

フリーダンが「幸せな主婦のヒロイン」と呼ぶ女性が登場する小説は、「マッコールズ」一九六〇年七月号に掲載された短篇小説によって代表される。「マッコールズ」誌は、当時のアメリカで最も広く読まれていた女性誌で、アメリカの女性像の形成に強く影響していたといえるが、その表紙に「ハッピー・ショート・ストーリーズ」と宣伝された五作品[38]は、いずれも結婚が女性の人生で唯一の幸せへの道であるかのように描いたものである。

図1　「5 Happpy Short Stories」と表紙に宣伝されている
（出典：「マッコールズ」1960年7月号、筆者蔵）

バブズ・H・ディール作「ヴィレッジ・グリーン」は、「奨学金を得るほどの頭脳もない」少女が、恋愛では、奨学金で大学に行った頭のいい少女に勝利する話である。洋裁が得意で内気な少女は、高校を卒業後、銀行で働いていたが、朝鮮戦争から復員後、GIビル（復員兵援護法）で大学に行っていた男性に「監獄から連れ出して」もらうようなかたちで結婚にいたる。恋敵が「頭がよく」しかし「人を不快にさせる」感じを醸しているのに対して、少女は「優しい」ことが強調され、この二人の女性と同時進行で付き合っていた男性のプロポーズの言葉は、「君って、とっても優しいね」である。妻には頭脳よりも「優しさ」が求められ、妻は夫よりも能力が劣っていたほうがいい、と読める内容である。

続くメル・ハイマー作「ときには小さな策を」は、男性を射止める方法を習うためにキャンプに参加する少女の話である。女性が若くして結婚することや、保護者が父親から結婚相手に替わるだけのことを当然のようにみなす父親は、十九歳の娘に対して、「アメリカの正常な基準では、私はもう法律的にも経済的にもおまえを誰か髭のない若者に引き取ってもらう資格を与えられている」と言う。娘の保護をその未来の夫に託したい父親は、男性を獲得する方法を教える「チャーム・キャンプ」に娘を入れ、「若い女性が特に男性の前でどのように振舞うべきか」を習ってほしいと願う。「男性を捕まえるためには策がある」と考え、女性の計算された「化学的な反応はときに男性を盲目にする」ので「企業秘密」を教えてくれる「魅力製造工場」に娘を入れ、「適切なときに目をしばたたかせる方法を習ってほしい」と願うのである。

娘は、仕事をするので扶養してもらう心配はいらないと父親に向かって言うが、「ウォール・ストリート・ジャーナル」誌を愛読する父親に、若い娘にはダンス・ホールのホステスのような「妾商売」しかないといわれ、「結局は女の子なので」「男性の連れ」が欲しいと思う。五十人の若い娘を集めて「男性を獲得する方法」を教えるキャンプ自体が、父親がいう「妾商売」のようだが、両親と娘の真面目な話しぶりは喜劇的でさえある。

男性を獲得する方法を習ったら、次は結婚だが、それをテーマにしているのが、ウィラード・テンプル作「ラスベガスの週末」とウィリアム・フォレスト作「結婚式の日」である。前者は、ラスベガスに新婚旅行に行った新婚カップルの妻が、ギャンブルで勝ち、高い部屋をとったために起こる騒動である。「無垢な妻を教育しようとして船出をした」夫にとって、たとえギャンブルで勝った金であっても、妻が新婚旅行の部屋代を払うことは「屈辱」であり、夫の自尊心が傷つけられるということが描かれている。夫は生活費用の負担者であるべきで、「妻は夫からものごとを習うべき」だという考えが作品を貫き、一度は夫の「間違ったプライド」を指摘していた妻も妥協する結末になっている。

後者は、結婚式当日の花嫁の心理状態を描いた物語である。二十二歳の花嫁は、結婚相手の選択を間違えたと思うが、「家族のため」「自分の精神的安定のため」に、「結婚式をやり抜くべきだ」と考える。結婚式に備えて一族が集うなかで、特に離婚経験がある叔母は「教えたがり」で結婚の意味を説く。叔母によれば、「結婚とは教科書を開くようなもので、それを読むことはものすごく無味乾燥かもしれないが、それでも報いは途方もない」という。姪が結婚相手の選択を間違ったことに関しても、叔母は「あなたには彼のことを理解する力があると思う」と言い、それが「結婚というものだと思うわ」と教える。離婚経験者の叔母が結婚の意味を花嫁に説くところが皮肉で、逆にいえば、結婚の日常は耐えられないほど「無味乾燥」で、夫とは理解しようとしても理解しがたい相手ということになる。しかし、それでもなお、結婚の「報いのすばらしさ」を強調しているところがむしろ悲壮感を漂わせる。

五編の短篇のうち四編が十代から二十代前半の若い女性についての物語だが、メアリー・オーガスタ・ロジャーズ作「発達段階」は、反抗期の息子に手を焼く中年の専業主婦の悩みについての話である。大学教授の妻が、思春期を迎えた息子とのコミュニケーション不足に悩むが、結局は、それが「発達段階」に誰にも起こりうることだと悟るという内容である。パーティーの場面では、大学教授の家らしく、「プロテスタントの倫理的価値観」「デューイの思想の完全なる謬見」「メルヴィルのシンボルの使い方」など知的な話題に及ぶも、接待役の主婦はそれらがパーティーの雰囲気を悪くするととらえ、「十代の横暴さ」「十代の音楽の好み」へと話題を変えている。小説のメッセージは、主婦には「家族のなかで、ダンス同様、バランス感覚としっかり両足で立つ力が必要」というもので、客員教授などを招待したパーティー・シーンを中心として知的雰囲気を醸し出してはいるが、女性の役割や関心が家事や子育てに集中していることを当然とみなす内容になっている。

「マッコールズ」誌が「ハッピー・ショート・ストーリーズ」と呼ぶような小説は、同誌と発行部数のトップ争いをしていた「ジャーナル」誌にも同じように見られる。例えば、一九六〇年八月号に掲載された四編の小説をみても、若いカップルの結婚話や「結婚式」というタイトルの小説が雑誌の冒頭を飾っている。「永遠への長い散歩」[39]と題した話は、ベストセラー作家になる前のカート・ヴォネガット・ジュニアによる作品だが、地方都市の幼なじみ同士の若いカップルという設定や作品のタッチは、その一カ月前の「マッコールズ」誌の冒頭を飾った小説「ヴィレッジ・グリーン」に酷似している。ヴォネガットの主人公は、登場時、それまで読んでいたという「どっしり厚い雑誌」を抱えているが、「雑誌はすべて花嫁についての内容になっている」とある。

当時の女性誌に掲載された小説の大半が、「結婚はノーマルな女性には当然のもの」で、「女性の本当のキャリアは恋に落ち」「男性を捕まえること」という類いだったことは、ヘレン・H・フランツアの研究によっても明らかにされている。[40]「ノーマルな女性」という表現自体がこの時代の女性にまつわる偏見を示しているが、フランツアは、一九四〇年から七〇年までの三十年間の「ジャーナル」「マッコールズ」「ハウスキーピング」三誌に掲載された百二十二編の小説のテーマを研究した結果として、女性誌の小説がきわめて保守的な女性像を描いていたことを報告している。[41]「男性を捕まえるためには」、女性は「男性よりも能力が劣っていること」を示さなければならず、「主婦で母親であることがあらゆるキャリアのなかで最もすばらしいものだ」という類いの女性像である。[42]

具体的な作品を例にあげれば、マーガレット・カズンズ作「恋は複雑なもの」(「ハウスキーピング」一九五五年三月号)は、デパートの人事課で働く「教養ある」女性コニーが、「女なので、本当のキャリアは恋に落ちること」と心得て策をめぐらし、最終的には「幸せな」結婚生活にたどり着くという内容である。[43] たわいない男女のすれ違いが続く物語だが、結婚六カ月を経て「時によって褪せることがない永遠の愛」を夫婦が確認したところで物語が終わっている。

ロバート・ノールトン作「彼らには決して悟らせない」(『ハウスキーピング』一九六〇年九月号)では、女性が男性より「頭がよく、強く、ウィットに富んでいる」ことなど、「決して悟らせない」ことが、夫を見つけるための「第一のルールである」という主張が展開されている。[44] 実際、有名女子大学バーナード・カレッジの学生の四〇%が、「男性を捕まえるために」「馬鹿のふり」をしたことを認めていたという具体的な報告もある。[45] 女性誌に掲載された内容は、当時の世相を示すものでもあったといえる。

フリーダンの指摘を待つまでもなく、フィデル・カストロがキューバで革命を起こし、男性たちは宇宙旅行の訓練をしていたという時代に、膨大な発行部数を誇る女性誌は、アメリカ女性の関心がすべて結婚とそれに関連する家のなかの問題に集中していたかのような小説を掲載していた。「マッコールズ」誌が一九六一年には発行部数八百万部に達し、「ジャーナル」誌は七〇年に七百万部を記録するが、[46] それほどの部数を誇る両誌がともに、活発化していた公民権運動にも、急増しつつあった移民の問題にも関心を示さず、アメリカの女性がすべて白人の中産階級で、その唯一の関心が結婚と家庭生活であるかのような内容の小説を掲載し続けていたのである。

3　幽閉されるヒロインの系譜

『ベル・ジャー』のヒロイン、エスターが感じる閉塞感は、「マッコールズ」誌が、「ハッピー・ショート・ストーリーズ」と名づけて宣伝する小説の価値観を実践する社会、すなわち、第二次世界大戦後の白人中産階級を中心とする社会から生じるものである。フリーダンの『女らしさの神話』によれば、そのような社会は、女性が「人間としての能力を伸ばすことをはばまれている社会」である。フリーダンは、女性を人間ではなく「主婦」にすることを好むのは、「病にむしばまれているか、未完成な社会」で、「平凡な家庭生活を送ることを人生の目的と考えるのは、病気か、成長しきっていない男性か女性だけがすることである」という。エスターが直面するのは、まさにフリーダンが「未完成な社会」と呼ぶ社会であり、女性の意志や個人的資質は意にも介さず、一様に主婦になることをうながす「成長しきっていない男性や女性」たちである。それはとりもなおさず、一九六〇年代には八百万部もの発行部数を誇るようになる「マッコールズ」誌の「ハッピー・ショート・ストーリーズ」が描いていた男女の姿でもある。

エスターは、医学生のバディ・ウィラードから結婚を申し込まれるが、彼やその母親、自分の母親などから、家庭に入って子どもを産み、男性の補助的な役割を果たす人生を当然のように要求される。詩を「一片の塵」と定義するバディにとっては、エスターの詩人になりたいという希望は、結婚して出産すれば意味をもたなくなるとるに足りないものにすぎず、女性は男性の援助者であると同時にその指示に従う従属者であるべき存在である。「男は未来に放たれる矢で、女はその矢が飛び立つ場所だ」という母親直伝の男性優位の考えを信じて疑わないバディには、独立記念日に打ち上げられる色とりどりの花火のように、「いろいろなところに飛び出したい」というエスターの思いを想像することさえできない。

女性は男性の指示に従うべきというバディの考えは、性的な面でも、初めて挑むスキーでも貫かれる。エスターは、バディからもその母親からも男性経験の有無を問題にされるが、それは「男はつがう相手を求め、女は永遠の安心感を求める」というバディ親子の結婚観に基づくものから発している。同様に女性経験をバディに問うても、エスターが期待する「君みたいな何も知らないヴァージンの女の子と結婚するためにとってあるんだよ」というような答えは戻ってこない。口に出しては言わないが、男性の性的放縦さは当然のように容認され、妻との性的関係でも男性は優位に立つものと考えられている。

男性が女性を導くべきという姿勢は、ともに未経験のスキーをするときにも貫かれ、バディはエスターが知っておくべきことは「すべて教えられる」と言う。どのような状況でも、男性が女性よりも優位な立場にいなければならないと考えているのだ。エスターは、結婚生活とは結局、バディの母親が何週間もかかって作る美しいキッチンマットのようなもので、男性は、結婚前は丁寧に扱ってくれたとしても、結婚後は「妻を自分の足の下に敷いてしまおうと心の中で思っている」と考えざるをえない。夫の古いスーツを再利用して精魂を込めて作っても、数日後にはみんなに踏まれて汚れ、一ドル以下で買えるものと変わらないものになってしまうキッチンマットに、男性優位の結婚生活を当然とみなす社会に対するエスターの嫌悪感が凝縮されている。

社会や家庭での男性優位の人間関係を容認するのは、バディの母親のような専業主婦ばかりでなく、職業をもつエスターの母親のような女性も同様である。母親は夫の死後、タイプと速記を教えて家計を担ってきたシングルマザーだが、自らが苦労してきた経験からエスターに速記を習うよう強く勧める。たとえ大学の英文科を卒業してもそれだけでは誰も雇わないが、速記ができれば就職は万全だと諭し、「上昇志向の若いビジネスマンたちが言ったことを書き写して胸がわくわくするような手紙にすること」の魅力を語る。

母親の主張は、女性が大学を優秀な成績で卒業しても、男性の補助的な役割を果たす仕事しかできないことを女性自らが容認していることを示す。そこには、そのような補助的な仕事を通して結婚相手を見つけ、家庭でも夫の補助的な立場を確保しようとすることへの暗黙の了解さえも垣間見える。しかも、このような了解は母親だけのものではなく、エスターがニューヨークのホテルで同宿する学業成績優秀なアメリカ各地の女子学生たちの間にも見られ、社会に深く浸透しているものとして示されている。「どのようなかたちであれ、男性に奉仕するという考えが嫌い」で、自分自身の「胸がわくわくする手紙を誰かに書き取ってほしい」と思うエスターには、社会が求める女性の役割を実利的に受け入れている母親は、娘に対する心配がどれほど真摯なものであっても、閉塞感を覚えさせる存在でしかない。

エスターの閉塞感は、彼女が産む性であるために感じるものである。彼女はバディが通う医学校で、瓶詰めにされた胎児の標本を見たり、女性が出産する場に立ち会ったりもするが、産む性としての自分を確認することができない。「クモのように膨れあがった腹」をした妊婦が、麻酔をかけられているにもかかわらず「人間とは思えない野獣のような声」をあげていることに対して、女性が罠にはまったような感覚を抱く。麻酔剤は「まさに男の人が発明するような薬」で、女性に何人でも子どもを産ませるための「罠」だと考える。痛みを感じないならば呻くはずはなく、本当は妊婦の身体のどこかに「長くて真っ暗でドアも窓もなく続く痛みがまた口をひらき、彼女を飲み込むのを待っている」と思う。

隣人のドードー・コンウェイはカトリック信者で、七人目を妊娠中だが、エスターは「周りにいる女の人たちにとって赤ちゃんを産むことはなんて簡単なのだろう」と思い、ドードーのように育児に一生を捧げて満ちたりることに思いが及ばない。エスターは精神病院での自分の姿を、ベル・ジャーに覆われた赤ん坊のイメージで示すが、それは、バディが言うように、「結婚して子どもを産むと洗脳されたように」詩など書きたくなくなり、「全体主義国家の奴隷のように」鈍感になるかもしれないことへの恐れでもある。

エスターは、社会が期待する女性像と自身の理想の未来像との乖離に悩み、自分の姿を次のように分析する。


私は自分の人生が物語のなかのイチジクの木のように目の前に枝を広げているのを見た。どの枝の先にも、よく熟した紫色のイチジクのようなすばらしい未来がたくさんあって、手招きしてウィンクしていた。一つは夫と幸せな家庭と子どもたちで、もう一つは有名な詩人。もう一つは異彩を放つ大学教授。さらには、イニシャルのE・Gで呼ばれるやり手の編集者。ヨーロッパやアフリカや南アメリカに行くことや、コンスタンチンやソクラテス、アッティラなど風変わりな名前や、形にとらわれない職業や、競艇のオリンピック・チャンピオンなどもあった。このようなイチジクの実の上や後ろには、もっとたくさんのイチジクがあったが、なんだかわからなかった。

　私はこのイチジクの木にまたがり、どのイチジクを選ぶか決めることができなくて餓死してしまう自分の姿を見た。どれも欲しかったが、一つを選ぶということはほかのすべてを失うことを意味していたので、そこに座って決めかねていた。イチジクは皺が寄り始めて黒くなり、一つずつぽとりぽとりと地面に落ちていった。


　エスターは、女性であるために、望む「すべて」を手に入れることができず、選択しえないものを選択することを迫られている。彼女は、ソビエト連邦へのスパイ行為をおこなったという容疑で電気椅子に送られたローゼンバーグ夫妻の報道に接して「生きたまま身体中の神経を焼かれる」気分を想像し、その後、死体の幻影に悩まされ続ける。夫のジュリアスとともに処刑された妻のエセル・ローゼンバーグが無実だったかもしれないという疑いが当時から広く流布していたことを考えると、(47) 作品冒頭の処刑のニュースは、そのあとエスターが女性ゆえに直面する問題と共鳴しているともいえるだろう。

　ローゼンバーグ夫妻の処刑は一九五三年六月のことだが、小説ではエスターが、全米の優秀な学生の一人として出版社の職業体験に招待されたニューヨークでその処刑の報に接している。小説がこの処刑のニュースで始まり、主人公がそのあともずっとその死体の幻影から逃れられないことは、五〇年代の冷戦期のアメリカ社会で白人中産階級の女子大学生を圧していた閉塞感を象徴していて、この閉塞感が全編を覆っているといえる。

　エスターを精神の病にまで追い詰める閉塞感は、彼女特有のものではなく、「黄色い壁紙」『目覚め』『歓楽の家』など、白人中・上流階級の若い女性の状況を描いた作品でも同様に見られる。二十世紀への世紀転換期に発表されたこれらの小説でも、男性に従属する生活を強いる社会との格闘の果てに、若い女性が狂気に陥る状況、あるいは死を迎える状況が描かれている。時代の背景は異なりながらも、女性が女性であるがために社会の価値観によって幽閉されるという状況は変わらないのである。

「黄色い壁紙」は、産後抑鬱症の「私」が、夫の指示で転地療養を受けるなかで狂気に陥り、幽閉される部屋から脱出する経緯を語る話である。医師である夫は、高名な精神科医の療法にしたがって「私」を人里離れた「由緒ある植民地様式の大邸宅」に隔離する。「私」の部屋は、かつては育児室だったところで、窓には小さな子どもが落ちないようにするための柵がはめられている。「私」は夫の意向で「私」には「幽霊屋敷」としか感じられない邸宅の、柵付きの「ぞっとする育児室」に隔離される。作品の冒頭、妻の訴えを笑う夫に対して、「私」は「そういうことは結婚では起こりうる」と感じているが、小説でも、一貫して、「結婚では起こりうる」当然のこととして、妻が夫の権威に従うことが要求されている。夫の権威は、妻が「夢中になり、気晴らしにもなる楽しい仕事」と考える「書く行為」をも禁止して、女性の創造性を抑圧することになる。

「私」の兄も高名な医者で、夫の「私」に対する治療方針に賛成しているが、このことから、夫の「私」に対する態度は彼独自のものではなく、当時の白人中産階級の社会では「当たり前の」態度であることがわかる。「実利的な」夫が「文学的な」妻を理解することはないが、彼が妻を愛していて、健康になってほしいと願っていることは確かであり、彼自身は独善的な暴君ではなく、ヴィクトリア朝時代の家父長制が生み出した典型的な白人中産階級の夫にすぎない。

小説には、「私」のかわりに家事を手伝う夫の妹ジェニーと、夫婦の子どもの面倒を見る乳母のメアリーが登場するが、この二人の女性は、「私」が社会から期待されながらも果たすことができない役割を明らかにしている。「家事を完璧に熱意をもってなしとげ、しかも何かいい職業など望むこともない」ジェニーは、女性の唯一の居場所を家のなかとみなす、社会が期待する理想の女性である。乳母のメアリーは聖母マリアを想起させ、「私」が病気であるために、または書くことに興味をもっているために社会が求める献身的な母親の役割を果たせないことを強調する役目を担っている。「私」の周囲の人々は、男も女も、家父長制の男女役割に疑問をもたず満足していて、まるで「幽霊屋敷」の「ぞっとする育児室」のように「私」を取り囲んでいる。「私」を取り囲む男性中心の社会は、彼女が「ぞっとする」と感じる育児室の「いまわしい」壁紙に象徴されている。壁紙の黄色は、一般的には豊かな家族生活の幸せを象徴する色かもしれないが、伝統的な家族観のもとで創造性を抑圧されている「私」には、精神を蝕む色になる。壁紙は、「ゆっくりとめぐる太陽の光で奇妙に色褪せ、燻したような汚い黄色」で、「私」には、「虫唾が走るほど不快で、吐き気を催すほど」である。この「太陽の光で色褪せた黄色」は、「私」が常に夫の指示に従って生活しなければならないように、女性が男性中心の社会で夫のコントロール下で生きてきた長い歴史をも象徴しているといえる。

そのことは、「私」がやがて月光のなかでだけ、夫の指示を逃れて、壁紙に捕らわれている女性の姿を見ることで明らかになる。

壁紙の表面の模様は確かに動く――その後ろにいる女が揺すっているので不思議はない。ときどき、後ろにはたくさんの女がいるような気がするが、また別のときには、一人のような気もする。女は素早くあたりを這い回り、それであたり一面が揺さぶられているのだ。明るい場所では女はじっとしているけれど、影になった場所では、鉄格子をつかんで一生懸命揺さぶっているのだ。女はいつもよじのぼって越えようとしているけれど、誰も模様を越えることはできない。模様が首を絞めているからだ。だから、模様にたくさんの顔があるのだと思う。女たちは越えようとするけれど、模様が女たちの首を絞め、逆さまにするから、女たちは白目をむく。顔を覆うか、取り除けば、壁紙のひどさも半減するだろう。

「私」が壁紙のなかに見る女性は、日光のなかでは這い回らないが、月光のなかでだけ這い回る。つまり、男性の権力が及ばない女性の世界ともいうべき夜にだけ、活発に這い回ることになる。壁のなかの女性は、「私」の分身にちがいなく、「私」はやがて壁紙を引っ張って剝がし取り、壁のなかから出てきて失神した夫を乗り越えていくことになる。「あなたとジェインが反対したけれど」という「私」の夫への発言で、「私」がジェインという名前だったことが明らかにされ、彼女は、夫の権力下、伝統的な役割を果たすべきだと考えていた自分自身とも決別して壁のなかから脱出したことになる。

創造的な力を秘めた若い女性と、ジェンダー化された伝統的な社会との相克は、十九世紀後半のアメリカ南部を背景とする、ショパンの『目覚め』の主題でもある。主人公のエドナ・ポンテリエは、裕福な株式仲買人レオンス・ポンテリエの妻で、二人の幼児の母親でもあるが、小説は、彼女が、妻でも母親でもない、個としての自分に「目覚め」、画家として自立しようと格闘する姿を描く。

冒頭、鳥籠に入れられた、緑と黄色の美しいオウムが繰り返し「誰にもわからない言葉」で話す姿が描写される。鳥籠のなかの美しい鳥は、まぎれもなくエドナに代表されるヴィクトリア朝時代の白人中・上流階級層の女性たちの象徴だが、小説は、経済力をもつ夫の鳥籠のなかでその「大切な財産」として生活していたエドナが、鳥籠を出て一人で飛ぼうとする姿を描く。「伝統と偏見の上を高く舞い上がる鳥は、翼が強くなければならない」が、彼女は、最終的には、「翼を折り」「力尽きて海に落ちていく」。しかし、彼女は、「宇宙における人間としての自分の位置」や「一個の人間としての自分の内部と自分との関係」を認識しようとして、不器用な飛び方ながら、しばし空を飛び回ったといえる。

女性を男性の「所有物」ととらえる社会に対する違和感は、エドナの場合、「説明できない圧迫感」となって現れる。その圧迫感からの解放は、隠れた自己を表出することで達成されるが、エドナの自由な自己表現への「目覚め」は、複合的な要素の重なりによって生じている。自分の気持ちを自由に表現するフランス系移民、クレオールの女友達との交流、自らの熱意のすべてを音楽に捧げている女性ピアニストが奏でる情熱的な音楽、そして夫とは異なる男性との恋愛などである。

エドナの目覚めは、グランド・アイル島に滞在中の夏に生じるが、メキシコ湾の「海の声」は、「誘惑的で」「たえず囁きながら」彼女の魂を誘い出す。長老派を信奉するケンタッキーの厳格な家庭に育ち、「順応していく外なる存在」と「疑問をもつ内なる生活」という二つの世界を生きてきた彼女は、開放的な南部の別荘地での経験を通して、彼女だけに「権利」があり「彼女自身だけに関わる」自身の存在に気づくのである。それは同時に、金銭ならば投げ出せるし、子どもたちのためなら命も投げ出せると思えるにもかかわらず、絶対に「投げ出せない」自分自身の「何か」があると、彼女が認識したことを意味している。

エドナが社会で求められる女性像の殻を脱ぎ、「自分自身になる」過程は、彼女が移り住む家に象徴されている。グランド・アイル島の別荘やニューオーリンズの屋敷では、エドナは、「マザー・ウーマン」としての役割を課されている。それは、「子どもを偶像化し」「夫を崇拝して」、「個人としての自分を消し」「守護天使として翼を広げる」ことを「聖なる特権」とみなす女性の役割である。エドナの夫は、屋敷に買いそろえた調度品を眺めて喜びを感じているが、彼にとっては妻も、基本的にそれらの調度品となんら変わることはない。妻は、夫にとって自らの「卓越した経済力」(48)を誇示する装飾品のような存在なのである。

エドナは、夫の社会的地位を高める社交界のホステスとしての役割を拒否して新しい家に移り住み、そこに夫の家では味わうことができなかった「自由と独立の感じ」と「ホーム」を求めた。彼女は母親の遺産や自分の絵を売った金などで自立を図ろうとするが、その家は、「鳩の家」というその名称が象徴するように、夫とその世界と決別する家にはなりえない。鳩が人間によって飼いならされた鳥であるように、エドナも長い間閉じ込められていた夫の世界から「ほんの数歩」離れたにすぎない。しかし、エドナが「より深い人生の底流を見て理解するために」「自分自身の目で見始めた」ことは、飛躍の大きな一歩だったことは事実である。

エドナの宇宙に存在する個人としての目覚めは、若い男性への愛をともなって生じ、彼女は「愛する者を所有する以上の幸福はこの世に存在しない」と考えるようになる。しかし、相手の男性も、夫から彼女を譲り受けたら二人の関係が存続するものと考えていて、個人同士の愛よりも社会の慣習を優先させていることにかわりはなく、彼女を孤独に陥れる。目覚めによって苦しみが増しても、一生幻想にだまされたままでいるよりはいいと思うが、彼女は海に泳ぎに出るよりほかなく、この世に居場所を見いだすことはできない。

『歓楽の家』の主人公リリー・バートもエドナと同様、女性を男性の「卓越した経済力」[49]を誇示する装飾品とみなす社会との格闘の末に死を迎えている。「展示用に栽培された稀有な花」として男性の鑑賞に供され、夫が「自尊心をもって金をつぎ込むことができる所有物」になるように育てられた彼女は、審美眼を発達させて、「薄汚さ」に対する嫌悪感を募らせる。しかし、彼女がその審美眼を満足させる空間を確保するためには多額の金が必要であり、彼女は自らの美しい身体を武器に男性から金銭を引き出すための努力をしなければならない。社交の余興として彼女が壇上で演じる活人画のシーンが象徴するように、彼女の社会での立場は、より高い金額で入札する男性を求めてその磨き上げた身体を男性の目にさらす奴隷のようである。個人としての女性の生き方が尊重される社会であれば、リリーは自らの審美眼を創造活動に結び付けて芸術家としての生き方を模索できたかもしれない。しかし、彼女は自分が所属するニューヨーク上流社会から「かなたへ」飛翔することを望みながら、女性に男性の社会的立場を顕示する装飾品以上の価値を見いださない社会の慣習に押し潰されて、自ら命を絶つしかない。

十九世紀末から二十世紀初頭に出版されたギルマンやショパン、そしてウォートンの小説は、所属する社会が北部、南部、ニューヨークとそれぞれ異なるものの、いずれも若い白人女性のジェンダー化された社会との格闘を描いていて、一九六三年に発表されたプラスの『ベル・ジャー』のヒロインが直面するのと同じ問題をテーマにしている。ギルマンやショパンの小説が発表当時の読者に広く受け入れられることはなかったが[50]、それでも社会の「新しい女」現象の影響も受けて、これらの小説が発表されたあと、「新しい女」を主人公とする小説が女性誌などにも掲載されるようになったことはすでに確認したとおりである。『歓楽の家』の主人公リリーの死を確認するのが自立して働く女性であることは、旧弊な社会と命を賭して闘ったヒロインの死は、生き残った女性の成長をうながして、「新しい女」の出現を助ける結果となることを暗示している。(51)しかし、その後半世紀以上を経て、フリーダンが「幸せな主婦の物語」と呼ぶような作品が女性誌を独占し、プラスが描く女子学生エスターの苦悩が生み出されるにいたるまでには、どのような社会的変化が生じたかが問題になる。

4「職業・主婦」を推奨する社会の諸事情

プラスのヒロイン、エスターが閉塞感を感じた一九五〇年代アメリカのジェンダー化された社会がどのようなものかは、例えば、「現代女性の目的」と題したアドレー・ユーイング・スティーヴンソンの講演がよく表している。スティーヴンソンは、イリノイ州知事を務めたあと、五二年と五六年の大統領選で民主党の指名候補になった人物だが、五五年、プラスが卒業した年のスミス・カレッジの卒業式で、高度な学問を修めた卒業生に向かって講演し、「家庭を作ること」が女性の「第一次的な役割」だと説いている。(52)大学でボードレールを読み、詩を書き、芸術や哲学について夜遅くまで論議していた女性が、家庭に入って消費者ガイドを読み、洗濯リストを書いて、皿洗いが終われば疲れ果てて眠ってしまう生活になっても、それこそが女性が「時代の危機に役割を担う」方法だという。「アメリカのような西側社会では、西側的なかたちでの結婚と母性がいまだ個人の自由を証明する一例である」として、大学で学んだことを家庭の主婦として生かすことこそ、冷戦時代のような危機に積極的に貢献することだと主張している。

「冷戦時代の危機に役割を担う」方法として、大学で高度な学問を修めた女性に専業主婦になることを勧めるス

図2　ドロシー・トンプソン（1893－1961）
（出典：「タイム」1939年6月12日号、筆者蔵）

ティーヴンソンの主張は、一九五五年九月号の「コンパニオン」誌にも掲載されているが、この主張は、白人中産階級向け女性誌がそれ以前から繰り広げていたものでもある。例えば、「ジャーナル」誌は、一九四九年三月号で、「職業・主婦」と題する専業主婦礼賛の記事をいち早く掲載し、『ベル・ジャー』のエスターのような女性を抑圧する社会状況をさらに推進しようとしている。記事の作者は、専業主婦ではなく、ジャーナリストとして長く活躍したドロシー・トンプソンだが、彼女は、職業欄に主婦と書くことにコンプレックスを感じるという専業主婦の訴えに対して、「笑止千万」といい、専業主婦と書くのは「支配人、料理人、看護師、運転手、洋裁師、室内装飾家、会計士、仕出し屋、教師、私設秘書、慈善家」と書くことと同じだと説く(53)。

　主婦の「一銭も稼ぎ出していない」という訴えに対しても、トンプソンは、「女性が外で働いて得るより多くの金を主婦が運営能力によって家庭にもたらしている」と力説する。そして「たいていの女性の天才には子どもがいない」が、「女性の天才がたくさんいても、子どもの天才がいない世の中は滅びてしまう」として、女性が「特に男の子ども」のいい母親になる重要性を説いている。子どもが小さいときは、コートにいたるまでその服を縫い、夫の原稿をタイプし、本の校正をして、子どもが楽しくピアノの練習をするように二重奏する。子どもが高校生になれば、同じ本を読んで議論し、大学生になって親元を離れたら、社会活動に身を投じる。主婦の仕事に匹敵する仕事をなしとげるキャリア・ウーマンはいない、と主婦業礼賛は続く。家庭を作り、子どもを養育し、子どもの環境を作ることは、文化、文明、美徳をたえず再創造し続けるということだから、偉大なる管理の仕事と創造活動を立派になしとげていると考えて、「職業・主婦」と誇りをもって書きましょう、と結んでいる。

トンプソンは、「ジャーナリズム界のファースト・レディー」と呼ばれ、週刊ニュース情報誌「タイム」の一九三九年六月十二日号で、フランクリン・ルーズベルト大統領夫人のエレノア・ルーズベルトとともに「アメリカで最も影響力がある女性」として取り上げられている。[54] そのような影響力をもつ女性が、『ベル・ジャー』に登場する、すぐに踏みつけにされるキッチンマットさえ手作りすることに意義を見いだしているバディの母親のような生き方を、女性たちに説いていたのである。それは、結婚を機に高度な専門職さえ捨てて家庭に入り、家事のすべてに完璧さを求められるような専業主婦の生活であり、学校で十五年間いい成績を取り続けたエスターのような女子学生には「退屈で不毛」としか思えない生活である。トンプソンは、偉大なるキリストを産んだマリアに女性を例えて、性別役割分担の徹底化を推進する主張を展開していたのである。

スティーヴンソンやトンプソンのような主張が第二次世界大戦後のアメリカ社会を席巻していたことは、結婚や出産に関する統計そのものによって証明されている。一九六〇年に向けて初婚年齢は男女ともに下がり続け、女性の出産回数は増え続けたのである。「戦争終結には、ナチの死の収容所のイメージと原爆の影がつきまとい」、「戦勝を祝う間もなく、新しい脅威、冷戦が始まる[55]」なかで、アメリカ人は、安全と安定への切望の表れとして、「理想の家庭像」を猛然と追求していく。「ソ連への敵対、ソ連の膨張から西ヨーロッパの防衛、そしてアメリカ国内の「破壊活動分子」に対する激しい攻撃[56]」という冷戦下の社会状況のなかで、アメリカ人の婚姻率、出生率は急上昇していったのである。五五年には、出生率が四〇年の約一・五倍になり、平均初婚年齢も、十年間で男女とも一歳以上下がり、女性、二十・三歳、男性、二十二・七歳になっている。[57]

一九五六年には、都市の白人女子大学生の四分の一が在学中に結婚し、多くの若い男性は、女性に夢など断念させて台所に入らせたほうが、共働きをするよりずっといい仕事ができると信じていたといわれる。[58] 男性も女性も幸せは結婚にあると信じ、独身でも幸せになりうると考えていたのはわずか九％だったという。[59]戦争が終わると、出生率が増加するのはほかの国にもどの時代にも見られることだが、第二次世界大戦後のアメリカでは、ソ連との関係が緊迫し、共産主義の脅威がエスカレートするなかで、資本主義社会の「幸せ」を喧伝する一つの手段として、結婚・出産の「幸せ」がいっそう強調されたといえるのである。

「職業・主婦」と書くことを推奨するトンプソンの主張は、当然ながら、女性が家の外で賃金労働に就くことを否定しているわけだが、第二次世界大戦中には、「国防の必要を女性労働者で満たすという政府のキャンペーン」[60]にしたがって多くの女性たちが労働市場に参入していた。当初は戦争が終われば退職するつもりでいた女性たちも、仕事をすることで新たに得た「自立、責任、収入」[61]を手放したくないと考え、圧倒的多数が、戦争後も仕事を続けたいという願望をもつようになったといわれる。しかし、戦争が終わって男性労働者が戻ると、経営者たちは、高賃金の職種から女性労働者を追放しようとし、彼女たちは、結局、追放はされなくても、低賃金の「女らしい」職種に格下げされていった。[62]実際、一九五五年には、戦時下の生産ピーク時よりも二百万人も多い既婚女性が働いていたが、仕事内容は戦時中に任されていたものとは格段の開きがあり、仕事をもっていた女性たちでさえ、自分の存在意義を家庭内の役割に見いださざるをえなくなっていったという。[63]

専業主婦を礼賛するスティーヴンソンやトンプソンの主張は、一見すると、一九五〇年代のアメリカ女性にその約半世紀前の「真の女性」の「理想」を期待しているようにも思われる。女性の家庭性を重要視するという意味では、たしかに十九世紀から二十世紀初頭にかけてのアメリカ女性に求められていたヴィクトリア朝的女性像を復活させているようである。しかし二人の主張は、その実、主婦に対してすべての家事にプロの能力を求めている点で「真の女性」に求められていたものとは異なっている。十九世紀の中産階級の白人女性たちは、家事を「召使い」に任せていた部分があったが、五〇年代にはあらゆる階層の女性が家事労働を増やし、すべてを自分の手でできないと罪悪感をもっていたといわれる。[64]手軽な加工食品や便利な電気製品の出現にもかかわらず、女性が家事に費やす時間は増え、子どもの世話に費やす時間も二〇年代に比べ二倍にも増えている。[65] 五〇年代の半ばには、「家事が女らしさと個性の表現手段である」[66] という考えが女性たちに広がっていたという。

一九五〇年代の白人中産階級のアメリカ女性に求められていたものが、その約半世紀前の同階級・同人種の女性に求められていたものと異なる点は、対男性との関係でも見られる。十九世紀の中産階級の白人女性に求められた「真の女性」の理想では、信仰心が厚く、性的に純粋で、男性に従順で、家庭的であることが必須で、そのような資質を保つことで「家の外」で働く男性を「純粋化する」または「浄化する」[67] という道徳的役割が求められていた。しかし、五〇年代には、女性は家庭内にとどまることを求められてはいたが、道徳的役割を求められることは少なくなった。[68] フリーダンが指摘するように、アメリカの女性は、主婦として、母親として、初めて男性から一人前で対等なパートナーとして重んじられるようになったのである。そのうえ、自動車、衣服、電気製品、食料などを購入する選択権を与えられていた。[69] 半世紀前と同様に一様に専業主婦になる道が推奨されながらも、男性のパートナーという地位と商品を購入する選択権を与えられたという点で、これは、そのような結婚生活を幸せへの道と思い込ませる「罠」だったともいえる。

一九五四年五月号の「マッコールズ」誌では、家族「一心同体」という価値観も示された。[70]「若いうちに結婚して子どもを産み、大勢の子どもを育てて家庭生活から限りない満足を得る時代」にふさわしいのは、「男性も女性も子どもも、独立した個人としてではなく共通した経験を分かち合う家族の一員として一緒にものごとをやっていく」という生き方となる。夫が外で働き妻が家を守るという性的役割分業を推進しながら、週末は郊外のランチハウスで家族団欒のバーベキューを楽しむという生活を理想のモデルにするようになったのである。

このような社会の趨勢のなかで、女性誌の小説は「文学的効果」を狙うことをやめ、「読者の生活に密接したもの」[71] を徹底的に追求するという方針に転換した。一九五二年までにはアメリカの三分の一の家庭にテレビが普及し、その普及率が五〇年代の終わりまでには八六％まで上昇するなかで、雑誌は広告主が購読してほしいと願う読者層にターゲットを絞った内容を提供することで、経営状況の安定を図ろうとしたのだ。[72]総合誌ともいえる「ライフ」誌が七二年には休刊に、「ルック」誌が七一年には廃刊に追い込まれたことを考えれば、女性誌がとった編集方針は経営的にはきわめて「正しい決断」だったのかもしれない。

アリソン・M・ライスは、一九五〇年代、六〇年代に女性誌「レッドブック」誌と「ハウスキーピング」誌の編集長をしていたウェイド・ハンプトン・ニコルズ・ジュニアのおよそ三十年間にわたるビジネス書簡を分析して、彼の編集方針が、「グッド・リーディングのためにグッド・ライティングを避ける」ことだったことを明らかにしている。[73]つまり、社会の趨勢に即した小説を掲載することで、多くの読者に気軽に読まれることを目的として、文学的価値を断念した方針を打ち出したということである。

一九五七年と六七年の「マッコールズ」「ジャーナル」「ハウスキーピング」三誌に掲載された百六十一編の小説に登場する百六十七人の女性キャラクターを分析して、マーガレット・ベイリーは、その典型的なヒロイン像を抽出しているが、女性誌の小説は、雑誌の読者層をターゲットとして、読者が同化または共感できるヒロイン像を描こうとしていたといえる。子どもをもつ若い「魅力的な既婚女性」で、「大学に行ったことがあるが、主な仕事は家事」で、「経済レベルは中くらいで、愛を人生の目的にしている[74]」ヒロイン像である。

そのようなヒロインが登場する小説は、読者が日々必要とするような、またはあったらいいと思うような食料品や日用品の広告の間にはさまれるようにして掲載されていた。読者たる女性は、小説のヒロインと自分との共通点を確認しながら、自分の人生を肯定していた、あるいは肯定しようとしていたのかもしれない。小説が美しい挿絵を配した見開きページから始まりながらも、その続きは生活を便利にする多様な家庭用品の広告のあいだを縫うように掲載されることで、日々家事を担う読者に、小説世界と日々の生活の共通性を感じさせる効果も大となる。その結果は、当然ながら、広告商品の販売促進につながり、女性誌を支える広告主の商売を支えるという循環をもたらすことになる。

女性誌の小説の内容が、読者の生活に密着するように書かれ、広告とともに掲載されていたことは、例えば、ネリア・ガーディナー・ホワイト作「私の妻によれば」(75)(「マッコールズ」一九五五年四月号)を例にとっても明らかだ。この作品は、大学教授の後妻が、子どもはもたないと同意して結婚したにもかかわらず、数年を経て「いい結婚には子どもがいるべき」で、「まるで人生を欺いているかのように、自分が無用な人間のように感じる」と夫に訴え、最終的には夫婦が子どもをもつ決断にいたるという内容である。結婚前には、高校の国語教師をしていたという妻は、クロスワードパズルをしても、大学教授の夫よりも豊富な語彙力をもつが、仕事を辞めて専業主婦になったことに疑問をもつことはない。夫の食事を作り、パーティーを開催するという役割のすべてが前妻と比較されて空虚さを感じていても、その解決策として仕事に復帰することを考えることもない。最初の結婚で子どもを亡くした経験から子どもをもちたがらない夫に対して、子どもをもたないことは「人生そのものを恐れていることだ」と言い、彼に子どもをもつ決心をさせている。このヒロインが読者に示すメッセージは、専業主婦で母親であることは女性の最高のキャリアであり、子どもをもたないことは人生を無駄にしているということになる。

このような内容の物語が、雑誌社の経営を支える広告主の意向と密接に関わっていたことは、物語の配置の仕方に明らかに表れている。この物語が掲載されているページには、数々の食料品やオーブンなどのカラー広告がレシピ付きで掲載されていて、その広告が占める割合は、物語自体が占める割合の約四倍になっている。物語の冒頭では、見開きページで物語をイメージするカラー挿絵が配されているが、そのあとの数ページは、物語よりも広告のほうが多い誌面構成で、雑誌を開いたときに目に飛び込んでくるのは圧倒的にカラーの商品広告である。物語を中断させるようなかたちで、嗜好品の広告が入ったり、その月に購入すると「お得」な食料品の情報が、「合衆国農務省」の「お墨付き」で配置されている。そして、物語のヒロインが子どもを作るべく夫を説得した結末のページには、マーガリンの広告として、娘の成長を喜びながら、スカートの丈を測る幸せそうな白人の母親の写真が掲載されている。小説は、登場するヒロインの生活や未来を読者が共有できるように配置された広告と、連動しているのである。

　女性誌の小説のなかの出生率と現実のアメリカ人の出生率とが密接な関係にあったことは、ラッセル・ミドルトンによっても報告[76]されている。一九一六年、三六年、五六年の実際の出生率と雑誌小説中の出生率を比較した結果、雑誌小説の出生率は、実際の出生率にしたがって上下していたという。[77]しかし、六〇年代、七〇年代になると、実際の出生率が下がり始めたのにもかかわらず、雑誌小説の出生率は上がり続け、仕事に生きる独身女性

図3　小説の内容と連動した広告
（出典：「マッコールズ」1953年4月号、115ページ、筆者蔵）

や結婚しても子どもがいないなど、母にならない女性の人生を肯定的に描く小説は皆無になった。[78]女性誌が広告収入を得て雑誌経営を潤滑におこなうために、女性が専業主婦になり、母になることが最高のキャリアであるかのような小説を掲載し続けたといえるのである。

女性誌の編集長の手紙を分析したライスの研究が示すように、女性誌が経営を優先させた結果、そこに掲載される小説は、販売拡大を目指す広告主の意向に合わせて「生産」されていたことになる。当時のアメリカでは購買力をもっていたのは主に女性だったことを考慮して、[79]雑誌社と雑誌に広告を出している企業、すなわち産業界が、女性の購買力を高めさせるためにその生き方まで操作したともいえる。

主婦に完璧な家事を求める時代の趨勢は、「創造的な家庭作り」に専念できない女性に「神経症的」「変質的」というレッテルを貼ることにもなっていく。[80]一九五〇年代にサンフランシスコで「分裂症」と診断された女性を調べた研究では、家庭的役割を受け入れて夫の命令に従うようにするために入院させられたり、子どもを欲しがらない中絶希望者に「危険な情緒障害の兆候」として電気ショック療法が適応されたりすることさえあったことが報告されている。[81]「子どもをもたないことは人生を無駄にすること」という考えのもと、「女性の最良のキャリア」ともいうべき結婚で子どもをもち、夫を頼りにすると同時に夫への献身を貫き、夫よりも能力があることを示さない、という社会の価値観に沿った人生を送らない女性は、「ノーマルではない」として疎外されていたことになる。[82]

女性に専業主婦としての生き方だけを要求する社会は、当然ながら、その結婚相手である男性をも型にはめることになる。中産階級の男性はその地位にふさわしい妻がいなければ昇進が望めないばかりか、職を失う恐れさえあったといわれ、独身男性は「未熟」「異常」「病的」などのレッテルを貼られたという。[83]

フリーダンは『女らしさの神話』で、第二次世界大戦後、制作現場で女性誌の小説のなかの女性像が変化するのを目の当たりにしてきた女性から聞いた話として、意気盛んなキャリア・ウーマンのようなタイプの女性像は女性の作家や編集者が作り上げ、主婦であり母親であることを最高の生き方とみなすタイプの女性像は男性の作家や編集者によって作り上げられたと述べている。おおかたの女性誌は、編集方針を男性が打ち出し、そこに経営上の思惑も大きく作用して、掲載される小説も型どおりになっていったのである。まさに、「男性が製造して、女性が消費する」[84]という枠組みのなかで、女性の生き方が形成されていったのだ。二十世紀を通じて、アメリカでは女性が購買力の主流を占めていたといわれ、ときに八割、九割を占めていたとも推測されている。[85]美しく着飾った女性がエプロンを着け、ハイヒールを履いて、男性に給仕したり、家を掃除したり、子どもの世話をする姿が、女性誌の広告を占めたが、このような広告のイメージと合致する小説が掲載されていたことになる。

一方で、一九五六年七月号の「マッコールズ」誌は、たくさんの子どもをもつ専業主婦が実は幸せではなく、五〇年代に結婚した夫婦の三分の一が離婚にいたったということを実証するような「逃亡した母親」[86]という記事を掲載して、単一の号としては最高の売り上げを記録した。六〇年には、フリーダンが『女らしさの神話』を書くきっかけになった記事「女も人間だ」[87]を「ハウスキーピング」誌に掲載している。「幸せな主婦の物語」の「ほころび」は確実になりつつあったが、それでも広告業界と結び付いたそのような物語は掲載され続けたともいえるのである。

5　変革への兆し

フリーダンやプラスの著作が示すアメリカ女性の悩みは、比較的豊かな白人中産階級の女性のものであり、それを「アメリカ女性」というくくりで論じることができないのはいうまでもない。フリーダンは、『女らしさの神話』の冒頭から、郊外の一戸建ての家に住む専業主婦を「アメリカ女性」と呼んですべてを代表するかのように論じているが、常に働かざるをえなかった労働者階級の白人女性や、アフリカ系アメリカ人女性、スペイン語圏やアジア諸国などからの移民女性なども、当然ながら、同じ時代を生きていた「アメリカ女性」だった。

実際、一九六〇年のアメリカでは、白人女性の三〇％以上、非白人女性の四〇％以上が賃金労働に従事していて、[88]彼女たちの多くは、専業主婦になりたくても生活のために働かざるをえなかったのではないかと思われる。フリーダンやプラスが指摘する問題は、二十世紀への転換期に発表されたギルマン、ショパンらの小説などが指摘した問題同様、日々の生活に心配がない白人中産階級の女性問題だったことは認識すべきである。それはまた、五〇年代・六〇年代の女性誌の小説がその最も典型的なヒロイン像を白人中産階級の専業主婦としていることからも明らかなように、[89]「マッコールズ」「ジャーナル」「ハウスキーピング」などの女性誌が対象にしていた主たる読者層だったといえるだろう。

『女らしさの神話』に階級的・人種的な視点が欠けていることは、アフリカ系アメリカ人フェミニストのベル・フックスが『フェミニスト理論――周縁から中心へ』[90]の冒頭で指摘したことでもある。フリーダンには、もし彼女のような白人中産階級の女性たちが家事労働から解放されて白人男性と同等に働く機会を与えられたら、子どもたちの世話をしたり、家事をするために誰が駆り出されるのか、[91]という視点がなかったことは確かである。「メイド、子守り、工場労働者、店員、売春婦として働くことが、有閑階級の主婦よりもやりがいがあることなのかどうか」[92]、という問題を読者に提示すべきだったことも確かだろう。

「ジャーナル」「マッコールズ」「ハウスキーピング」誌などのグラビアや小説などに登場するのが、経済的に豊かな白人女性ばかりだったことからすれば、階級問題や人種問題に目を背けていたのはフリーダンだけではなく、そのような女性誌を作る側も読む側も、その多くが白人中・上流階級以外をアメリカ人と認めたくないと思っていたのではないかとさえ思われる。事実、「アメリカン・ウーマン」の特集を組んだ一九五六年の「ライフ」誌にも、非白人女性は一人も登場せず、「オール・アメリカン・ガール」と題する冒頭のグラビアも、アメリカ各地に住む若い白人女性だけである。[93] アラバマ州モンゴメリーでローザ・パークスが人種分離法に抗議して逮捕されたことを契機に公民権運動が各地で活発化しつつあり、メキシコからの流入者は過去百年の総計をしのぐ数に達していたが、そのような現実から目を背け、中・上流階級の白人だけをアメリカ人とする暗黙の了解があったかのようである。

しかし、女性誌の小説が一九六〇年代の社会的変化にまったく鈍感だったわけではない。人種差別や人種隔離の撤廃を訴えた六三年のワシントン大行進が二十万人以上の参加者を集め、翌六四年には人種を超えた社会の実現を訴えて「私には夢がある」と演説したマーティン・ルーサー・キング牧師がノーベル平和賞を受賞するなかで、女性誌の小説にも変化が見られるようになってきた。六四年には、人種、宗教、性、出身国による差別を禁止する公民権法が制定され、さらに翌六五年には黒人の投票権剝奪を禁止する投票権法が制定されるなかで、白人中産階級の女性を主に描いていた女性誌の小説も、現実を無視できなくなったのかもしれない。

例えば、一九六七年二月号の「マッコールズ」には、ハーレムでのアフリカ系アメリカ人一家の様子を描いたアフリカ系アメリカ人の男性作家ジェイムズ・ボールドウィンの作品「電車がどれくらい前に出たか教えて」[94] が掲載されている。女性誌の短篇としてはやや長いこの作品は、十歳の黒人少年が、ハーレムの「黒人であること」の意味を理解し始める物語である。ニューヨークの地下鉄が、一定の地点を過ぎると白人ばかりで、黒人少年にとっては「自分を守ってくれる黒人がいない」と不安になること、ハーレムでは、殺人事件は日常茶飯事であること、家主は「働きのないこと」を「黒人種の属性とみなす」こと、黒人とみれば白人警察官は職務質問することなどが、幼い視点で描写されている。七歳上の兄は、「仕事で必要でなければ白人はずっと前に黒人を殺していたさ、インディアンみたいに」と言い、読む者には少年の困難な前途が予想されるが、「白人は人間なの？ 僕たちみたいに」という少年の無邪気な問いに、静かな抗議が表現され、余韻を残す作品になっている。

さらには、キング牧師が暗殺された一年半後の「ジャーナル」一九六九年十一月号には、戦闘的な黒人が郊外に住む富裕な白人宅を占拠するという、フレッチャー・ネベル作「家宅侵入」[95]が「ボーナス小説」として掲載されている。「今年度の最も大胆な小説」とうたうその宣伝文には、「革命的黒人と富裕な郊外の白人とのぞっとする衝突はアメリカを内乱の恐怖に陥れる」とあり、キング牧師の死後アメリカ全土で頻発していた黒人暴動に恐怖を感じていた白人の視点に立っていることがわかる。しかし、このような小説が、女性は常に受け身であるべきで、積極的に行動すると「オールド・メイド」になってしまうという類いの小説を掲載していた「ジャーナル」誌に掲載されたことは、特筆に値する。

この小説が掲載されたちょうど一年前にも、「ジャーナル」誌には画期的なことが起こっていた。一九六八年十一月号で、アフリカ系アメリカ人モデルのナオミ・シムズを表紙に起用し、さらには「ナオミ」[96]と題するインタビュー記事をカラー写真入りで掲載している。シムズは、それ以前に電話会社のテレビや雑誌コマーシャルに白人女性、アジア系女性とともに登場していたが、「ジャーナル」八十五年の歴史で初めてアフリカ系女性としてその表紙を飾り、週に千ドル稼ぐスーパーモデルとしての成功が紹介されている。「黒人であり、美しいということを、白人が主流のファッションモデル界でどう感じているか」というインタビュー記事の見出しからは、美の基準を白人女性においている姿勢が感じられ、女性誌が美しさの基準を操作してきた事実をぬぐい去ることはできない。しかし、シムズのような黒人スーパーモデルを表紙に据え、そのインタビュー記事を掲載したことは、白人中産階級の女性だけをアメリカ女性とみなしてきたといえ

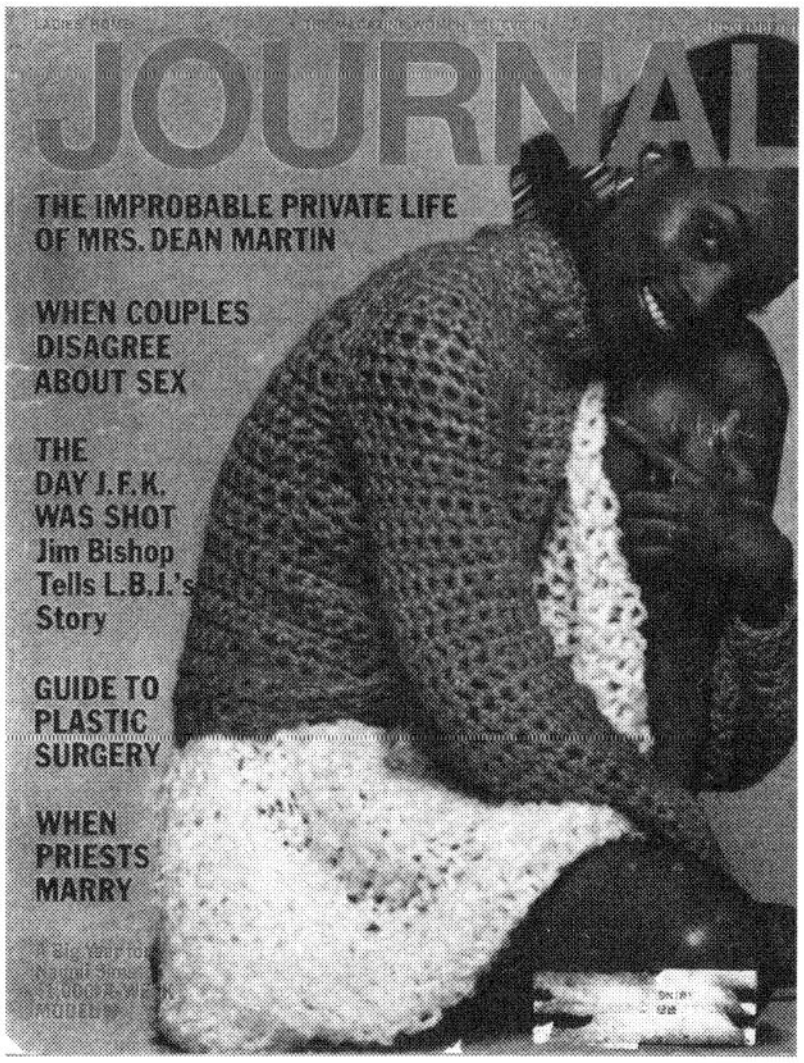

図4　ナオミ・シムズ（1948―2009）
（出典：「レディーズ・ホーム・ジャーナル」1968年11月号の表紙、筆者蔵）

る「ジャーナル」のような女性誌が、黒人解放運動の高まりによる変化を無視できなくなってきた証しともいえるだろう。

この号には「ボーナス小説」として、ジム・ビショップ作「J・F・Kが死んだ日」[97]も掲載されている。政治的な問題を取り扱ってこなかった女性誌にケネディ大統領が暗殺された日の詳細を綴った物語を掲載したことには意味がある。また、白人女性を描いた小説でも変化が見られ、それ以前は愛や結婚を軸として若い女性を描いた作品が圧倒的に多かったが、子どもが巣立ったあとの女性を描く小説が登場している。例えば、同じく一九六八年十一月号の「ジャーナル」誌に掲載されたアーサー・キャヴァノー作「キャサリンと雀たち」[98]では、見開きページの挿絵で、白髪の女性が窓辺の雀たちを見やる姿が描かれ、物語も子どもたちが巣立ったあとの女性の気持ちとその後の生き方を見つけるまでを描いている。一九五七年と六七年の女性誌の小説に登場するヒロイン像を比較したベイリーの研究[99]によれば、特に「マッコールズ」誌の小説は、六七年にはきわだってヒロインの年齢層があがっているということだが、「ジャーナル」誌のこの小説も、同様の特徴を示しているといえるだろう。

一九七〇年三月十八日には、約百人に及ぶフェミニズムの女性活動家たちが「ジャーナル」誌の事務所を十一時間にわたって占拠し、女性の雑誌として、その職員に保育所を提供し、マイノリティーをもっと雇用し、男性の編集長を更迭して女性だけで構成される上級スタッフを雇うことなどを要求した[100]。同誌の編集長ジョン・マック・カーターは辞任は拒んだが、一九七〇年八月号には、「アメリカ社会の多くの場所に見られる、やむことがない性差別というもっともな事実があることに編集長は気がついた」とする追加記事が掲載された[101]。七三年には、「ジャーナル」誌約八十年の歴史で初めて女性編集長レノーア・ハーシーが誕生するにいたっている。そして、現在まで、この女性誌の編集長は女性が務めている。七〇年にはさらに画期的な出来事として、アフリカ系アメリカ人女性向けの雑誌「エッセンス」がルース・ロスを編集長として創刊され、七二年には、フェミニスト雑誌「ミズ」もグロリア・スタイネムらを編集長として創刊されている。

フェミニズム文学批評の高まりとともに長い間忘れられていたギルマンやショパンの作品なども再評価されるようになった。「黄色い壁紙」は、一九七三年には「男と女、夫と妻の性の政治学に正面から向き合った、十九世紀の女性の手になる貴重な作品の一つ[102]」として評価され再版にいたっている。『目覚め』も、夫と子どもの面倒を見ない「身勝手な」女性の物語という評価から、女性の発展や成長に焦点がおかれ、「一人の人間としての女性」を描いた「新しい女」の物語という評価を受けるようになった[103]。これらの作品は正当な評価を受けるまでに、実に、八十年もの時間を要したことになる。

注

（1）Sylvia Plath, *The Bell Jar*, Harper & Row, 1971.『ベル・ジャー』からの引用はすべて本書による。引用部分の日本語訳は、シルヴィア・プラス『ベル・ジャー』（青柳祐美子訳〔Modern & Classic〕、河出書房新社、二〇〇四年）を参照。

（2）Betty Friedan, *The Feminine Mystique*, Norton, 2013.『女らしさの神話』からの引用はすべて本書による。引用部分の日本語訳は、ベティ・フリーダン『増補 新しい女性の創造』（三浦冨美子訳、大和書房、一九七七年）を参照。

（3）Anthony Synnott, *Re-thinking Men: Heroes, Villains and Victims*, Ashgate, 2009, p.142.

（4）Kirsen Fermaglich, “The Significance of Nazi Imagery in Betty Friedan's *The Feminine Mystique*,” *American Jewish History*, 91(2), 2003, p.219.

（5）Daniel Horowitz, *Betty Friedan and the Making of* The Feminine Mystique: *The American Left, the Cold War, and Modern Feminism*, University of Massachusetts Press, 1998, p.205.

（6）Betty Friedan, *Life So Far: A Memoir*, Simon, 2006, p.132.

（7）Jone Johnson Lewis, “National Organization for Women – NOW.”（http://womenshistory.about.com/od/feminism/

p/now.htm)［アクセス二〇一五年六月二日］

(8) Linda Wagner-Martin, *The Bell Jar, a Novel of the Fifties*, Twayne, 1992, p.11.

(9) Harriet Beecher Stowe, *Uncle Tom's Cabin*, Norton, 1994.

(10) E.D.E.N. Southworth, *The Hidden Hand: or, Capitola the Madcap*, Rutgers University Press, 1996.

(11) Charlotte Perkins Gilman, "The Yellow Wall-Paper," in Robert Shulman, ed., *The Yellow Wall-Paper and Other Stories*, Oxford University Press, 1998, pp.3-19.「黄色い壁紙」からの引用はすべて本書による。

(12) Kate Chopin, *The Awakening*, Norton, 1993.『目覚め』からの引用はすべて本書による。引用部分の日本語訳は、ケイト・ショパン『目覚め』(瀧田佳子訳、荒地出版社、一九九五年)を参照。

(13) Edith Wharton, *The House of Mirth*, Scribner's, 1914.『歓楽の家』からの引用はすべて本書による。引用部分の日本語訳は、イーディス・ウォートン『歓楽の家』(佐々木みよ子/山口ヨシ子訳、荒地出版社、一九九五年)を参照。

(14) Mary Wollstonecraft, *A Vindication of the Rights of Woman*, Norton, 1975, p.56.

(15) Sandra M. Gilbert and Susan Guber, *The Madwoman in the Attic: The Woman Writer and the Nineteenth-Century Imagination*, Yale University Press, 1970, p.82.

(16) *Ibid.*, p.85.

(17) Maya Angelou, *I Know Why the Caged Bird Sings*, Random House Publishing Group, 2010.

(18) Maureen Honey, *Breaking the Ties That Bind: Popular Stories of the New Woman, 1915–1950*, University of Oklahoma Press, 1992, p.4.

(19) Patricia Serles and Janet Mickish, "'A Thoroughbred Girl': Images of Female Gender Role in Turn-of-the-Century Mass Media," *Women's Studies*, 10, 1984, p.264.

(20) James Playsted Wood, *Magazines in the United States: Their Social and Economic Influence*, Ronald Press, 1949, p.120.

(21) Honey, *op. cit.*, p.4.

（22）Ellen Hoekstra, "The Pedestal Myth Reinforced: Women's Magazine Fiction, 1900－1920," in Russel B. Nye, ed., *New Dimensions in Popular Culture*, Bowling Green University Popular Press, 1972, p.44.

（23）Honey, *op. cit.*, p.4.

（24）*Ibid.*, p.6.

（25）*Ibid.*, p.8.

（26）Hoekstra, *op. cit.*, p.45.

（27）Elizabeth Ammons, "The New Woman as Cultural and Social Reality: Six Women Writer's Perspective," in Adele Heller and Lois Palken Rudnick, eds., *1915, The Cultural Moment: The New Politics, the New Woman, the New Psychology, the New Art, and the New Theatre in America*, Rutgers University Press, 1991, p.81.

（28）William H. Chafe, *The American Woman: Her Changing Social, Economic, and Political Roles, 1920－1970*, Oxford University Press, 1972, p.89.

（29）Joseph A. Hill, *Women in Gainful Occupations 1870 to 1920: A Study of the Trend of Recent Changes in the Numbers, Occupational Distribution, and Family Relationship of Women Reported in the Census as Following a Gainful Occupation*, Greenwood, 1978, p.45.

（30）*Ibid.*

（31）Elizabeth Fraser, "The Sob-Lady" in Honey, *op.cit.*, p.41. 以下、本章で扱う一九一〇年代、二〇年代の女性誌に掲載された「新しい女」の小説、Juliet Wilbor Tompkins, "Shelter," Vivien R. Bretherton, "Bird Girl," Edith Barnard Delano, "Henry's Divorce"は、すべてハーニー編纂の作品集による。

（32）Honey, *op. cit.*, p.5.

（33）Edith Wharton, *The Age of Innocence*, Appleton, 1920.

（34）Edith Wharton, *The Mother's Recompense*, Appleton, 1925.

（35）Edith Wharton, *The Children*, Appleton, 1928.

(36) Willa Cather, *My Mortal Enemy*, Vintage Books, 1954.
(37) Wood, *op. cit.*, p.123.
(38) "5 Happy Short Stories" として「マッコールズ」一九六〇年七月号に掲載された小説は、Babs H. Deal, "The Village Green," Mel Heimer, "Once in a Small Wile," Willard Temple, "Weekend in Las Vegas," Williams Forrest, "Wedding Day," Mary Augusta Rogers, "The Phase" の五作品である。
(39) Kurt Vonnegut, Jr., "Long Walk to Forever," *Ladies Home Journal*, August, 1960, pp.42ff.
(40) Helen H. Franzwa, " Female Roles in Women's Magazine Fiction, 1940－1970," in Rhoda Kesler Unger, ed., *Woman: Dependent Or Independent Variable?*, Psychological Dimensions, 1975, pp.42-53.
(41) *Ibid.*
(42) *Ibid.*, p.43, p.49.
(43) Magaret Cousins, "Love is a Complicated Thing," *Good Housekeeping*, March, 1955, pp.52ff.
(44) Robert Knowlton, "Never Let Them Know," *Good Housekeeping*, September, 1960, pp.80ff.
(45) Stephanie Coontz, *The Way We Never Were: American Families and the Nostalgia Trap*, Basic, 1992, p.38.　引用部分の日本語訳は、ステファニー・クーンツ『家族という神話――アメリカン・ファミリーの夢と現実』(岡村ひとみ訳、筑摩書房、一九九八年)を参照。
(46) Kathleen L. Endres and Therese L. Lueck, *Women's Periodicals in the United States: Consumer Magazines*, Greenwood, 1995, p.177.
(47) Sam Roberts, "Figure in Rosenberg Case Admits to Soviet Spying." *The New York Times*, September 11, 2008. (http://www.nytimes.com/2008/09/12/nyregion/12spy.html? r=0) [アクセス二〇一三年十一月十八日]
(48) Thorstein Veblen, *The Theory of the Leisure Class: An Economic Study of Institutions*, Allen, 1922, p.180.
(49) *Ibid.*
(50) Elaine R. Hedges, "Afterword to 'The Yellow Wallpaper,'" in Catherine Golden, ed., *The Captive Imagination: A*

Casebook on "The Yellow Wallpaper," Feminist 1992, p.125; Charlotte Perkins Gilman, *The Living of Charlotte Perkins Gilman: An Autobiography*, University of Wisconsin Press, 1990, p.120; Per Seyersted, *The Complete Works of Kate Chopin*,Vol.1, Louisiana State University Press, 1969, p.17.

(51) Ellain Showater, *Sister's Choice: Traditions and Change in American Women's Writing*, Clarendon, 1991, p.101.

(52) Adlai E. Stevenson, "Governor Adlai Stevenson Describes a Woman's Place, 1955." (http://coursesa.matrix.msu.edu/~hst306/documents/stevenson.html)［アクセス二〇一三年八月七日］

(53) Dorothy Thompson, "Occupation-Housewife," *Ladies' Home Journal*, March, 1949, pp.11-12.

(54) *Time Magazine*, June 12, 1939, p.47.

(55) Sara M. Evans, *Born for Liberty: A History of Women in America*, Free Press, 1989, p.234. 引用部分の日本語訳は、『アメリカの女性の歴史――自由のために生まれて』（小檜山ルイ／竹俣初美／矢口祐人訳、明石書店、一九九七年）を参照。

(56) *Ibid.*

(57) *Ibid.*

(58) Elaine Tyler May, *Homeward Bound: American Families in the Cold War Era*, Basic, 1988, p.69.

(59) *Ibid.*, pp.69-70.

(60) Evans, *op. cit.*, p.224.

(61) Coontz, *op. cit.*, p.31; Chafe, *op. cit.*, p.169.

(62) Coontz, *op. cit.*, p.31.

(63) *Ibid.*

(64) *Ibid.*, p.27.

(65) *Ibid.*

(66) *Ibid.*

(67) Barbara Welter, "The Cult of True Womanhood: 1820 – 1860," *American Quarterly*, 18(2), 1996, p.153.

(68) Coontz, *op. cit.*, p.27.

(69) *Ibid.*, p.178.

(70) Marty Jezer, *The Dark Ages, Life in the United States, 1945 – 1960*, South End Press, 1982, p.223; *McCall's*, May, 1954.

(71) Alison M. Rice, "The Rise of 'Good Reading'over 'Good Writing': How and Why Women's Magazine Fiction Changed in the 1950s and 1960s," *Sex Roles*, 37, 1997, p.139.

(72) *Ibid.*, p.142.

(73) *Ibid.*

(74) Margaret Bailey, "The Women's Magazine Short-Story Heroine in 1957 and 1967," *Journalism Quarterly*, 46, 1969, p.365.

(75) Nelia Gardner White, "According to My Wife," *McCall's*, April, 1955, pp.35ff.

(76) Russell Middleton, "Fertility Values in American Magazine Fiction, 1916-1956," *Public Opinion Quarterly*, 24, 1960, pp.139-145.

(77) *Ibid.*, pp.141-143.

(78) Helen H. Franzwa, "Pronatalism in Women's Magazine Fiction," in Ellen Peck and Judith Senderowitz, eds., *Pronatalism: The Myth of Mom and Apple Pie*, Thomas Y. Crowell, 1974, p.74.

(79) William H. Young and Nancy K. Young, *The 1950s.*, Greenwood, 2004, p.47.

(80) Coontz, *op. cit.*, p.32.

(81) *Ibid.*

(82) Franzwa, "Female Roles in Women's Magazine Fiction, 1940 – 1970," p.48, p.52.

(83) Coontz, *op. cit.*, pp.32-33.

(84) Young, *op. cit.*, p.47.
(85) *Ibid.*
(86) Jahn Robbins and June Robbins, "The Mother Who Ran Away," *McCall's*, July, 1956, pp.48ff.; Coontz, *op. cit.*, p.37.
(87) Betty Friedan, "I Say: Women Are People, Too!," *Good Housekeeping*, September, 1960, pp.59ff.
(88) Dora L. Costa, "From Mill Town to Board Room: The Rise of Women's Paid Labor," *Journal of Economic Perspectives*, 14(4), 2000, p.104.
(89) Bailey, *op. cit.*, p.365.
(90) Bell Hooks, *Feminist Theory: From Margin to Center*, South End Press, 1984, p.10.
(91) *Ibid.*
(92) *Ibid.*
(93) *Life*, December 24, 1956.
(94) James Baldwin, "Tell Me How Long The Train's Been Gone," *McCall's*, February, 1967, pp.118ff.
(95) Fletcher Knebl, "Tresspass," *Ladies' Home Journal*, November, 1969, pp.157-170.
(96) Diana Lurie, "Naomi," *Ladies' Home Journal*, November, 1968, pp.114-115.
(97) Jim Bishop, "The Day J. F. K. Dies," *Ibid.*, pp.151-158.
(98) Arthur Cavanaugh, "Catherine and the Sparrows," *Ibid.*, pp.98ff.
(99) Bailey, op. cit., p.366.
(100) Evans, *op. cit.*, p.288.
(101) *Ibid.*
(102) Hedges, *op. cit.*, p.124.
(103) Judith Fryer, *The Faces of Eve: Women in the Nineteenth-Century American Novel*, Oxford University Press, 1976, p.243.

第2章　誰の〈身体〉か？
――アメリカの福祉権運動と性と生殖をめぐる政治

土屋和代

はじめに

ミシェル・フーコーは『性の歴史Ⅰ』のなかで、ヨーロッパ近代が生み出した性を取り巻く言説に注目し、「どのようにして権力が日常の快楽に浸透しそれを統制しているのか」[1]を明らかにした。性の歴史を、ただ抑圧・禁止の歴史として語るのではなく、知・行政の対象として、錯綜する言説を通じて管理されるものとして描き出したのである。国民の身体・生命は国家の命運がかかるために、介入と管理の対象になる。本章では、一九六〇年代末から七〇年代初頭のアメリカで、貧窮状態にあるシングルマザーとその子どもたちへの公的扶助プログラムである要扶養児童家族手当（Aid to Families with Dependent Children. 以下、ＡＦＤＣと略記）の受給者とその家族の〈身体〉に、どのように政治が介入し、統制したのかをみていく。[2]

同時に、受給者がどのように自らの身体を縛る規律と統制を白日のもとにさらし、対抗する言説を編み出していったかを明らかにする。フーコーは、「言説は権力を強化するが、しかしまたそれを内側から蝕み、危険にさらし、脆弱化し、その行手を妨げることを可能にする」[3]とも述べている。受給者とその家族はただ国家によって管理され、矯正の対象になったわけではない。彼女／彼らがどのように性と生殖に関する権利を「福祉権」の一部に組み込んだかに注目したい。

一九九〇年代以降、第二次世界大戦後のアメリカでのシングルマザー、特に福祉受給者の性と生殖をめぐっては、数々の重要な研究が発表されてきた。リッキー・ソリンジャーは、未婚のまま妊娠・出産した女性が、社会秩序を脅かす「逸脱者」として――「権利を有さない母親として、母親になる資格がない女性として」――扱われてきた過程を明らかにし、その「扱われ方」は人種によって大きく異なると指摘した。未婚のまま性交渉をおこない、結果、妊娠にいたった「堕落」した白人女性は、精神疾患を抱える「病んだ」女性とみなされた。「お腹が目立つ」前に産院に送られ、出産した赤ん坊は養子縁組に出され――市場では価値ある「白人の赤ん坊」となる――、「恥ずべき」過去は隠蔽された。一方、「堕落」した黒人女性は、「本質的に」性的に奔放であり、矯正しがたい「逸脱者」とされた。黒人女性の多くは、地域や、生まれ育った家族のもとにとどまり、シングルマザーとして子どもを育てる道を選ぶ者が多かった。これは、「白人の赤ん坊」に比べて市場価値が低く、養子縁組に出すことが難しかったためでもある。さらに、幼子を抱えるシングルマザーになった黒人女性は、ただ性的に倒錯しているだけではなく、「福祉に依存する母親」として納税者への「経済的脅威」にもなった[4]。

ドロシー・ロバーツは、前述のソリンジャーの研究をふまえながら、貧しい黒人のシングルマザーに対して、福祉費削減のため、政府の手によって強制的な不妊手術がおこなわれてきた過去を告発した[5]。二〇〇〇年代に入り、ヨハンナ・シェーンは、性と生殖に関する技術の二面性を強調した。すなわち、受胎調節、中絶、不妊手術といった技術は、女性が自らの身体を管理するのを助けると同時に女性の身体を管理するものであり、解放的であるとともに抑圧的になりうるという[6]。しかし、生殖技術がもつ二面性を強調したシェーンの研究では、人種や階級といった要素は十分に検討されないままだった。一方、レベッカ・クルーチンは、不妊手術の社会的位置づけの変化に注目し、「望ましくない」人種からアメリカ市民を守るための優生学のツールとして機能した歴史を解き明かすとともに、一九五〇年代から七〇年代に、黒人解放運動、メキシコ系・プエルトリコ系移民の増加、福祉の「爆発」といった新たな社会不安・脅威が、不妊手術を取り巻く政策を大きく変容させた点を明らかにした[7]。

こうした一連の研究をふまえて、本章では、福祉受給者とその家族の身体がどのように国家の管理・統制の対象になったのかを、アラバマ州モントゴメリーで起きたレルフ姉妹に対する不妊手術の事例に焦点を当てて検討する。貧しい受給家庭の児童が、「早熟な」「知恵遅れの」倒錯者と一方的に決め付けられ、説明もないまま不妊手術が施されたことがこの事例から明らかになる。同時に、AFDC受給者の組織・全米福祉権団体(National Welfare Rights Organization. 以下、NWROと略記)を中心としたレルフ姉妹の支援者が、訴訟を通じて、どのように政府を告発し、公的資金援助のもと秘密裏におこなわれてきた不妊施術を糾弾したかを示したい。第二派フェミニズムを主導した白人ミドルクラスの女性たちは、産児制限(受胎調節、中絶、家族計画)を女性解放への一歩と位置づけた。一方、ネーション・オブ・イスラム(Nation of Islam. 以下、NOIと略記)をはじめとする黒人組織のなかには、産児制限(特に不妊手術)を白人による黒人「虐殺」のための策略とみなす者が多数いた。両者に対して、NWROをはじめとする黒人低所得者のフェミニストは、産児制限だけでなく産む権利を、性と生殖に関するすべての事柄についての決定権を獲得するために闘った。同意なく施される不妊手術を阻止し、自らの子どもを産み/育てる権利を求めた彼女らの活動をつまびらかにしたい。

1　「福祉の爆発」と不妊手術

不妊手術――前史

産児制限の方法の一つとして広く認知される以前、不妊手術は優生学者の手で推進されてきた。初期の優生学者は、生物学的決定論に基づき、貧困や犯罪、婚姻外出産、てんかん、知的障がい、アルコール依存といった「病」は遺伝によってもたらされたものとみなし、「健全」なアメリカ市民がこれらの「病」に侵されるのを防ぐため、「不適格な」市民に不妊手術を施した。(8) 例えば、ノースカロライナ州では、州法第三十五章七項によって「精神障がい者」に対して不妊手術が認められ、優生学委員会の手によって一九三三年から七〇年代半ばにいたるまで七千六百八十六人に対して施術がおこなわれた。(9)

これらのうち約五千人は黒人だった。南部では貧しい黒人であるというだけで不妊手術のターゲットになる場合があった。例えば、ニール・ルース・コックスもその一人である。母親が福祉受給者だったコックスは、十八歳のときに検査もないまま「知的障がい者」と一方的に決め付けられ、手術に同意しなければ母親の福祉手当がカットされるという脅しのもと、ノースカロライナ州プリマスにあるワシントン郡病院で強制的に手術を受けさせられた。のちにニューヨーク州で看護助手になったコックスは、ノースカロライナ州と不妊手術をおこなった医者・病院を相手取って訴訟を起こすことになる。(10)

貧しい黒人女性の身体は、医者の卵の「実験台」としても使われた。ミシシッピ州では、「ミシシッピ虫垂切除術（Mississippi appendectomies）」といわれる強制的な不妊手術が慣行としておこなわれてきた。これは、研修医が臨床トレーニングを積むために、貧しい黒人女性に子宮摘出手術をおこなうことを指す。ミシシッピ自由民主党の副代表を務めたファニー・ルー・ヘイマーは、ミシシッピ州サンフラワー郡の市立病院で多数の黒人女性が出産後に不妊手術を施されたと告発した(11)。自身も、一九六一年に子宮筋腫を取り除く手術を受けた際に、事前の説明も本人の同意もないまま子宮の全摘出がおこなわれたという。こうした貧しい黒人女性に対する医学的に不必要と思われる不妊手術は、南部の一部の病院で一部の医者によってだけおこなわれていたわけではない。マサチューセッツ州ボストンでも、ボストン市立病院で黒人の患者に医学的に不必要な子宮摘出手術がおこなわれたことが医学部生の内部告発によって明らかになり、七二年四月に「ボストン・グローブ」紙が一面記事で報じた(12)。ニューヨーク市立病院の産婦人科の院長は「ニューヨーク市の教育実習をおこなう主要な病院では、医学部生に経験を積ませるため、黒人、プエルトリコ系の貧しい女性のなかから候補者を選び子宮摘出手術をおこなう(患者に対しては最低限の説明だけで)(13)」と証言している。

福祉受給者の増大が問題視されるなか、さらにシングルマザーの受給者の割合の増加が顕著となるにつれて、これ以上の福祉費増加を防ぐための有効な手段として不妊手術を用いようとした人々もいた。サウスカロライナ州エイケン郡で唯一の産科医だったクロヴィス・H・ピアースは、福祉費の増大を食い止めるため、受給者が第三子を出産する際には不妊手術を課す、と公然と宣言していた(一九七〇年代初頭に十八人の女性がピアースを相手取って訴訟を起こすことになる)(14)。ミシシッピ、イリノイ、アイオワ、オハイオ、ヴァージニア、テネシー州では、法制化はされなかったものの、福祉受給者の母親に不妊手術を課す法律の是非が審議された。例えばテネシー州議会では、AFDC受給開始以前に非嫡出児をもうけた場合は不妊手術を課し、もし拒めば手当を削減し、のちに生まれる子どもの養育権を認めない、という法案を民主党のラリー・ベイツが提出している(15)。この法案は、NWROらの強硬な反対運動によって廃案になったものの、福祉費の増大を抑えるための政策の一つとして、不妊手術が広く受け入れられていたことが見て取れる。

連邦経済機会局による「家族計画」の実施

第二次世界大戦後、要扶養児童手当（Aid to Dependent Children. 以下、ＡＤＣと略記）受給者数と、受給者たちに支払われる手当は大幅に増えた（ＡＤＣは一九六二年に名称を変え、ＡＦＤＣとなる）。「福祉費」抑制が喫緊の政治課題になるにつれ、「家族計画」の必要性が訴えられた。ＡＤＣの受給者数は、一九四〇年から六〇年にかけて、三十七万二千家庭から八十万三千家庭へと急増し、その費用も一億三千三百万ドルから、九億九千四百万ドルとなった。[16] ＡＦＤＣ費は六七年には二十億四千三百三十三万九千ドル、七〇年には四十億七千四百四万三千ドルになった。[17] こうした受給者数と費用の著しい増加に加え、ＡＤＣ／ＡＦＤＣの受給者イメージの変化――不慮の事故や病気で大黒柱である夫を失った「同情すべき白人の寡婦」から、働かずに福祉に「依存」し、婚外子をもうけてそのツケを納税者に支払わせる「みだらな黒人のシングルマザー」へ――が追い討ちをかけ、ＡＦＤＣに対する批判の嵐が巻き起こった。

一九六七年の社会保障法改正をめぐる審議では、受給者の「依存」をどうやって断ち切るかが焦点になった。[18] 自立・自活をうながすための対策として、雇用の促進とともに推奨されたのが婚外子を減らすための「家族計画」の実施だった。保健教育厚生省（Department of Health, Education, and Welfare. 以下、ＨＥＷと略記）の報告書によれば、受給者（七十二万千六百家庭、一九六九年）のうち、二親家庭は一二％にすぎず、受給者家庭の子どものうち、三一％が婚外子だった。[19] 六七年の社会保障法改正によって、州政府はＡＦＤＣ受給者に「家族計画」の提供をおこなうことが義務づけられ、連邦政府がその費用を負担することになった。[20]

貧困層向けに「家族計画」を最初に実施したのは、「貧困との戦い」を統括していた経済機会局（Office of Economic Opportunity. 以下、ＯＥＯと略記）だった。連邦政府からの資金援助のもと、家族計画を専門に扱うクリニックの数は、一九六五年の四十五万施設から七五年の三百八十万施設へと急増した。経済機会局は、当初、既婚女性に限定して避妊リング（ＩＵＤ）やピルの提供をおこなっていて、不妊手術を支援することは躊躇した。例えば、局長のサージェント・シュライヴァーは、六六年六月、不妊手術は実例が少なく「取り返しがつかない施術である」[21]ため、承認することができないと述べている。しかし、六〇年代半ば以降、ＩＵＤやピルだけでなく自発的に不妊手術をおこなう人の数が増えたこと（その数は七〇年の二十万件から八〇年には七十万件になる）、ＯＥＯの管轄下にあるコミュニティー活動機関（Community Action Agency）のうち八割が貧困層への不妊手術の実施を望んでいたことが背景となり、不妊手術を「家族計画」の一部に組み込むことになった。[22]

経済機会局が、患者が自ら望む場合に限って不妊手術の実施を認めるという意向を全米のコミュニティー活動機関に対して明確に示したのは、一九七一年五月のことだった。[23]経済機会局は不妊手術の実施にあたってガイドラインを作成し、各コミュニティー活動機関に対してガイドラインが手元に届くまでは施術を控えるよう要請した。[24]だが、このガイドラインは作成され、印刷されながらも、七四年まで配布されなかった。その結果、あとでみるように、年間約十万件以上の不妊手術が、最低限の保護規定もないままに経済機会局とＨＥＷの資金援助下で実施されることになるのだ。

なぜガイドラインは、作成されていたにもかかわらず配布されなかったのだろうか。ガイドラインを作成したのは、経済機会局の家族計画部門を統括していた医師ウォーレン・Ｍ・ハーンだった。ガイドラインでは、患者が施術前にカウンセリングを受けること、ほかにもＩＵＤやピルなど避妊のオプションがあることを十分に理解したうえで不妊手術に臨むこと、医師から説明を受けたうえで手術に承諾すること、「どのような圧力、義務、強要のもと」[25]でも不妊手術が施されるべきではないことが明記されていた。しかし、このきわめて重要なガイドラインは、ハーンによると「政治的介入と経済機会局による完全に無責任な行動」によって隠匿させられた。[26]一九七二年一月、行政予算管理局（ＯＭＢ）のポール・オニールは、経済機会局局長代理のウェスリー・ジョーニーヴィクに対し、ホワイトハウスからの命令として、ガイドラインの配布を控えるよう通達した。妊娠中絶に反対していたリチャード・ニクソン大統領は、連邦資金の援助のもとで不妊手術がおこなわれることに不快感を示し、少なくとも七二年の大統領選挙が終わるまでは配布しないよう求めたためだった。そのため、七二年二月に二万五千部が刷り上がったものの、その日のうちにジョーニーヴィクは配布の延期を通達したのである。[27]

こうしたガイドラインをめぐる混乱のなか、全米のコミュニティー活動機関からハーンに問い合わせが殺到した。ハーンは、ガイドラインを受け取るまで不妊手術をおこなわないよう要請したものの、実際には秘密裏におこなわれていることを把握していて、これは「非常に危険な状態である」と繰り返しジョーニーヴィクらに訴えた。コミュニティー活動機関には「慎重さを要するサービス」の提供が合法的に認められ、不妊手術が実際におこなわれ始めているにもかかわらず、この「サービス」の提供を適切に管理し、監視するためのガイドラインが与えられていない。ガイドラインの配布差し止めは、経済機会局を「潜在的に危険な状況下におく[28]」とハーンはジョーニーヴィクに警告した。しかし、ハーンのたび重なる訴えは届かず、結果ハーンは七二年六月に抗議のため家族計画部門の責任者を辞任した。[29]そして、ハーンの悪夢は現実のものになる。

2　レルフ姉妹をめぐる裁判

十四歳のミニー・レルフと、十二歳の妹メアリー・アリス・レルフは、十七歳の姉ケイティとともに、アラバマ州モントゴメリーで農場労働者の両親とともに暮らしていた。生計を営むことが困難だった両親は月百五十六ドルの公的扶助のほか、フード・スタンプや医療扶助を受けていて、政府からの支援のもとで三人娘を養っていた。[30]三姉妹はともに、当時まだ未承認だった避妊薬デポ・プロベラ（Depo-provera）をモントゴメリーのコミュニティー活動機関の管轄下にあったクリニックで投与されていた。しかしこの実験薬は副作用が強く、がんをもたらすおそれがあると判明し、使用が中止になった。クリニックの責任者は、三姉妹が「精神薄弱」ゆえに——特に妹のメアリーは、言葉の発達の遅れを理由に、「知恵遅れ」と診断された——ピルを正しく服用できるか疑問だとし、不妊手術を施すことを決定した[31]。一九七三年六月、看護師がレルフ家を訪問し、母親とミニー、メアリーの三人をクリニックへ連れていった（姉のケイティは、部屋から出ていくことを拒み、結果、不妊手術を施されずにすむことになる）。読み書きができない母親は、避妊のための注射を受けるものと思い込み、同意書にサインをした。そして、これから起こる施術について、レルフ姉妹はもちろん母親に対しても医師や看護師からなんら説明がないまま、七三年六月十四日に二人の少女に対して卵管切除による不妊手術が施されたのである。少女たちはもちろんのこと、母親も不妊手術を望んでおらず、何が起きたのかさえすぐには理解できない状況だった[32]。

自らの意志に反して不妊手術がおこなわれたことを知ったレルフ姉妹と両親は、七月に入り南部貧困法律センター（Southern Poverty Law Center）に相談をもちかけた。このセンターに所属する弁護士の支援を受け、コミュニティー活動機関を管轄する経済機会局局長アルヴィン・J・アネットとHEWの長官キャスパー・ウェインバーガーおよび両省・局の関係者を相手取って訴訟を起こした。百万ドルの損害賠償に加えて、レルフ一家が求めたのは、姉妹への再手術によって卵管を接合すること（この再手術の成功の可能性は五割以下だといわれていた）と、同様の状況下にある人々への強制的な不妊手術をすぐさま禁じることだった[33]。

レルフ姉妹の不妊手術をめぐる裁判は多くの人に衝撃を与えた。裁判の過程で次々と驚愕の事実が明らかになったためである。裁判官のゲールハルト・ゲセルは、連邦政府の資金援助のもと、年間十万から十五万人の人々が不妊手術を施されていることを明らかにした。実際、HEWによれば、一九七二年におこなわれた不妊手術は十万から二十万件に及ぶという。この数字（一年間の件数）は、哲学者で政治活動家のアンジェラ・デイヴィスによれば、ナチス・ドイツ下で施された不妊手術の総数に匹敵する値だった[34]。自発的に不妊手術を望んだ人々を除いて、これらの人々の大半は、メディケイドやAFDCなど連邦政府からなんらかの扶助を受けていて、もし不妊手術を拒めば、手当が打ち切られるかもしれないという「脅し」のもとで、不本意に、または状況をよく理解できないまま、手術をされた人々だった。ゲセルは、「家族計画」と優生学を分かつ境界は「曖昧（murky）」であるにもかかわらず、経済機会局やＨＥＷがなんら法的な保護措置を講じることなく「最も極端な人口抑制策」――強制的で、多くの場合取り返しがつかない不妊手術――を講じたことを厳しく非難し、七四年三月十五日、ＨＥＷに対し、不妊手術を規制する新たなガイドラインの作成を命じたのである。[35]

モントゴメリー以外の地域でも、貧しいマイノリティーの女性たちに対して不妊手術がおこなわれていた。例えば、ロサンゼルス郡・南カリフォルニア大学医療センターでは、一九七〇年から七四年にかけて少なくとも百九十人の女性が出産中に不妊手術を施された。[36]七四年十一月には、二十四歳から三十二歳までの三人のラテンアメリカ系女性が郡と病院を相手取り、六百万ドルの慰謝料を求めて裁判を起こし、七五年六月には、別の十人を超すメキシコ系女性が同様の訴訟を起こしている。[37]これらのケースに共通するのは、不妊手術の同意を求められるのが、陣痛の最中だったり、帝王切開の手術の直前だったり、患者が麻酔や鎮痛剤を打たれた状態だったりした点だ。患者の多くはスペイン語を母語としているにもかかわらず、英語の書類だけが用意されていて、手術の内容もそれがもたらす影響についても十分に説明を受けなかった。一部の患者は、政府にとって「お荷物」になる子どもをこれ以上増やさないために卵管を縛るべきだと説得されたり、卵管切除に応じなければ医療処置を施さないと脅された。なかには、「死にたくなければ不妊手術が唯一の道である」と言われた者もいた。[38]

なぜ当人の承諾を得ないままに、人権を蹂躙する不妊手術がいとも簡単におこなわれたのか。その原因の一つは、不妊手術の実施が承認され推奨されながらも、患者の人権を守り適切な施術を保障するためのガイドラインが配布されなかった点にある。結果、コミュニティー活動機関のもと設置されたクリニックでは、医師や看護師などそれぞれが勝手に判断し、患者を選び、施術をおこなう、という一種の無法地帯が生まれてしまった。加えて、ロサンゼルス郡・南カリフォルニア大学病院など複数の大学病院でインターンシップを経験した医師バーナード・ローゼンフェルドは、医師のなかには貧しい患者に対して偏見をもち、自らの勝手気ままな考えに基づいて医学上不必要な処置をおこなう者がいたと指摘する。底流には「福祉の爆発」への根深い不満があった。「生活費を払ってやっているのは我々なんだから、決定権は我々にある」「卵管をどんどん切除すれば、それだけ福祉費で養わなければならない子どもが減る」[39]と述べた者もいたという。

さらに、経済機会局やHEWにとって、不妊手術は「一度のコスト」で生涯にわたって不妊が保証されるため、手間がかからずより効率的で費用対効果が高く魅力的だった。社会学者フィリップス・カットライトとアメリカ家族計画連盟（Planned Parenthood Federation of America）の副議長を務めていたフレデリック・S・ジャフによれば、不妊手術を実施したことで、一九七〇年から七五年までの五年間に五億八千四百万ドルを費やしたが、この出費に対し、「望まれない」子どもの出産を抑制したことで約十億七千六百万ドルを節約できたという。[40]

こうした経済的インセンティヴに加えて、医師や看護師の人種的・階級的偏見を指摘する声もあった。ローゼンフェルドが聞き取り調査をした医師のなかには、白人ミドルクラスの患者への対応と黒人福祉受給者への対応は「まったく異なる」と証言した者もいた。[41]白人ミドルクラスの患者に対しては、個人が使用・不使用を決定できるペッサリーやピルがもっぱら処方されたのに対して、黒人の福祉受給者に対しては、避妊リングや不妊手術など、より確実に不妊状態を保てるよう医師が管理する施術が施される場合が多かった。医師のなかには、福祉受給者を一人の人間としてではなく「統計として」しか見ていない者もいた。[42]レルフ裁判を担当した弁護士モリス・ディーズによれば、クリニックの医師は「農場主が家畜を扱うように」[43]レルフ姉妹を扱った。こうした一部の医師は「生物学的に劣った」または「貧困の文化」を受け継ぐ有色人種の母親（特に一夫一婦制の規範から逸脱した未婚の母親）の出産は抑制されるべきだと考えていた。[44]その背景には、政府（「我々」納税者）に生活支援を求めるならば、すなわち経済的「負担」を強いるならば、これ以上「負担」を増やさないため「我々」納税者が受給者の性と生殖に関する決定権を握って当然だという考えがあった。

3 黒人の「組織的集団虐殺《ジェノサイド》」か？

レルフ姉妹をめぐる裁判によって、産児制限（特に強制的な不妊手術）は政府による黒人貧困層の「組織的集団虐殺《ジェノサイド》」だと糾弾する声が黒人の活動家、医療関係者、団体の間からあがった。例えば、コメディアンで公民権活動家のディック・グレゴリーは、雑誌「エボニー」（一九七一年十月号）上で「白人たちは、何年にもわたり、黒人に向かって、どこに座るか、どこで食べるか、どこに住むかを指示してきた。いまや寝室での過ごし方まで押し付けている」と述べ、政府の「家族計画」事業を裁判以前から厳しく批判していた。グレゴリーは「家族計画」は黒人人口を抑制するためのものであり、だからこそ、自分は大家族を築き（「エボニー」に記事が掲載された当時、すでに八人の子どもがいて、パートナーは九人目の子どもを妊娠中だった）、政府に抗うのだと宣言した。[45] 同様の意見は医療関係者の間からもあがった。ハワード大学病院の産婦人科教授で家族計画サービスセンターの代表を務めるシリル・クロッカーは、政府の「家族計画」事業が黒人やほかのマイノリティー集団から疑いの目で見られている、と指摘する。[46] また、ロサンゼルスで産婦人科医院を営むアキ・ミッチェルは、「アラバマの事例は不妊手術の話ではない、これは「組織的集団虐殺《ジェノサイド》」の話だ」と語った。このようにレルフ事件が報道されて以降、「組織的集団虐殺《ジェノサイド》」だとの見方が浸透することになった。[47]

一部の黒人組織からはさらに厳しい批判が寄せられた。不妊手術を含む産児制限を最も手厳しく批判したのはネーション・オブ・イスラム（一九三〇年にミシガン州デトロイトで結成されたアメリカ黒人によるイスラム運動組織）だった。最高指導者のイライジャ・ムハンマドは、早い段階から連邦政府が提供する「家族計画」の危険性を訴えていた。著書『アメリカ黒人へのメッセージ』のなかで、黒人女性が「産児制限という陰謀」の裏にある真の動機――「これらの陰謀の動機は、黒人家族の福祉を向上させることではなく、将来これらの家族を抹殺することにある」――を理解していないと指摘した。教育や就業機会、十分な賃金や食料、まともな住居や医療が提供されないなかで、なぜ黒人貧困層の間に産児制限の情報ばかりがあふれているのか。貧しい黒人を対象にした「卑劣な」産児制限の「ワナ」――その究極の事例が不妊手術である――にかからないよう注意を呼びかけていた。ムハンマドによれば、レルフ姉妹のケースは連邦政府によって仕組まれた「黒人虐殺計画」の一例にすぎなかった。(48)

産児制限を白人の「悪魔」が仕掛けたワナとみなし、それに従う黒人女性を「無知で無能で快楽に溺れる者」として厳しく批判するメッセージは、その後も機関紙「ムハンマド・スピークス」に繰り返し掲載された。一九七一年六月号では、「無知で無能で快楽を追い求める少女や女性は、産児制限のピルを飲み込むときに自分が何をおこなっているのかを理解せず、自分と自分の未来の世代が断ち切られ、破壊されるのを許している。これはアメリカ黒人にとって不名誉なことだ(49)」と述べた。ムハンマドは「女性は男性が自分たちの民族を生み出すための荒野だ(50)」とも語っている。彼にとって女性の主たる役割は妻・母にあり、女性の身体は男性が征服して子どもを産ませるための〈場〉だった。

ブラック・パンサー党(Black Panther Party. 一九六六年にカリフォルニア州オークランドで結成された黒人解放組織)も、レルフ事件が明らかになる以前から、強制的な不妊手術を政府による黒人貧困層の管理・統制の一種とみなし、警戒をうながしていた。例えば、機関紙「ブラック・パンサー」で、女性党員のブレンダ・ハイソンは、産児制限の口車に乗らず、黒人人口を増やすことで革命勢力を増強するよう呼びかけた。一九七〇年にニューヨーク州が中絶を緩和した際、次のような文章を寄稿している。「望まない子どもを抹殺する特権を求めた「女性解放」闘争は、勝利を得たのだろうか? しかし誰にとっての勝利なのか? 小さな家族を得て、物を得て、そのときどきに魅力的に映ることをしたいと望む白人ミドルクラスの母親にとっては勝利だろう。何よりも、黒人やほかの抑圧された人々を誕生前に殺すためにこの法律を用いる抑圧者の支配階級にとっては勝利である。だが、黒人女性にとって、福祉受給者の母親にとってそれは、生まれる前の子どもに死を宣告されることを意味する」。そして、グレゴリー同様、黒人が数で白人を上回る必要性を訴えた。「我々の革命勢力としての強さの一部は、我々が白人ども（pigs）を数で上回ることによってもたらされる。そして、白人どももこの点を理解しているのだ」[51]。不妊手術にいたっては、政府による黒人抹殺のための計画の一部だと糾弾した。テネシー州で福祉受給者への不妊手術の是非が検討された際、ブラック・パンサー党はNWROのメンバーとともに抗議行動を起こし、次のように警告した。「アメリカ政府は黒人を組織的に虐殺する計画を練っているし、これからも練るだろうし、現にいまその計画を実施している。世代から世代へと影響を与える我々の女性への強制的な不妊手術は、残念なことにそうした計画の一部にすぎない」[52]

4　「鍵となる言葉は「選択の自由(choice)」である」

NWROと不妊手術

では、強制的な不妊手術の実態が明らかになるなか、その主たるターゲットになったAFDC受給者の組織NWROはどのような対策を講じたのだろうか。NWROは、レルフ姉妹のケースを、HEWの管轄下でおこなわれている何千という強制的な不妊手術の氷山の一角にすぎないものとみなした[53]。NWROは、「家族計画」が貧困層の名誉を傷つけ、無神経なものになり、その結果、黒人やほかのマイノリティー集団から敵意を招く結果になっていると指摘した。黒人の活動家や医療関係者のなかに、政府は黒人やほかのマイノリティー人口を抑制するために「家族計画」をおこなっているのではないか、と不信感を抱く者が相当数いたことは前述のとおりである。しかし、NWROは、ネーション・オブ・イスラムやブラック・パンサー党と異なり、「家族計画」のサービスそのものを否定することはなかった。重要なのは、「家族計画」が「理解と尊厳」をもって提供されているかどうか、サービスの受け手である受給者が、自らの性と生殖について決定権を握っているかどうかという点にあった。[54]

産児制限を権利として主張しながら、強制的な不妊手術には断固として反対する、という姿勢はジョニー・ティルモンの言葉にも見られる。NWROの初代議長を務めたティルモンは次のように語っている。

すべての女性が自らの生殖をコントロールする権利をもつべきだということを、貧しい女性以上に身にしみている者はいない。しかし、我々は、産児制限を求めた運動が、貧しい女性たちに対する凶器へとどれほどたやすく捻じ曲げられるかをも知っている。鍵となる言葉は「選択の自由（choice）」である。産児制限は権利であって、義務ではない。それはおのおのが下す決定を意味し、福祉受給のための条件ではない。[55]

機関紙「ウェルフェア・ファイター」（一九七四年二月号）にも次のようなメッセージが掲載された。「人々の性と生殖に関わる事柄は、完全に自発的であるべきだ。政府は、相手が男性であれ女性であれ、不妊手術を施す権利を有さない」[56]

NWROは、「身体の健康に関する権利（Health Rights）」を「福祉権」の一部とみなした。公的扶助を受ける人々への治療は、「施しの治療（charity medicine）」とみなされ、福祉受給者の身体は医者や看護師にとっては、自分で保険料を支払っている患者の診療に向けて経験を積むための訓練の〈場〉にすぎなかった。しかし、福祉受給者も、人として侵すことができない、侵してはならない権利を有しているはずである。身体の健康に関する権利と、福祉権は深く結び付いている、とNWROは主張したのである。[57]

こうした主張の背景には、「福祉」をめぐる理解のズレがある。政府はこれ以上受給者と非嫡出児を増やさないために不妊手術を推進する必要があると主張するが、ＮＷＲＯの活動家からすれば、福祉受給者の数が急激に増えているのは受給者がお金欲しさにむやみやたらと子どもを産んでいるからではない。貧しい人々のモラルが「逸脱」しているからでもない。十分な教育を受けられず、仕事がなく、機会の平等を否定されている何百万人もの人々が、ＡＦＤＣを、自らの生活を支える「源」としてみなすようになったからだ。[58]

ＮＷＲＯは一九七三年六月に、ＡＶＳ（Association for Voluntary Sterilization）とともに強制的な不妊手術への反対声明を発表した。そのなかで、強制的な不妊手術は「侵すことができない人権の侵害であり、人間の尊厳に対する不当な攻撃である」と指摘した。そして、人々の性と生殖に関するあらゆる事柄は個人の自発的な決定に基づくべきであり、どのような強制も強要も容認できない、と主張[59]した。ＮＷＲＯはレルフ一家を支援するとともに、不妊手術が施される可能性があるすべての貧困層を代表し、ＨＥＷの長官ウェインバーガーを相手取って訴訟を起こしている。[60]七四年の判決は、レルフ一家とＮＷＲＯの訴えを一括して審議しており、レルフ一家だけでなくＮＷＲＯにとっても勝利だった。

図1　「健康福祉権」を掲げるNWROのパンフレット（赤十字マークにNWROの標章を重ねたもの）
（出典：“Health Welfare Rights,” n.d., Folder “Health [Welfare Rights],” Box 2106, Records of the National Welfare Rights Organization, Manuscript Department, Moorland-Spingarn Research Center, Howard University.）

こうしたＮＷＲＯの立場は、公的な場で女性の政治的・経済的・法的権利を確立することを目指した「リベラル・フェミニスト」や、私生活の場で家父長制を打破することに力を入れた「ラディカル・フェミニスト」といった、第二派フェミニズムを牽引した組織の主張とは一線を画すものだった。中産階級の白人女性にとって、「母であること」は自らの抑圧の原因であり、産児制限こそ、解放の礎だった。そのため、避妊や中絶などの産児制限が中心的課題の一つだったのである。[61]

一方、ＮＷＲＯの構成員のように、貧しい有色人種の女性た

図2　強制的な不妊手術に反対するため、AVS の代表チャールズ・T・ファヌフとともに署名に調印するジョニー・ティルモン（1973年6月18日）
（出典：“Strategies for Survival: NWRO Convention, '73,” Folder “Convention, '73,” Box 2208, Records of the National Welfare Rights Organization, Manuscript Department, Moorland-Spingarn Research Center, Howard University.）

ちは、自らの子どもを産み、育てる権利を求めて闘った。そもそも、優生学の影響を強く受けた、「不適格な（unfit）」下層階級や有色人種の人口抑制策と結び付いてきた産児制限の運動に対しては、懐疑的な者が多かった。[62] マーガレット・サンガーの産児制限の運動が、貧しい移民や黒人の下層労働者からアメリカ白人を「救う」ために利用されるにいたったことはよく知られている。NWROの活動家にとって、「女性解放」はただ産児制限へのアクセスだけではなく、自らの性と生殖に関するあらゆる事柄――強制的な不妊手術の撤廃を含む――に関して決定権を握ることを意味していたのである。

NWROは、ネーション・オブ・イスラム、ブラック・パンサー党などの黒人組織とも立場を異にしていた。NWROの活動家のなかには、不妊手術を黒人の「集団虐殺」とみなし、政府に抗うために「産めよ、増やせよ」と訴える彼らのメッセージに反発する者が少なくなかった。NWROからみれば、「産めよ、増やせよ」という考え方は、女性が産む子どもの数がその集団のパワーを決定するとみなしている点で、優生学者と同じ論理に立つものだった。例えば、ピッツバークの黒人居住区ホームウッド・ブラッシュトン地域で家族計画のクリニックが閉鎖された際、ＮＷＲＯのピッツバーグ支部はクリニックの再開を求めて運動を起こしている。このクリニックは、医師で全米黒人向上協会（National Association for the Advancement of Colored People. 以下、ＮＡＡＣＰと略記）の活動家であるチャールズ・グリンリーや雑貨屋店主で活動家のウィリアム・Ｂ・ヘーデンらの反対によって、急遽閉所となった。ＮＡＡＣＰのピッツバーグ支部は、クリニックが「道徳的責任を欠く」かたちで運営されていて、黒人の「集団虐殺」の道具になっていると手厳しく批判した。グリンリーによれば、高い出生率だけが「我々が唯一手にしているもの」であり、「我々が産み続ければ、彼らは我々を殺すか、完全なかたちで市民権を認めるか、どちらかを選択せざるをえなくなる」[63]はずだった。一方、ＮＷＲＯの活動家は、「自分が産む子どもの数をコントロールできるほうが、家族をよりいいかたちで支えることができる。母親は避妊によって自らの健康と幸福を高めていくよう、決定する権利を有する」と反論した。そして、産児制限に反対し、クリニックに圧力を加えている人の大半は子どもを産まなくてもいい男性だと指摘し、我々は女性のために発言し、クリニックには女性のために我々の居住区にとどまってほしいと陳情したのである[64]。

女性の自己決定を重視したのはＮＷＲＯだけではない。例えば、家族計画の熱心な推進者だったニューヨーク・ブルックリン出身の下院議員シャーリー・チザムは、一九六九年十二月に議会で次のように発言している。自分の地元ベッドフォード・スタイヴェサントでは何千人もの黒人女性が家族計画のサービスを得られず、質の低い中絶手術によって健康を害している。こうした状況にもかかわらず、家族計画や合法的な中絶を「集団虐殺」と呼ぶのは、「男性向けの男性の論理」にすぎない。いまの状態を野放しにして黒人やほかのマイノリティー女性が闇中絶によって命を落とすのを黙認するのと、避妊、不妊、中絶によって女性が自らの身体をコントロールするのとどちらがより「虐殺」に近いのか。女性の聴衆や思慮深い男性にとっては、「集団虐殺」論は浅はかなものにすぎないと喝破したのである[65]。チザムは、七三年七月、ほかの黒人女性議員三人とともにＨＥＷに次のような陳情書を提出した。「問題の核心は、家族計画の情報やサービスを、それを望み必要とする個人すべてにどのように提供するのか、同時に、議会が明確に自発的でなければならないと指示する事業について、いっさい強制的な要素が入り込まないようにどのようにするのか、という点にある。情報や支援を提供することと、強制することとの間には違いがあり、その違いには慎重に注意が向けられなければならない」[66]（傍点は原文ママ）。フェミニズムも、家族計画の拡充を要求する一方で、強制的な不妊手術がおこなわれている点を厳しく批判し、女性の自己決定権を強調したのである。

不妊手術をめぐるガイドラインの作成

レルフ裁判の裁判官ゲセルから現行の規定の見直しを求められたＨＥＷは急遽ガイドラインの作成をおこなった。ＮＷＲＯを含む三百の諸団体から意見を求め、それらの意見をもとに一九七四年二月に発表した。ガイドラインでは、手術を施す前に患者に十分に説明をおこない承諾を得ること（インフォームド・コンセント）、十八歳以下の患者に対しては文書での承諾を得ること、知的障がい者に対しては委員会と裁判所の判断を要することなどが決められた[67]。

このガイドラインをさらに徹底させたのが一九七八年十一月のものだった。新ガイドラインのもとでは、メディケイド、ＡＦＤＣなど連邦資金を得ているすべての事業のもとでおこなわれる不妊手術に対して、次のような厳しい制限が加えられた。すなわち、インフォームド・コンセントの徹底、英語が母語でない者には通訳をつけること、二十一歳以下の未成年者への不妊手術の禁止、不妊のための子宮摘出手術の禁止、三十日間の猶予期間の設定（ただし緊急の場合や未熟児の出産時にあたっては七十二時間以内とする）などである[68]。

ＨＥＷは、ガイドラインに従うよう呼びかけはおこなっていたものの、それが遵守されているかどうかを監督する権限は与えられなかったため（もし遵守されない場合は資金援助をおこなわない、という程度であり）、ガイドラインの網目をくぐって不妊手術はおこなわれ続けた[69]。しかし、ガイドラインの発表は一つの転機になった。レルフ姉妹やＮＷＲＯによる裁判によって強制的な不妊手術の実態が明らかになったうえ、ＨＥＷが二度にわたりガイドラインを発表して不妊手術を厳しく規制したことで、その後、同様の訴訟は大幅に減少することになった。これは、レルフ姉妹と、姉妹を支えたＮＷＲＯにとっては、（それがたとえ限定的だったとしても）「勝利」だった。また、不妊手術に限らず、ほかの手術をおこなううえでも、インフォームド・コンセント（「正しい情報を得た、または伝えられたうえでの合意」）の重要性を医療関係者に認識させるきっかけになったのである。

おわりに

本章では、一九七〇年代初頭のアメリカで、福祉受給者に対し「家族計画」の名のもとに施された不妊手術の実態を、レルフ姉妹をめぐる裁判に焦点を当てて明らかにしてきた。福祉受給者とその家族の〈身体〉は、受給者が日々接するケースワーカー、コミュニティー活動機関のクリニックで働く看護師・医師にとって――彼女／彼らを管轄する経済機会局やＨＥＷにとって――監視・管理・実験の対象になり、ときにだましもてあそぶ客体になった。不妊手術に関与したケースワーカーや医療関係者のなかには、納税者として福祉受給者のための経済的負担を強いられているのだから自分たちこそが受給者の性と生殖を管理して当然だ、自分たちこそ福祉の爆発を抑え込み、アメリカを支えてきた（と彼ら／彼女らが考える）勤労の精神、「規範」たる一夫一婦制を守る「番人」だ、という意識が垣間見える。その意識は不妊手術に関わったケースワーカーや医療関係者にとどまらず、福祉費の増大、シングルマザーの増加、有色人種の福祉受給者の増加に不満と危機感をもつ人々に共有された。経済機会局やＨＥＷは、不妊手術を野放しにしたことによって、こうした「番人」を結果的に生み出し、その背後にある福祉のバックラッシュを支えることになった。

不妊手術をめぐる闘いは、レルフ姉妹やNWROの活動家にとって、自らの〈身体〉を回復する闘いでもあった。性と生殖に関する決定権を自分自身の手に取り戻すこと、それは自分と、まだ生まれない自分の子どもの生をもう一度自分のもとに取り戻すことを意味した。この闘いは、最終的には裁判の勝利と不妊手術を規制するガイドラインの公表へとつながり、一定の勝利を収めた。しかしそれだけではない。もっぱら中絶の権利に焦点を当ててきた第二派フェミニズムのあり方に再考を迫る契機になった。貧しい女性に対して強制的な不妊手術が広範囲におこなわれてきたことを暴露し、「女性解放」のなかに、自らの意志で子どもを産み、育てる権利を書き込んだのだ。貧しいシングルマザーたちによる不妊手術との闘いは、第二派フェミニズムに反省をうながし、その射程を広げ、より開かれたものへと変えていく一つのきっかけになったのである。また、産児制限を黒人の「組織的集団虐殺《ジェノサイド》」とみなす活動家や医療関係者に対して、そこに潜む男性中心の論理――「産めよ、増やせよ」――を暴き、黒人女性が自らの「声」を前に押し出し、社会に浸透させていく契機にもなった。産児制限を権利として主張しながら、強制的な不妊手術には断固として反対することで、レルフ姉妹とNWROの活動家は、白人中産階級主導のフェミニズムとも黒人男性中心の解放思想とも異なる、独自の視点を作り出した。福祉受給者の〈身体〉を管理しもてあそぶ言説・政策を内側から突き崩す新たな視座――のちに「ブラック・フェミニズム」として芽を吹くことになる――を産み落としたのだ。

注

(1) ミシェル・フーコー『性の歴史Ⅰ――知への意志』渡辺守章訳、新潮社、一九九四年、二〇ページ。荻野美穂『「家族計画」への道――近代日本の生殖をめぐる政治』(岩波書店、二〇〇八年、ⅶページ)も参照。

(2) 本章は、科学研究費(課題番号15K16587)による研究成果の一部である。なお本章の執筆に先立ち、日本アメリカ史学会年次大会（二〇一五年九月二十七日、北海道大学）で報告した際にコメンテーターの宮田伊知郎氏ならびにフロアの方々から有益なコメントをいただいた。ここに記して感謝の意を表したい。

（3）前掲『性の歴史Ⅰ』一三〇ページ

（4）Rickie Solinger, *Wake Up Little Susie: Single Pregnancy and Race before Roe v. Wade*, Routledge, [1992]2000, pp.1-18.

（5）Dorothy Roberts, *Killing the Black Body: Race, Reproduction, and the Meaning of Liberty*, Vintage Books, 1997, pp.98-103. See also Jennifer Nelson, *Women of Color and the Reproductive Rights Movement*, New York University Press, 2003.

（6）Johanna Schoen, *Choice & Coercion: Birth Control, Sterilization, and Abortion in Public Health and Welfare*, University of North Carolina Press, 2005, p.2, 15-16.

（7）Rebecca M. Kluchin, *Fit to Be Tied: Sterilization and Reproductive Rights in America, 1950-1980*, Rutgers University Press, 2011, pp.1-4.

（8）アメリカでの優生学運動については、以下を参照。Alexandra Minna Stern, *Eugenic Nation: Faults and Frontiers of Better Breeding in Modern America*, University of California Press, 2005; Paul A. Lombardo, ed., *A Century of Eugenics in America: From the Indiana Experiment to the Human Genome Era*, Indiana University Press, 2011、樋口映美／貴堂嘉之／日暮美奈子編『〈近代規範〉の社会史――都市・身体・国家』彩流社、二〇一三年

（9）Angela Yvonne Davis, *Women, Race & Class*, Random House, 1981, p.217.

（10）“Forced Sterilization in North Carolina: Class Action,” *ACLU News*, July 12, 1973.

（11）Roberts, *Killing the Black Body*, p.90.

（12）Carl Cobb, “Students Charge BCH’s Obstetrics Unit with ‘Excessive Surgery,’” *Boston Globe*, April 29, 1972.

（13）Betsy Hartmann, *Reproductive Rights and Wrongs: The Global Politics of Population Control*, South End Press, 1995, p.255.

(14) Nancy Hicks, "Sterilization of Black Mother of 3 Stirs Aiken, S.C.," *New York Times*, August 1, 1973.

(15) "Sterilization in Tenn.," *The Welfare Fighter*, 2(5), February, 1971, p.4; "Tennessee Bill Recalls Hitler Measure," *The Welfare Fighter*, 2(6), April-May, 1971, p.7; "Sterilize Welfare Mothers?," *Black Panther*, 6(13-14), May 1, 1971, p.4. See also Roberts, *Killing the Black Body*, p.94.

(16) Mimi Abramovitz, *Regulating the Lives of Women: Social Welfare Policy from Colonial Times to the Present*, South End Press, [1988]1996, p.334; Kluchin, *Fit to Be Tied*, p.75.

(17) U.S. Department of Health, Education, and Welfare, *AFDC: Selected Statistical Data on Families Aided and Program Operations*, Department of Health, Education, and Welfare, 1971, Item 26 (Table 1 — AFDC: Selected Data for the United States, Fiscal Years 1965 to 1970 and April 1970-March 1971).

(18) 保健教育厚生省は、「就労奨励プログラム(ＷＩＮ)」の導入にあたり、「これほど多くの家庭が自立・自活できていないことに大いなる危機感を抱き、納税者が支払う費用が急増していることを危惧する」と述べた。The Department of Labor and Department of Health, Education, and Welfare, "Reports on the Work Incentive Program," 91st Cong., 2d Sess., August 3, 1970, p.93.

(19) Ibid., p.140.

(20) Wilbur J. Cohen and Robert M. Ball, "Social Security Amendments of 1967: Summary and Legislative History," *Social Security Bulletin*, 31(2), February 1968, p.19.

(21) Memo, Sargent Shriver to John de J. Pemberson, Jr., June 21, 1966, "Birth Control: Office of Economic Opportunity," Folder 1, Box 1144, ACLU Records, Seeley G. Mudd Manuscript Library, Princeton University.

(22) Thomas M. Shapiro, *Population Control Politics: Women, Sterilization, and Reproductive Choice*, Temple University Press, 1985, p.6, 112. 例えば、全米市民自由連合(American Civil Liberties Union; ＡＣＬＵ)は、富裕層は不妊手術を受けられるのに、貧困層が自発的な不妊手術の恩恵を得ることができないのは、憲法に保障された機会の平等に反するとして、経済機会局に陳情を提出した。Memo, John de J. Pemberton, Jr., Executive Director to Sargent Shriver,

March 24, 1966, File "Birth Control: Office of Economic Opportunity," Folder 1, Box 1144, ACLU Records, Seeley G. Mudd Manuscript Library, Princeton University; "War on Poverty's Birth Control Rules Unlawful, Charges ACLU," *Civil Liberties*, May 1966, File "Birth Control: Office of Economic Opportunity," Folder 1, Box 1144, ACLU Records, Seeley G. Mudd Manuscript Library, Princeton University; Memo, John de J. Pemberton, Jr., Executive Director to Sargent Shriver, July 27, 1966, File "Birth Control: Office of Economic Opportunity," Folder 1, Box 1144, ACLU Records, Seeley G. Mudd Manuscript Library, Princeton University.

(23) John Myers and Peter Spalding to Eric Briddle, through Robert Slonager, "OEO Instruction 6130-2 on Voluntary Sterilization Services," July 19, 1973, U.S. Congress, House, Subcommittee on Public Health and the Environment of the Committee on Interstate and Foreign Commerce, *Biomedical Research Ethics and the Protection of Human Research Subjects: Hearings before the Subcommittee on Public Health and Environment of the Committee on Interstate and Foreign Commerce*, 93rd Cong., 1st sess., September 27 and 28, 1973.（以下、*Biomedical Research Ethics and the Protection of Human Research Subjects* と略記）

(24) OEO Instruction, 6130-1, May 18, 1971, U.S. Senate, Subcommittee on Health, Committee on Labor and Public Welfare, *Quality of Health Care—Human Experimentation, 1973: Montgomery, Ala., Sterilization Case and the Protection of Human Subjects Act*, July 10, 1973（以下、*Quality of Health Care—Human Experimentation, 1973* と略記）; George Contis to All OEO Community Action Agency Directors, June 28, 1971, *Quality of Health Care—Human Experimentation, 1973*.

(25) Statement of Warren M. Hern, M.D., M.P.H., Former Chief, Program Development and Evaluation Branch, Family Planning Division, Office of Economic Opportunity, *Quality of Health Care—Human Experimentation, 1973*; OEO Instruction 6130-2 (Subject: Voluntary Sterilization Services), January 11, 1972, *Quality of Health Care—Human Experimentation, 1973*.

(26) "Guidelines Found on Sterilization: Discovered in a Warehouse—Physician Disputes O.E.O.," *New York Times*, July

7, 1973.

(27) John Myers and Peter Spalding to Eric Briddle, through Robert Slonager, "OEO Instruction 6130-2 on Voluntary Sterilization Services," July 19, 1973, *Biomedical Research Ethics and the Protection of Human Research Subjects; Relf v. Weinberger*, 372 F. Supp. 1196, D.D.C., 1974.

(28) Memo, Warren H. Hern, M.D., M. P.H., to E. Leon Cooper, M.D., March 30, 1972, *Quality of Health Care—Human Experimentation, 1973*; Statement of Warren M. Hern, M.D., M.P.H., Former Chief, Program Development and Evaluation Branch, Family Planning Division, Office of Economic Opportunity, *Quality of Health Care—Human Experimentation, 1973.*

(29) Ibid.

(30) Statement of Joseph Levin, ESQ., General Counsel, Southern Poverty Law Center, Montgomery Ala., Accompanied by Mr. and Mrs. Relf, Montgomery, Ala., and Warren M. Hern, M.D., M.P.H. Denver, Colo., *Biomedical Research Ethics and the Protection of Human Research Subjects.*

(31) Molly Ladd-Taylor, "Contraception or Eugenics?: Sterilization and 'Mental Retardation'in the 1970s and 1980s," *Canadian Bulletin of Medical History* 31(1), 2014, p.197.

(32) Ibid.; *Relf v. Weinberger*, 372 F. Supp. 1196, D.D.C., 1974.

(33) Ibid.; "Girls Sterilized Without Consent," *Los Angeles Sentinel*, July 5, 1973; "Atlanta Sterilization Called 'Case of Genocide,'" *Los Angeles Sentinel*, July 12, 1973.

(34) Davis, *Women, Race & Class*, p.218. 年間十万件から十五万件の不妊手術のうち、二十一歳以下の未成年者に対してが二千件から三千件を占め、そのなかの三百件は十八歳以下の少女に対する手術だった。割合からすれば少ないものの、未成年者に対しても相当数の手術が施されていたことがわかる。*Relf v. Weinberger*, 372 F. Supp. 1196, D.D.C., 1974.

(35) Ibid.

（36）これらの事件は、病院が不妊手術をおこなううえでの年齢と出産制限（以前は少なくとも三十五歳に達していること、四人の母親であること、という条件があった）をなくした一九七〇年一月から、インフォームド・コンセントを得るための手続きを整備した七四年二月までの約四年間の間に集中して起こった。Kluchin, *Fit to Be Tied*, pp.102-104, pp.166-173.

（37）Mike Goodman, "3 Women Ask $6 Million From County in Sterilization Claim," *Los Angeles Times*, November 21, 1974; Mike Goodman, "County Hospitals' Sterilization Work Will Be Investigated," *Los Angeles Times*, November 22, 1974; Robert Rawitch, "11 Latin Women File Suit on Sterilization: Claim They Were Coerced or Deceived into Having Operation at Medical Center," *Los Angeles Times*, June 19, 1975; Narda Zacchino, "10 Women Will Appeal Ruling on Sterilization," *Los Angeles Times*, July 8, 1978. ロサンゼルス郡・南カリフォルニア大学医療センターでおこなわれた不妊手術については、以下も参照。Stern, *Eugenic Nation*, pp.204-209.

（38）Rawitch, op. cit.

（39）Robert Kistler, "Women 'Pushed'Into Sterilization, Doctor Charges: Thousands Victimized at Some Inner-City Teaching Hospitals, Report Claims," *Los Angeles Times*, December 2, 1974; "Forced Sterilization: Threat to the Poor," *The Welfare Fighter*, 4(1), February, 1974.

（40）Phillips Cutright and Frederick S. Jaffe, *Impact of Family Planning Programs on Fertility: The U.S. Experience*, Praeger Pub., p.114.

（41）Kistler, op. cit.

（42）"Sterilization by Intimidation," *Los Angeles Times*, December 4, 1974.

（43）"Girls Sterilized without Consent," *Los Angeles Sentinel*, July 5, 1973.

（44）Solinger, *Wake Up Little Susie*, p.84.

（45）Dick Gregory, "My Answer to Genocide: Bitter Comic Prescribes Big Families as Effective Black Protest," *Ebony*, October 1971, pp.66-72.

(46) "Statement of Cyril L. Crocker, M.D.," July 17, 1973, *Quality of Health Care—Human Experimentation, 1973.*

(47) "Atlanta Sterilization Called 'Case of Genocide," *Los Angeles Sentinel*, July 12, 1973.

(48) Elijah Muhammad, *Message to the Blackman in America: Messenger of Allah, Leader and Teacher to the American So-called Negro*, Muhammad Mosque Islam No.2, 1965, pp.64-65; "Welfare Dupes Black Teenagers: Alabama Sisters 'Sterile for Life'! Father Suing Gov't," *Muhammad Speaks*, July 13, 1973, p.4, p.10. See also Robert G. Weisbord, *Genocide?: Birth Control and the Black American*, Greenwood Press, 1975, p.100.

(49) "Birth Control for Whom—Black or White?," *Muhammad Speaks*, June 11, 1971.

(50) Muhammad, *Message to the Blackman in America*, p.58.

(51) "New York City Passed New Abortion Law Effective July 1, 1970," *Black Panther*, July 4, 1970, p.2.

(52) "Sterilization—Another Part of the Plan of Black Genocide," *Black Panther*, May 8, 1971, p.2. なお、ブラック・パンサー党は、殺人の嫌疑をかけられてキューバに逃亡したヒューイ・ニュートンにかわってエレイン・ブラウンが党首になって以降、党内での女性の起用が進み、その結果女性党員の後押しを受けて産児制限を「革命」の実現に必要不可欠なものと位置づけるようになる。Elaine Brown, *A Taste of Power: A Black Woman's Story*, Anchor Books, 1994, pp.367-368; Kluchin, *Fit to Be Tied*, p.179; Weisbord, *Genocide?*, pp.94-95; Nelson, *Women of Color and the Reproductive Rights Movement*, pp.102-111.

(53) "Forced Sterilization: Threat to the Poor," *The Welfare Fighter*, 4(1), February, 1974.

(54) "Program Planning Proposal—Family Planning," Draft, n.d., Records of the National Welfare Rights Organization [the collection is unprocessed, November 1, 2004], Manuscript Department, Moorland-Spingarn Research Center, Howard University.

(55) Johnnie Tillmon, "Welfare Is a Women's Issue," *Ms.*, Spring, 1972, pp.111-116. Reprinted in: *Ms.*, July/August, 1995, p.54.

(56) "Forced Sterilization: Threat to the Poor," *The Welfare Fighter*, 4(1), February, 1974.

(57) "Health Welfare Rights," n.d., Folder "Health [Welfare Rights]," Box 2106, Records of the National Welfare Rights Organization, Manuscript Department, Moorland-Spingarn Research Center, Howard University.

(58) Ms. Beulah Sanders, 1st Vice Chairman, George A. Wiley, Executive Director, and Carl Rachlin, General Counsel, "National Welfare Rights Organization: Statement to the House Ways and Means Committee, October 27, 1969 - Welfare Crisis 1969 and the Nixon Proposals," Folder 3 "NWRO Public Statements," Box 17, George A. Wiley Papers, State Historical Society of Wisconsin.

(59) Association for Voluntary Sterilization, Inc., National Welfare Rights And [sic] Organization, Inc., "Joint Statement against Forced Sterilization," June 18, 1973, Folder "Alabama Compulsory Sterilization of Retarded Girls," Box 91, Records of the Association for Voluntary Sterilization, Social Welfare History Archives, University of Minnesota; "Summer Quarter (June-August)," n.d., Folder "NWRO 1973," Box 2208, Records of the National Welfare Rights Organization, Manuscript Department, Moorland-Spingarn Research Center, Howard University.

(60) Relf v. Weinberger, National Welfare Rights Organization v. Weinberger, 372 F., Supp. 1196, 1974.

(61) Premilla Nadasen, *Welfare Warriors: The Welfare Rights Movement in the United States*, Routledge, 2005, pp.215-216、栗原涼子「ニューヨークの女性解放運動とラディカル・フェミニズムの理論形成」、油井大三郎編『越境する一九六〇年代——米国・日本・西欧の国際比較』所収、彩流社、二〇一二年、二一五ページ。一九七〇年代に入ると、貧困層の女性たちの要求に十分に応えていない、という反省の声が全米女性組織（National Organization for Women. 以下、ＮＯＷと略記）内部からあがるようになる。例えば、ＮＯＷシラキュース支部のドロシー・コラサンティは、ニューズレター「貧困下の姉妹たち（*Sisters in Poverty*）」のなかで次のように指摘する。ＮＯＷは女性解放に関心をもっているというが、家族、学校といったつながりを失った、貧しい福祉受給者たちのことを理解していない。貧しい女性たちは、ＮＯＷが自分たちのことを気にかけてくれていない、自分たちの苦境を理解していないと考えている。もしＮＯＷが本当の意味で女性解放を実現させたいのであれば、「女性たちの大半がいる場所、つまり貧しくかつ／または福祉受給者である女性たちのもとへ」いかなければならない。"What Does Women in

Poverty Have to Do with the National Organization for Women?," *Sisters in Poverty*, 1(3), July, 1971.

(62) Davis, *Women, Race & Class*, pp.210-215.

(63) Mary Smith, "Birth Control and the Negro Woman," *Ebony*, March, 1968, p.1.

(64) "Negroes Criticize Family Planners: Birth Curb Group Is Accused by Pittsburgh N.A.A.C.P.," *New York Times*, December 17, 1967; Weisbord, *Genocide?*, pp.120-121.

(65) Shirley Chisholm, *Unbought and Unbossed, Expanded 40th Anniversary Edition*, Take Root Media, 2010, p.130, p.137; Weisbord, *Genocide?*, p.115.

(66) Memo, Yvonne Brathwaite Burke, Cardiss Collins, Shirley Chisholm, and Barbara Jordon to Caspar W. Weinberger, Secretary, Department of Health, Education and Welfare, July 10, 1973, U.S. Senate, Subcommittee on Health, Committee on Labor and Public Welfare, *Quality of Health Care—Human Experimentation, 1973.*

(67) *Relf v. Weinberger, National Welfare Rights Organization v. Weinberger*, 372 F., Supp. 1196, 1974.

(68) Kluchin, *Fit to Be Tied*, pp.207-208.

(69) 例えば、「不妊手術乱用をやめさせる会（Committee to End Sterilization Abuse）」の調査によれば、一九七八年五月から七九年四月までのニューヨーク市内三十三施設のうち、三十日間の猶予期間を遵守している施設は八八％だが、二十一歳以下の未成年者への禁止条項を守っている施設は五八％だった。また、八一年にヘルス・リサーチ・グループ（Health Research Group）によっておこなわれた調査では、四十五州のうち十二州では三十日間の猶予期間が十分に守られていない。一三％の州では二十一歳以下の個人に不妊手術が施されていたにもかかわらず政府からの資金援助を求める点が明らかになった。Committee to End Sterilization Abuse, "Local Monitoring Project Report," 1979, 4, Folder 2 "Sterilization abuse—Miscellaneous, 1973-1982," Box 233, Records of National Women's Health Network, Sophia Smith Collection, Smith College; Kluchin, *Fit to Be Tied*, pp.208-209.

第3章　スウィンギング・シックスティーズの脱神話化
――アンジェラ・カーター『ラブ』再訪

村井まや子

本当に、元年のように感じた。神聖なものすべてが冒瀆される過程にあった。

アンジェラ・カーター「前線からの覚え書き」[1]

スウィンギング・シックスティーズと呼ばれる文化現象には、「神話」という言葉がつきまとってきた。一九六〇年代半ばのロンドンで起こった、音楽とファッションに代表される文化とライフスタイルの変革は、四六年をピークとする第二次世界大戦直後のベビーブーム期に生まれ、六〇年代後半にハイティーンになった、いわゆる六八年世代によって担われた。『ロンドン――伝記』を書いた、六八年世代に属するイギリスの作家ピーター・アクロイド（一九四九―）は、「メディア・スペクタクルとしてのスウィンギング・ロンドンの創造と捏造は、文化的な神話創作の最たる例である」[2]と述べている。

スウィンギング・シックスティーズは、その現象がこう名づけられた瞬間にすでに神話化されていたといえる。それは「スウィンギング・ロンドン」という呼称自体が、そもそもアメリカという外部から眺めた視点からの命名だったことに端的に表れている。ジャズの用語としてのスウィングからの派生であるスウィンギングという形

図1　「タイム」1966年4月15日号

容詞が、ファッショナブルやヒップと同義の「最新流行の」という意味で用いられるようになったのは一九五〇年代末とされているが、六六年四月にアメリカの「タイム」誌が「ロンドン――スウィンギング・シティー」と題する特集記事を掲載して以降、六〇年代ロンドンの若者中心の文化を形容する言葉として定着するようになる(図1)。

　この特集号の表紙に描かれたロンドンのイラストでは、従来のロンドンの象徴である国会議事堂の時計台ビッグ・ベンと近衛兵は後景に退き、前面に大きく描かれるのはネオンに彩られた歓楽街と、最新流行のファッションに身を包んだ若者たちである。一九六〇年代にビートルズと並び人気を博したロックバンド、ザ・フーのTシャツを着て、ユニオン・ジャックが描かれた大きな白縁のサングラスをかけてマイクを握る若い男性や、やはり大きな白縁のサングラスをかけ、オプ・アート風（ブリジット・ライリーの作品に代表される目に錯覚を生じさせる抽象芸術の一傾向で、六〇年代後半のファッションとデザイン全般に影響を与えた）のモノトーン柄で全身をきめた、当時のトレンドの鉄則であるミニスカートにストレートのロングヘアの女性の姿が印象的だ。夜空にはイギリスの国旗ユニオン・ジャックが透かし模様のように配されているが、それはもはや大英帝国的な文脈からずらされ、スウィンギングなオプ・アート的「デザイン」として、当時のロック・ミュージシャンやファッション・デザイナーたちのお気に入りのアイコンとなっていた。中央左端のディスコの前でカメラを構える写真家らしき男性も、表層のイメージが重視されたこの時代の文化を象徴している。この文化現象は、その後サンフランシスコで生まれたカウンターカルチャーや他国の都市の若者文化とも共鳴し、スウィンギング・シックスティーズとしてグローバルな現象へと拡大していく。

ポップ・ミュージックやファッションといった都市型消費文化に及ぼした影響について語られることが多いスウィンギング・シックスティーズはまた、性についての既成概念に変革をもたらした点でも重要である。旧世代からの政治的・文化的な解放を目指す当時の若者の思想は、身体と性の問題にも及び、既成の道徳にとらわれない自由な性のあり方が模索された。スウィンギング・シックスティーズに関してのちの世代が特に神話化する傾向にあるのは、スウィンギングという形容がその後「性的に放埓な、乱行の」というニュアンスで用いられることになったことからもうかがえるとおり、セックスにまつわる側面である。

一九六九年に執筆され七一年に出版された、イギリスの作家アンジェラ・カーター（一九四〇―九二）の小説『ラブ』が描くのは、カーターがのちに「人々が六〇年代の不可思議なデカダンスについて語るとき、実際に頭の中にあるのはセックスのことだ[3]」と述べたとおり、この時代の申し子である若者たちの一見自由奔放な恋愛関係である。自らが抱く愛についての幻想に他者を引き込もうともがき、互いに傷つけ合う彼らの関係は、最後は欲望の行き場を失ったヒロインの自殺によって幕を閉じる。本章の冒頭の引用にあるように、カーターによると六〇年代の文化と性の革命は「元年のように感じ」られただけであって、実際は因襲的な価値観、特にジェンダーに関する考え方を、根本から変革するものではなかった。しかし同時に、カーターは六〇年代の体験のなかに、自身のフェミニスト作家としての原点を見いだしてもいる。本章では、スウィンギング・シックスティーズへのレクイエムともいえるこの小説を手がかりに、六〇年代の性の革命の問題とその遺産について考察する。

1　「性の革命」元年

カーターの『ラブ』の分析に入る前にまず、一九六〇年代のカウンターカルチャーの興隆と性の解放が、密接に絡まり合いながら展開していった過程をみていく。文化と性の革命の時代としてのイギリスの六〇年代の幕開けは、六〇年の『チャタレイ夫人の恋人』裁判と、イギリスの精神医学者R・D・レイン（一九二七―八九）の『引き裂かれた自己』の出版に象徴されるといえる。

D・H・ロレンスの小説『チャタレイ夫人の恋人』は、露骨な性描写のため一九二八年の出版直後から本国イギリスで発禁となっていたが、五九年にアメリカのグローヴ・プレスが無削除版を出版し、わいせつ文書として起訴されたあとに無罪となった。翌年にイギリスでペンギン・ブックスから出版され、やはりわいせつ文書として起訴されたが、E・M・フォースターやレイモンド・ウィリアムズをはじめとする文学関係者のほか、さまざまな分野の専門家が擁護し、陪審員の全員一致で無罪判決を受けた。(4)裁判の冒頭陳述のなかで検事長のマーヴィン・グリフィス＝ジョーンズが発した「あなたはこれを、奥方や召使の連中に読ませてもいいとお考えか？」という質問は、性に対するヴィクトリア朝的なダブル・スタンダードと、特権階級の男性たちの女性蔑視と階級差別の意識を露呈していて、体制側の時代錯誤的な考え方を揶揄する際に今日でもよく引き合いに出される。イギリスではこれ以降の十年間に、性表現に対する検閲の廃止が、文学だけでなく舞台芸術を含む芸術全般に拡大されていき、自由な性表現の可能性がさまざまなかたちで探求されることになる。このことが、六〇年代についての神話が主にセックスにまつわるものだという先に述べた一般的イメージを生むことにもつながったといえる。

しかし、芸術作品のなかで露骨な性表現が自由になったからといって、それがすべての人々に等しく性的な主体性を保証するわけではない。それは『チャタレイ夫人の恋人』で、「文明＝性的不能」の対立項としての「未開＝性的解放」の側におかれるのが、女性と森番（＝召使）であり、この二者が男性知識人の視点から神秘化されていることにも表れている。

「反精神医学」を標榜したレインの『引き裂かれた自己』についてカーターは、「六〇年代で最も影響力があった本のなかの一冊」であり、「狂気、疎外、そして親に対する憎しみを魅惑的なものに変えた[5]」と述べている。レインは二十八歳のときに書いたこの本で、精神分裂病（現在は統合失調症と呼ばれている）の患者とその家族の研究から、精神病というものが存在するのではなく、それは人間を疎外する抑圧的な社会構造に対する「正常な」反応だという結論を導き出し、人間を中心に据えた精神医学への転換を主張した。従来の精神病院がおこなってきた隔離と投薬による治療に代わる実践的臨床の場として、レインは一九六五年にロンドンにキングズリー・ホールを設立した。このオルタナティブな精神医学的共同体は、自分の部屋の壁に初めは大便で、次に絵の具で絵を描くようになったメアリー・バーンズに代表される、いわばスター狂人を生み出し、その思想と実践はあらゆる支配的規範からの解放を目指す六八年世代の若者たちに支持された。のちにみるように、『ラブ』のヒロインはレインが描写する統合失調症を思わせる心理状態にあり、彼女もまた寝室の壁いっぱいに、心のなかを映し出す絵を描く。キングズリー・ホールの実験的試みは、内部の住人の間の人間関係の悪化、自殺未遂、薬物乱用、従来型の精神病棟への収容など、数々の問題が生じたために、設立からわずか五年で、六〇年代の終わりとともに終焉を迎える。レインの反精神医学に共鳴し、六〇年代のロンドンで同種のグループ・セラピーを受けた経験がある作家ジェニー・ディスキー（一九四七―）は、回想記『六〇年代』のなかで次のように振り返る。

「狂気をロマンティックにとらえる一方で、彼〔レイン：引用者注〕と彼の支持者である私たちは、狂人たちが感じていた耐えがたい痛みについて真剣に考えてはいなかった[6]」

性と心の解放を求める新しい時代の到来を象徴するこれら二つの出来事があった翌年の一九六一年に、ピル

（経口避妊薬）が認可され、六九年にはピルの服用者は約百万人に達した。ピルの普及によって、それまで結婚という社会制度に束縛されてきた性が、個人の自由意志によって享受することができる権利の一形態となる基盤が作られたといえる。シモーヌ・ド・ボーヴォワールの『第二の性』（一九四九年）の英訳が出版されたのも六一年であり、戦後のイギリスの教育の男女平等化によってジェンダーについての意識が変化した新しい世代の女性たちに読まれ、七〇年以降に本格化する第二波フェミニズムの素地を作った。カーターの『ラブ』にも、短期間、主人公の男性と愛人関係になる「哲学講師の妻」が、三人の子どもの世話と家事のために一日中家に閉じ込められて欲求不満の日々を送りながら『第二の性』を読んでいるというごく短いくだりがあり、七〇年代に爆発する女性たちの怒りの兆しを感じさせる。

カーターは一九六〇年代を振り返るエッセー「本当に、元年のように感じた」のなかで、ピルの普及がセクシュアリティーのあり方にもたらした影響について次のように述べている。「性の快楽は、生殖だけでなく、地位や安定といった、男性が女性を恒久的な関係のなかに捕らえるために仕掛ける汚い罠から、突然切り離された。快楽の手段としてのセックス」。つまりカーターは、六〇年代は性の解放の名のもとに男性が女性の性を搾取していたにすぎないとする見方には異議を唱え、女性が避妊を選ぶ自由を獲得したことによって、生殖や結婚という制度から切り離された性の快楽を享受し、性を自分という「存在の一表現」として用いることが可能になった点については、肯定的に評価している。しかし同時に、「それでもなお、まだ何かが不満だった。それが何だったのかがあとになってわかった。かなり重要なことだった。万事うまくいっていると思い込んでいたが、実際には、相変わらず二流の市民のままだったのだ」とも述べていて、性の解放を謳歌しながらもどこかで感じていた矛盾が、当時のカウンターカルチャーの思想に潜む根強い女性差別によるものだったことを認めてもいる。

ディスキーの『六〇年代』に、当時の性の革命に関する次の一節がある。

セックスがもはやタブーではなくなったとき、ふらりとやってきた誰かとセックスするのを断るちゃんとした理由を考えるのは難しかった。ノーと言うことはクールではなかった。イエスと言うほうが、説明するよりも簡単だった。自分勝手というわけではない人とのセックスを拒むのに、正当な理由を見つけるのは難しかった。レイプとは、したくない人とセックスすることだ、という考えは、一九六〇年代末にはほぼ通用しなかった。ノーはノーを意味するという基準からすると、私のベッドにやってきてノーという返事に耳を貸さなかった男たちに、私は何度もレイプされたことになる。しかし、したくなかったということが重要なのではない。この性の革命なるものは、それほど刺激的とは思えないのではないだろうか。実際に、そうではないことがほとんどだった。多くの男女がオープンな関係を試みたが、カップルのうち少なくともどちらかは必ず苦しんでいて、やがて耐えられなくなるのがおちだった。(9)

ディスキーのこの回想が物語るのは、男性の性欲に応えることが女性にとっての性の解放には必ずしも結び付かないという当然の事実だけではない。男性にとっても、性的抑圧からの真の解放とは何かを問い直す必要があるということだ。ディスキーはさらに、一九六八年世代の親の世代が縛られていた抑圧的な性の認識が、形を変えて六〇年代にも引き継がれたことを指摘している。当時自由な生き方を求めて若者たちがあちこちで形成したコミューンでは、「セックスするのは自由だったが、関係を築くことは禁止されていた」ため、ディスキーの友人のある男性は、一人のパートナーに執着しないためにベッドを転々としながら日夜セックスに励まなければならない生活に疲れ果て、ときおり休息のために彼女のアパートに避難してきたという。(10)「ブルジョア社会が若者に課した恣意的な道徳規範に対抗するために、若者は自らに対して、人間の感情のつながりの複雑さを無視した恣意的な身体的要件を課したのだ(11)」。これらの若者たちは、プラトニックな恋愛から結婚へといたる伝統的なロマンスの幻想を打ち砕くために、セックスを武器として用いたわけだが、人間の感情は規律化された身体には常に収まりきらず、むしろ新たな抑圧を生み出していったといえる。ディスキーが指摘するように、六〇年代の性の革命は、男女双方にとって、より根本的に性的関係のあり方を変えるものではなかったといえそうだ。ピルの普及がもたらした、望まない妊娠と出産と育児からの女性の解放は、確かに生殖の機能に縛られて人生の数十年間を過ごす運命から女性を救い出すことには成功したが、女性が自らの欲望を満たすことができるような新しい性的関係のあり方を探るためには、それとは異なる次元での革命が必要だった。別の言い方をすれば、六〇年代の性の革命は、自由な主体という概念とジェンダー間の不平等の間に横たわる矛盾を顕在化し、男女の関係をより複雑化したといえる。カーターをはじめ六〇年代の文化と性の革命に文字どおり身を投じた女性作家たちは、「女性として書くこと」に自覚的になり、ジェンダーにまつわる神話をさまざまな方法で覆していく。

本章のタイトルで用いた「脱神話化」という耳慣れない言葉は、カーターが自らの創作の意図を表すのに用いた「demythologise」の直訳だが、この表現がカーターが一九六〇年代の体験を振り返るなかで出てきた点が興味深い。ミシェリーン・ワンドー編『ジェンダーと書くことについて』に収録されたエッセー「前線からの覚え書き」のなかで、カーターは自身のフェミニストとしての原点を、二十代の女性として過ごした六〇年代、特に六八年の夏にさかのぼって、次のように回想している。

一九六〇年代の経験が、特に女性にとって、さして重要ではなかったと考えたり、さらにはまったく価値がなかったとさえみなしたりする傾向がある。しかし、六〇年代末にかけて、大衆が哲学的意識を共有したごく短い時期があった。そのような瞬間は、人類の歴史のなかでごくまれにしか訪れない。本当に、元年のように感じた。神聖なものすべてが冒瀆される過程にあった。そして私たちは、人と人との真の関係とは何か、という難問に取り組んでいた。（略）あの時期、そういった議論、そして六八年の夏に私を取り巻いていた社会についてのあの高揚した意識から、女性としての私の現実とは何か、と問う私自身の探求が始まった。私の「女性性」という社会的虚構が、自分にはコントロールできないところで、どのように作り出され、本物として私に押し付けられたのか。[12]

カーターがここで「社会的虚構」と呼ぶものは、「神話」と言い換えることができる。カーターは続けて、自分の小説がときに「神話的要素」があると指摘されることへの苛立ちを表し、次のように述べる。「私はすべての神話は人間の心の産物であり、物質的な人間の慣行を反映しているにすぎないと考えている。私は脱神話化をなりわいとしているのだ」[13]。カーターが「脱神話化」しようとしたのは、宗教と結び付いた狭義の神話だけでなく、ロラン・バルトが『神話作用』（一九五七年）で分析対象とした、高度資本主義社会に見られる文化現象や社会的慣習という、記号論的な意味での神話も含んでいる。

カーターはまず、芸術の創作自体にまつわる神話から脱するために、文学作品を書くことは、詩人の霊感なるものとは無関係な、「応用言語学」であると主張し、「しかし」と続ける。「もちろんだからこそ、女性が女性として小説を書くことが非常に重要なのだ。それは、私たちの言語と思考の基本的慣習を脱神話化する、ゆるやかなプロセスの一部である。（略）それは、これまで可能であったよりも、はるかに多様な経験を表現するための方法を生み出すこと、言い表す言葉がこれまで存在しなかったことを言語化することに関わっている」[14]。このような意味での「応用言語学としての文学」を実践している例としてカーターがあげているのは、ガブリエル・ガルシア・マルケスをはじめとする第三世界の作家たちによる一般にマジック・リアリズムと呼ばれる小説であり、新たな小説の形式を用いて人々の認識を変えることで、現実社会を変えていくような小説である。カーターが一九七〇年代以降に書いた小説は、サルマン・ラシュディやジャネット・ウィンターソンらの作品と並び、イギリスのマジック・リアリズムを代表する作品としてあげられることが多い。

カーターはまた、同じエッセーのなかで、一九六〇年代末に自分が書いた文章に、男性の視点が見いだされることに気づいたと述べている。「若い女性だった私は、心の植民地化にいくらか侵されていた。特にそのころ書いていたジャーナリズムのなかで、まったく無意識に、男性の視点を一般の視点とみなしていた」[15]。このように、男性の視点を内在化した女性による視点の分裂、あるいは二重化は、当時ロンドンで左翼的な政治運動に没頭していた歴史学者シーラ・ローボタム（一九四三―）の回想記『夢の約束――六〇年代を偲ぶ』[16]にも記されている。ローボタムは、カウンターカルチャーのなかで女性は主に「見られる対象」だったと述べ、六七年にあるパーティーで若い女性がストリップを始めたときに、男性の視点からその女性の裸体を眺める自分に気づき、主体の分裂にさらされた体験についてふれている。反体制運動が解放を目指す「主体」には、「女性」も含まれていると思い込んでいたローボタムは、六〇年代末に革命運動を通して知り合ったアメリカ人の青年から、イギリスの左翼運動の男性優位主義について指摘されたことをきっかけに、ジェンダーの問題に本格的に取り組むようになる。このころアメリカではすでに、六三年に出版された『女らしさの神話』の著者ベティ・フリーダンらによって第二波フェミニズムの先鞭がつけられ、六六年には全米女性機構NOWが設立されていた。しかしイギリスの若い女性たちは、スウィンギング・ロンドンによって焼き直された、依然として男性目線からの女らしさ――先に示した「タイム」誌の表紙のミニスカートの女性に代表されるような――を演じることに、膨大な時間とエネルギーを費やしていたようだ。ディスキーは、当時のロンドンのファッションの発信源だった女性服ブランドBIBAで次々と安価なミニのドレスを買い、鏡の前で延々と流行のメイクに励んでいた自分を回想している。本格的な大量消費社会の到来によって、労働者階級出身の若者が文化の中心的地位を占め、誰もが最新流行のファッションを身にまとってパーティーに繰り出すことが可能になったこの時代のイギリスで、魅惑的な表層の下に潜む「女らしさの神話」の解体は立ち遅れていたといわざるをえない。けれども、六〇年代の性の解放が男女間の不平等を解消することに失敗したことで、女性の視点から性の解放について考える足がかりを得たといえる。

次節でみるように、一九六〇年代の終わりに書かれた『ラブ』は、「女性」の視点というよりは、男性の視点を内在化した当時の女性の視点で語られていて、カーターの七〇年代以降の作品に特徴的な、既成概念を思いがけないやり方で転覆させるマジック・リアリズムの手法も用いられていない。このことが、この小説がヒロインがおかれた社会的状況の残酷さを浮き彫りにしながらも、最終的には彼女を狂人として冷酷に突き放す男性の視点が前景化されることにつながっている。

2　『ラブ』にみる愛の神話の論理的帰結――一九六九年

ごくシンプルに『ラブ』と名づけられたこの小説では、登場人物の誰もが、通常考えられている意味でのロマンティックな恋愛関係を築くことができない。ラブストーリーを期待させるタイトルとは裏腹に、一九六八年世代の若い男女が愛について抱く神話をことごとく解体してその暗黒面をえぐり出す、アンチ・ラブストーリーといえるだろう。その意味で『ラブ』は、アメリカで七〇年に出版されると同時に映画化されてベストセラーになったエリック・シーガルの『ある愛の詩』が描く旧来型のメロドラマと好対照をなしている。『ある愛の詩』は、名門大学のキャンパスを舞台に、ミニスカートとロングヘアが似合う美しく知的な女子学生が、彼女のほうから男性を誘うという六〇年代風の趣向が加えられてはいるが、身分（親の収入の差）を超えた男女の愛、不治の病（白血病）に侵されるヒロイン、ヒロインの死後の父と息子の和解という、典型的な「泣ける」純愛物語のパターンをなぞっている。この感傷的な恋愛小説が、当時アメリカで二千万冊以上売れ、「ニューヨークタイムズ」のベストセラーのリストに一年間ランクインし続けたという現象自体が、ベトナム反戦運動や黒人・女性などのマイノリティーの解放運動と連携したカウンターカルチャーが高まりをみせる一方で、なお旧態依然としたラブストーリー神話がどれほど蔓延していたかを示している。

カーターの『ラブ』も、美男美女のカップルが主人公である点、ヒロインが若くして死ぬ点、男女の恋愛と並行して男性同士の対立を描くという三つの点で、『ある愛の詩』と同様にラブストーリーの典型をふまえてはいる。しかし『ラブ』では、ヒロインは結婚生活のなかで精神を病んだ末にガス自殺し、二人の男性——父子ではなく異父兄弟であるところが、一九六〇年代の父権の失墜を象徴している——は彼女の死を介して和解するのではなく、まだガスの臭いが充満する部屋に横たわる遺体のそばで、互いに罪をなすりつけあう場面で終わる。互いへの愛で結ばれていたはずの三人が、どのようにしてこれほど悲惨な結末に行き着いたのだろうか。

『ラブ』の舞台は、一九六〇年代半ばのイギリスの地方都市ブリストル。大学街とあやしげな骨董屋が立ち並ぶ裏街を中心とするボヘミアン的な若者文化を背景に、自由な生き方を求める異父兄弟リーとバズ、そして自らの空想世界に閉じこもるリーの妻アナベルという二十歳前後の三人の男女の関係を軸に物語が展開する。三人称の語りで視点の中心になるのは兄のリーだが、アナベルと弟バズの視点から語られる場面もある。

一九四六年生まれのリー・コリンズは、幼いころに鉄道員の父を亡くし、その後母親が気がふれて精神病院に収容されたため、食堂で働く社会主義者の伯母のもとで育てられる。成績優秀だった彼は、グラマースクールを出てブリストル大学に入学し、卒業後は公立中学校の教師になる。ブロンドに青い目のリーは、子どものころから自分の外見の美しさが他人に与える効果を熟知していて、状況に応じてさまざまな笑顔をふりまくことで望むものを手に入れてきた。彼はまた、六八年世代が理想とする個人の自由への信仰とともに、善悪の区別を明確につけなければ気がすまないピューリタン的な厳格さも持ち合わせている。性的に放埒でけんかっ早い彼のモットーは、通っていた小学校の、「正しいことをせよ。なぜならそれが正しいから」という同語反復的な標語である。それに加えて、涙もろく感傷的な傾向があり、旧態依然としたロマンスの構図——か弱き美女を救う正義のヒーロー像——にとらわれて、アナベルとの結婚生活の継続を苦行のように自らに課すことになる。

一方、二歳年下の弟バズは、リーの母親が夫の死後に関係をもった多くの男性のなかの一人だったアメリカ兵との間にできた子どもで、兄とは何もかもが正反対である。彼は自分の父がアパッチ族の出自だと勝手に思い込んで、暗い色の髪をアパッチ族風に伸ばし、カウボーイのような兄に対してまるでインディアンのようである。常に兄と行動をともにし、周りからは「コリンズ一味」と無法者呼ばわりされている。勉強嫌いのバズは大学へは進まず、工場やカフェで短期アルバイトをしたり万引きをしたりしながら、伯母の死後は兄のアパートに居候している。一九六五年の冬、バズは北アフリカにヒッピー・トレイルに出かけるが、その留守中にアナベルが兄のアパートに同居するようになる。バズはドラッグを常習し、いつもカメラを持ち歩いてレンズ越しに世界を眺めているという、六〇年代的な妄想とイメージの世界の住人である。はじめは兄との生活に割り込んできたアナベルに対して敵意をむき出しにしていたが、同居するうちに彼女と妄想を共有するようになり、フォリ・ア・ドゥ（感応精神病）の状態になる。

アナベルは中産階級の家庭に育った美術学校の学生で、十八歳のときに新年のパーティーでリーと出会う。痩せて背が高く、一九六〇年代に好まれた女性のイメージの一つであるラファエル前派のミューズを思わせる、ロングヘアのはかなげな美少女である。リーはアナベルに、ジョン・エヴァレット・ミレーが描いた「川に浮かぶ死にゆくオフィーリア」の絵画の複製をプレゼントしている。内側と外側、自己と他者、幻想と現実の間の境界が不明瞭なアナベルの精神状態は、先に述べたレインがロマン化した統合失調症の症状と重なる。

レインの定義する統合失調症患者は、自己のアイデンティティーを脅かされる不安から逃れるために、外界から自己を隔離し、さらに自己の身体から精神を切り離して、幻想世界のなかに住む。アナベルも自分を「肉体から分離された目」[17]として認識し、自分だけの神話体系を作り上げてそのなかに住もうとする。そして自分の世界を脅かす現実に直面せざるをえなくなると、自己を破壊しようとする。レインがオフィーリアを「まちがいなく統合失調症である」とみなし、「行動や発言を通して表現される統合された自己が彼女にはない」と述べるとき、彼は統合失調症とジェンダーの関係についてはふれていない[18]。アナベルは娘のホワイト・ウェディングを望むブルジョアの両親、次に彼女の救済者となることを引き受けた夫リーの付属物として、常に他人に依存する状態、つまり、スー・ロウが指摘するように、「他者の屈折した欲望を映し出す、それ自体は空っぽの反射装置として存在するという、不可能な立場[19]」におかれてきた。その結果、他者＝男性社会の視点を内在化して自己を分裂させることで、伝統的に女性に求められてきた役割に順応しようとしすぎたのだともいえる。『ラブ』のなかで繰り返しオフィーリアに喩えられるアナベルは、レインの反精神医学がロマン化した狂気のヒロイン、つまり一九六〇年代のオフィーリアを体現している。

ある日アナベルはリーの部屋の真っ白な壁いっぱいに、木が生い茂り架空の動物が住まう楽園の絵をクレヨンで描く。帰宅したリーはその絵を見て、「期が熟した」と勝手に判断し、処女だったアナベルとセックスする。しばらくしてアナベルの両親に二人の同棲が見つかり結婚するよう求められたリーは、「彼自身のピューリタニズムから、彼女に対して公的に責任を負うべきだと考え[20]」、結婚することにする。結婚後も彼女とは会話がほとんど成立せず、セックスでも互いの欲望がすれ違うばかりであるにもかかわらず、「俺が守ってやらなければ」という感傷的な正義感に駆られて、浮気を重ねながらもずるずると結婚生活を続ける。

アナベルが部屋の壁に描く絵は、彼女の心理状態の変化にともなって描き直されていく。最初は「草食のライオン」として描かれたリーは、のちに「生肉を喰らうユニコーン[21]」へと変身し、全体の色調はしだいに暗さを増す。カーターはこの小説にはじめ『パラダイス』というタイトルをつけようと考えていたというが[22]、それは外界を自己の内的世界の延長とみなすアナベルが壁いっぱいに描く、現実から切り離された妄想の楽園を指したものと思われる。「愛」と「楽園」といういずれのタイトルにも、一九六〇年代の若者の間に蔓延していた、極端に個人主義的なユートピア幻想に対する皮肉が込められている。

先に述べた、一九六〇年代についての神話は主にセックスにまつわるものだ、という見解を裏づけるように、この小説全体にもセックスの描写が充満している。アナベルとリーのセックスの詳細な描写が繰り返されることに加え、リーの複数の浮気相手とのセックスが描かれる。物語の終盤では、失望に終わるだけのアナベルとバズのセックスと、その直後のアナベルとリーの暴力的なセックスが詳述される。これらのセックスの描写では、愛やエロティシズムを喚起させる要素はことごとく排除され、登場人物たちはそれぞれが抱く自己のイメージと他者との関係についての幻想を強化するためにだけ自分と相手の体を用いるという、ある種の精神主義的なストイシズムが貫かれている。このような関係では、他者の内的世界は自己の世界観を脅かす存在とみなされるため、誰もが相手の心の内について無関心である。

アナベル以外にリーが関係をもつ四人の女性との関係も、そのことをよく表している。すでにふれたリーの大学の哲学講師の妻（名前は明かされない）とは、アナベルと出会う前から定期的に密会を重ねている。彼女にとってリーは、専業主婦としての生活への欲求不満を晴らす手段の一つにすぎず、リー自身のことにはいっさい興味を示さない。リーのほうも、三人の子どもを抱える彼女との限られた時間の密会を自分にとって都合がいいと考え、自分が大学で倫理学を教わっている講師の妻と隠れて会っていることに、アウトローとしての自尊心をくすぐられている。互いにセックスだけが目的の関係と割り切っていたはずだが、彼女はリーがアナベルと同棲しているという噂を聞きつけると、彼の裏切りを強くなじる。しかし二人が言葉を交わせば交わすほど、それぞれが抱く自分勝手な欲望の食い違いがあらわになり、二人は一度も心を通わせることなくけんか別れしてしまう。

同じ大学で英文学を専攻するキャロリンとは、アナベルとの結婚後に出会う。互いのことを少しは話し合う間柄になるが、リーは深入りするつもりはない。バズが開いた自宅でのパーティーで、リーとキャロリンがバルコニーでセックスしているところを目撃したアナベルは、浴室で剃刀を手首に当てて自殺を図る。怒り狂ったバズにリーと間違えられて顔面を殴られたキャロリンは、リーに対して抱き始めていたロマンティックな期待を一挙に砕かれる。

リーはこのメロドラマ的な騒動の直後に神経衰弱となり、アナベルの精神科医であるブロンドの若い女医（名前は示されない）に診察を受ける。小説のちょうど真ん中にあたる短い章は、リーとこの精神科医との面談で成り立っている。リーが彼女と性的関係をもつのは、現実世界ではなく、面談中にリーが何度か襲われる幻覚のなかでである。黒のタイトなスーツにロングブーツという流行のいでたちの精神科医との、妄想のなかでのマゾヒスティックなセックスの場面——床に這いつくばって彼女のブーツを舐める——は、ハンサムなアウトローとしてのリーのこれまでの華々しい性遍歴の陰画のようである。

精神病院から退院したアナベルに家を追い出されたリーは、うらぶれたバーで中学の教え子のジョアンを見かける。飲んだくれの父と二人暮らしのジョアンは、ブロンドに染めた髪をなびかせて夜の街をうろつく、いわゆる不良娘である。地元の美人コンテストで入賞する程度のそこそこの美貌の持ち主で、ひそかにリーを性的妄想の対象にしている。ほかに行くあてもないリーは成り行きに任せてジョアンの手を取り、ロマンティックな恋人たちのように月夜の公園を抜けてジョアンの家へ向かう。

リーとジョアンの一夜限りのロマンスは、アナベルがガス自殺をとげる場面と交互に描写されることで、その欺瞞性がグロテスクに強調される。アナベルは髪をブロンドに染めて濃い化粧を施し、白いロングドレスを着て、ミレーが描くオフィーリアそのものとなってベッドに仰向けに横たわり、次第にガスで満たされる部屋で死を待つ。

一九六〇年代に特徴的といえるのかどうか、これだけの数の女性が登場しながら、女性同士の関係についてはほとんどふれられていないのは、奇妙でさえある。彼女たちは互いへの共感を示すことは皆無で、自分に被害が及ばないかぎりは無関心でいるが、自己の利益が脅かされる場合には、敵対心や軽蔑をあらわにする。例えば、キャロリンはアナベルと自分との関係を、「妻」と「別の女」として、リーという男性を介した関係でだけとらえている。敵対関係にある場合でも、女性同士が直接絡む場面はなく、常にリーという男性の存在を介してだけ女性たちの互いへの思いが明らかにされることからも、この小説の視点の主体が男性であることが見て取れる。

小説のなかで直接的に描かれるのは異性愛だが、異父兄弟間の同性愛的で近親相姦的な関係が繰り返し暗示されることにも、男性中心の構造が表れている。リーがアナベルと初めて性的な関係をもつのは、兄弟が住む部屋で彼女がバズの服を着ているときであり、バズのアナベルに対する欲望は、常に兄との関係でしか表現されない。この正反対の外見と性格を有する兄弟は、一人の女性を共有することにより、いっそう固く結び付く。

このようないびつな三角関係は、一九六〇年代のカウンターカルチャーの男女の関係を象徴しているともいえる。アナベルは結婚前にリーと数カ月の間同棲し、弟のバズとも関係をもち、表面上は性的に自由な主体としてパートナーを選べる立場にある。しかし、実際には二人の兄弟との関係で、徹底して受動的な役割を担わされている。彼女は退院後にまだ精神が不安定ななか、ディスコで給仕のアルバイトをするようになるが、そこで彼女に求められるのは、ミニのドレスを着て笑顔をふりまくことだけであり、それは当時の社会全体が若い女性に求めていた役割でもあった。アナベルがバズの指輪をはめると透明人間になったような幻覚に陥ることも、当時の女性の立場を象徴的に表している。

女性を性欲の対象としてだけ評価し、男性と同じ意味での主体性を認めない社会のなかで、女性が「自由な」欲望をもつためには、男性の視点を内在化するしかない。カーターがマルキ・ド・サドの作品を分析した評論『サド的女』で述べているように、「自由でない社会のなかで、自由な女性は怪物である」[23]といえる。アナベルがすべての希望を失い最終的に自殺するきっかけになったのは、初めて自らの性的欲望に目覚め、世界についての認識を共有する唯一の人物だと信じていたバズとのセックスを求めた結果、女性の体に恐怖と嫌悪感を抱くバズに冷たくあしらわれたことである。

「脚を広げてみな」と彼は言った。「見せてみろ」

彼女は言われたとおりにした。リーのときと同じように、少し不思議に思い、すでに自分の欲望と現実の間に横たわる大きなへだたりに直面していた。バズは彼女の足の間にしゃがみ込んで、危険に満ちた彼女の体内をできるだけ念入りに調べ、すべてがしかるべき状態にあり、彼を傷つける毒牙やギロチンがなかに隠されていないかどうか確かめた。目に見える証拠は見つからなかったが、彼女の体についての疑念はぬぐわれないままだったので、目を合わせないように、肩をつかんで乱暴に彼女の顔をベッドに押し付けた。彼女は驚き、自分がまな板の上の魚のように無作法に扱われ、匿名の肉におとしめられたように感じた。(24)

バズとの精神的つながりが幻想だったことを思い知らされたアナベルは、このあとリーのもとに向かい、「最後の手段」としてリーの体を求める。アナベルは狂ったようにリーの名を呼びながら、ハイチの民話に出てくる、男の生気を吸い尽くすという「女の悪魔」のように彼に襲いかかる。

そして暗闇のなかで、取り替え子のアナベルはぞっとするほど激しい欲情に駆られてリーに襲いかかり、歯と爪で集中攻撃を浴びせたので、リーは彼女の頭を横から殴りつけ、それ以上痛めつけられないようにした。アナベルは驚き、侮辱に対する怒りで吠え声をあげ、吠え続けながら針のように突き刺す髪を振り乱してリーの上にのしかかった。(25)

このように、男性の視点から見れば悪魔化された、欲望の主体としての女性像と一体化し、まさに「怪物」になったアナベルの欲情はリーに感染し、「相互レイプ」がおこなわれる。「自分が生きていると確信」することに失敗したアナベルは、究極のかたちで自己を世界、そして自分の身体から切り離すことにする。翌日、リーが教え子のジョアンと浮気をしている間に彼女はガス自殺し、バズが最初に死体を発見する。そしてオフィーリアのグロテスクなパロディーと化したアナベルの死体が横たわるベッドのかたわらで、二人の兄弟がうんざりした様子で彼女の死の責任をなすりつけあうところで、この小説は幕を閉じる。

『ラブ』の次に書かれた小説『ホフマン博士の地獄の欲望装置』(26)は、一九六〇年代の性の革命をデフォルメした悪夢的なピカレスク小説だが、そこでもやはり主要登場人物の若い女性が最終的には死を迎えることになり、主人公の男性にも幸せは訪れない。『ホフマン博士の地獄の欲望装置』では、大衆に欲望の解放の幻想を与えることができる「欲望装置」――精神分析学者ヴィルヘルム・ライヒが考案した「オルゴン集積器」を思わせる――によって世界征服を企むホフマン博士を倒すために、主人公の男性は自らの欲望の対象である博士の娘――禁止されることによって生み出される欲望――をも殺さざるをえなくなる。『ラブ』のリアリズムとは異なり、ポストモダン的なファンタジーの形式をとるこの作品でも、六〇年代の反体制思想に影響を与えたライヒやヘルベルト・マルクーゼが唱えた性の解放が、必ずしも主体――女性だけでなく男性も――の自由を保証するものではないことが示される結末となっている。

3 「あとがき」による『ラブ』の脱神話化――一九八七年

『ラブ』のあまりにも寒々とした結末は、ローナ・セイジの言葉を借りれば「最悪なほどありそうな結末」で、「小説の語りが、リーはおろか、あまりにもひどいバズさえをも非難することを拒んでいること」(27)が、救いのなさに追い打ちをかけている。しかし、どこかに救いの可能性はなかったのだろうか。あったとすれば、どこに見いだせるのだろうか。以下では、カーターが「解体現場」と呼んだ六〇年代末に書かれた『ラブ』――この小説が書かれた六九年にカーターは最初の夫との離婚も経験している――に、十八年を経て付け加えられた「あとがき」から、六〇年代の性の革命の遺産について検証する。

　カーターは『ラブ』の改訂版を出版する際に新たに書き加えた「あとがき」で、「いま振り返ると、それは不気味なほど男性になりきって書いた芸当で、狂気の少女に対する冷酷な仕打ちであり、不幸の香りが充満している[28]」と述べている。この「あとがき」は、カーターによる回顧的な六〇年代への告別として読むことができる。カーターはそこで、『ラブ』という小説そのものを「アナベルの棺」とみなし、そこから登場人物たちを掘り返すのは「悪趣味」だと断りながら、生き残った人物たちの後日譚を皮肉なユーモアを込めて語っている。徹底した悪趣味で知られるカーターも、さすがにアナベルを蘇らせることはせず、「女性運動でさえ彼女の助けにはならなかっただろうし、代替精神医学は事態を悪化させるだけだっただろう[29]」と述べている。

　改訂版では小説自体にも若干の修正が施されている。セイジは、カーターが改訂版で加えた修正の目的は、「リーに許されうる主観的な同情を減じることで、〈英雄〉は救済する力をもたない、という元来の含みを強調すること[30]」だと述べている。改訂版では、初版のなかでリーをアナベルの犠牲者とみなす解釈を可能にした部分のうちのいくつかが削除されていて、セイジはその例として次の二カ所をあげている。「彼は彼女のことを愛していたので、彼女がおぼろげながらも計算高く、悪意を抱いている、と直感的に察することがあっても、信じたくなかった[31]」「彼は彼女に激しい嫌悪感を抱いた。彼女の奇妙に尖った歯は吸血鬼を思わせた[32]」

　初版ではリーの性欲とロマンティックな願望を満たすためだけにほんの端役として登場した女性たちは、リーの人生とはまったく交差することなくその後の十八年間を歩むことになる。一九六〇年代にセックスがタブーでなくなったことが、アナベルにとっては何の役にも立たなかったことは明らかだが、アナベル以外にリーが性的関係をもった女性たちにとって、それはその後の人生にどのような影響を与えたのだろうか。

　欲求不満の三児の母だった「哲学講師の妻」は、一九七〇年代のはじめに離婚して子どもの親権を夫に与え、分離派フェミニストとして女性三人と養子二人とともに農場で山羊を飼って暮らしている。彼女は「異性愛者としての人生」を「悪い夢だった」と振り返り、リーのことは名前さえ覚えていない。リーとの情事は彼女が自分の欲望を模索するための一つの手段にすぎなかったことになるが、若く美しいリーとの互いの性欲を満たすだけの利己的な関係が、彼女が異性愛というオプションを削除するのには一役買ったといえるだろう。一方、哲学講師の方は、男手一つで三人の子どもを育てながら仕事を続け、子どもが大きくなったいまも「シングルファーザーのためのワークショップ」を主催している。

アナベルの担当医だったブロンドの精神科医は、アナベルの死後、リーに大量の精神安定剤を投与して彼を一時的に「ほとんどゾンビ」にし、読者としてはアナベルの敵討ちをしてくれたような気持ちになる。彼女はその後NHS（イギリスの国営医療制度）の病院を去り、裕福なドラッグ中毒者向けにチェーン展開する高級リハビリ施設の役員を務めるほか、精神病についての視聴者参加型のラジオのレギュラー番組の司会も務めるなど、一九六〇年代にレインの思想の影響を受けてロマン化された精神病とドラッグの乱用という社会現象を、ビジネス・チャンスにしてのし上がっていく。さらに彼女は『女性であるにもかかわらず成功する方法』というハウツー本を書いてベストセラー作家となり、七〇年代以降のフェミニズムの台頭を背景に、女性であることが従来とは異なる意味で商品価値を帯びていった過程を体現する。

より保守的なかたちで女性としての成功を収めるのは、中産階級の娘であるキャロリンである。彼女はロンドンで民間放送テレビ局のアナウンサーとなり、最初の夫であるテレビ評論家と離婚したのち、有能な法廷弁護士と再婚する。子どもを有名私立校に入学させて、イギリスの田舎とフランスに別荘を所有する、という典型的なブルジョアの地位に落ち着く。アナベルの両親の世代の価値観の再生産といえるだろう。

不良娘だったジョアンは、学校を中退してロンドンに出てストリッパーになり、それなりの成功を収めて家と車を手に入れる。自ら望んで体を売って経済的自立を果たした彼女は、売春客のサウジアラビアの王子の子を妊娠して中絶したのをきっかけに性を売ることをやめるが、途端に生活費が稼げなくなる。その後、女性の社会的地位が依然として男性より低いことに憤りを感じて、老人福祉専門のソーシャル・ワーカーとなり、地元の支持を受けて労働党の議員に立候補する。男性の性欲の対象となることに心血を注いでいたジョアンが、政治的に急進化していく過程は、『ラブ』の後日譚のなかでも最も生き生きと描かれているように思える。

そして「あとがき」に新たに登場するのが、アナベルの死後リーが再婚することになる同僚の臨時教師ロージーである。ロージーは、先に登場したシングルファーザーの哲学講師と互いに好意を寄せ合う関係になるが、二人は話し合った末に性的関係をもたないことにする。そのほうがリーにとっては、彼が勘ぐっている妻の不貞よりも「さらに悪い」とカーターはいう。セックスはタブーであることをやめた途端に、それまで付随していた特別な精神的価値を失い、〈愛〉との距離が広がっていく。ロージーはリーのアナベルに対する冷酷な仕打ちを責め続け、彼はそれに耐えながら黙々と仕事と家事と子育てにいそしみ、娘たちが自分のような男には絶対に引っかからないようにと心から願う。彼は十五歳になる上の娘と哲学講師の十七歳の息子が、自分がかつて哲学講師の妻と情事に耽ったまさにその部屋で睦み合っていることを知らずにいる。「あとがき」の後日譚は、リーが末娘のオムツを替えたあとに彼女の寝顔を見ながら、「異性愛の最大の復讐」は、「決して報われることのない愛」を娘たちに注ぎ続けなければならないことだと悟る場面で終わる。[33]

このように、「あとがき」は一貫して第二波フェミニズムを経た「女性の視点」から書かれている。そして本文に加えられた訂正も、初版を読み直した著者自身がまるで男性の視点から書いたようだと感じた、心を病んだ少女に向けられる冷徹な視線を少しでもやわらげることに注意が払われている。カーターが述べるように、一九六〇年代の性の革命は男女間の不平等を解消することには失敗したが、男性中心の性の解放の思想がはらむさまざまな矛盾を女性たちが身をもって体験したことは、七〇年代に入って本格的に展開される第二波フェミニズムの原動力になったといえる。また、これらの女性たちの後日譚からは、その後八〇年代にかけてフェミニズムが社会に浸透するなかで、女性の生き方が急速に多様化し、女性が男性の欲望の対象という位置づけから解放されていく過程を見ることができる。

リーと関わった女性たちがセックスの呪縛から解かれていった一方で、バズはそれまで隠していた同性愛者としての自らのセクシュアリティーに向き合い、セックスを芸術化すると同時に商品化していく。彼は一九七〇年代にパンクバンドで活躍したのち、ロンドンやニューヨークで複数のクラブやギャラリーを経営し、写真やグラフィティーアートで注目される著名なアーティストとなる。同性愛者をはじめとする性的少数者のポートレートで知られるアメリカの写真家ロバート・メープルソープの被写体にもなったとされていることから、同性愛者としてカミングアウトしたことがうかがえる。黒のレザーに身を固めた取り巻きに囲まれて、ニューヨークのペントハウスに隠棲している。アパッチ族出身の父親のルーツをたどる旅を計画中だといい、ヴィム・ヴェンダース監督からその旅を映画化したいという申し出がきているという。バズは「死ぬ前にやりたいことは、兄とセックスすることだ」と公言していて、カーターは「この願望には欲望と脅しが入り混じっている[34]」と述べる。アーティストとしてのバズの成功譚には、同性愛者であり、(自称)非西欧人の出自である彼の性的・文化的マイノリティーとしての地位が、七〇年代以降に急速に進んだ消費主義とグローバル化のなかで、サブカルチャーのレーベルをつけた「商品」として流通していく過程を垣間見ることができる。

セイジは、カーターが一九七〇年以降に書いた作品における「自由」の概念のとらえ方について、ミシェル・フーコーが『性の歴史』で示した、権力に対する「抵抗の複数性」の概念との類似を指摘し、次のように述べている。

> カーターが描く登場人物にとっては、ただ一つの必然的な歴史や、確固とした決定的文脈というものは存在しないことは確かだ。かわりにあるのは、暫定的で両義的な構造だ。(略)だから、カーターは偽の自由を分析することから始めて、実際的で創造的な自由を発見したのだ。(略)自由とはつまり、戦略的に行動す

ること、便宜主義的に、気まぐれに、臨機応変に動くことである。それはユートピア的といえるかもしれないし、ユートピアを否定してはいない[35]。

セイジがいう「実際的で創造的な自由」とは、先に論じたカーターの「応用言語学としての文学」という考え方と通底している。カーターはそのような自由を小説のかたちで描き出すことで、歴史を含め「現実」と思われているものに作用し、変えていくことを目指したのだといえる。

最後に、この作品にまつわる私の個人的な体験についてふれておきたい。一九九五年の冬に、私はカーターの『ラブ』について論じた修士論文を提出した。当時の私は、改訂版を最初に読み、もっぱらそのフェミニスト的な再解釈に頼ったために、アナベルを父権制社会の犠牲者としてだけとらえていた。つまり、カーターが振り直した振り子をそのまま受け止めたわけだ。しかしそのような読み方では、六〇年代の性の革命をくぐり抜けた女性たちが内在化せざるをえなかった「男性の視点」の本質を見過ごしてしまう可能性がある。今回の再読で試みたのは、『ラブ』の初版と改訂版の間に横たわる隔たりに注目することで、六〇年代とそれ以降の時代のジェンダーとセクシュアリティーについての社会的認識の変化が、文学的創作と個々人の生き方にどのような可能性を開いたかを見極めることである。六九年の「男性になりきった」女性の視点と、八七年のフェミニズムを経た女性の視点から書かれた二つの『ラブ』の間に、私たち現代の読者がこれからさらに自由な生と性のありようを探っていくための手がかりを見つけることができるように思う。アナベル、リー、バズの三者の関係から浮かび上がる六〇年代の性の革命の問題点が、その後半世紀を経て、スウィンギング・シックスティーズの神話とともに消え去ったと考えることは、現代に生きる男女のなかにも根強く残る、内在化された男性中心的な視点を温存することにつながる危険性がある。六〇年代末に自分が書いた小説を八〇年代後半に読み直したカーターが、「あとがき」を加えて書き直さなければ気がすまなかったのは、六〇年代という革命の時代の愛と性にまつわる神話が、まだ徹底的には脱神話化されていないと感じたからにちがいない。ある概念を脱神話化するということは、解体して葬り去ってしまうことではなく、そのときどきの社会と個人の求めに応じて、それを新たな姿で生まれ変わらせ、生き延びさせることだといえるだろう。スウィンギング・シックスティーズという現象は、脱神話化し続けるに値する、性を含む「人と人との真の関係」の本質を突くものだったといえる。

注

＊本文中の英語文献の引用は、著者が日本語に訳した。

（1）Angela Carter, "Notes from the Front Line," in Michelene Wandor ed., *Gender and Writing*, Pandora, 1983, p.70.

（2）Peter Ackroyd, *London: The Biography*, Vintage, 2001, pp.745-754.

（3）Angela Carter, *Love*, Rev. ed. Picador, [1987]1988, p.215. アンジェラ・カーター『ラブ』伊藤欣二訳、講談社、一九七四年

（4）日本では一九五〇年に小山書店から伊藤整による『チャタレイ夫人の恋人』の完訳が出版され、検察庁によってわいせつ文書として起訴された。日本文芸家協会や日本ペンクラブも擁護の証言をおこなったが、七年にわたる裁判ののち、五七年に有罪判決を受けた。続いて五九年には、澁澤龍彦によるマルキ・ド・サドの『悪徳の栄え』の抄訳が現代思潮社から出版されたが、わいせつ文書として有罪判決を受けた。『チャタレイ夫人の恋人』の完訳の出版は七三年まで待たなければならなかった。

（5）Carter, *Love*, Rev. ed., p.215.

（6）Jenny Diski, *The Sixties*, Profile, 2009, p.133.

（7）Angela Carter, "Truly, It Felt Like Year One," in Sara Maitland ed., *Very Heaven: Looking Back at the 1960s*, Virago,

1988, p.214.

(8) *Ibid.*, p.215.

(9) Diski, *op. cit.*, p.61.

(10) *Ibid.*

(11) *Ibid.*, p.62.

(12) Carter, “Notes from the Front Line,” p.70.

(13) Ibid., p.71.

(14) Ibid., p.75.

(15) Ibid., p.71.

(16) Sheila Rowbotham, *Promise of a Dream: Remembering the Sixties*, Verso, 2001.

(17) Carter, *Love*, Hart-Davis, 1971, p.38.

(18) R. D. Laing, *The Divided Self: An Existential Study in Sanity and Madness*, Penguin, [1960]1965, p.195n.

(19) Sue Roe, “The Disorder of Love: Angela Carter’s Surrealist Collage,” in Lorna Sage ed., *Flesh and the Mirror: Essays on the Art of Angela Carter*, Virago, 1994, p.72.

(20) Carter, *Love*, p.38.

(21) *Ibid.*, p.43.

(22) 伊藤欣二「訳者あとがき」、前掲『ラブ』所収、一九一ページ

(23) Angela Carter, *The Sadeian Woman: An Exercise in Cultural History*, Virago, 1979, p.27.

(24) Carter, *Love*, p.105.

(25) *Ibid.*, p.108.

(26) Angela Carter, *The Infernal Desire Machines of Doctor Hoffman*, Rupert Hart-Davis, 1972

(27) Lorna Sage, *Women in the House of Love*, Macmillan, 1992, p.172.

(28) Carter, *Love*, Rev. ed., p.113.
(29) *Ibid.*, p.113.
(30) Sage, *op. cit.*, p.173.
(31) Carter, *Love*, p.84.
(32) *Ibid.*, p.107.
(33) Carter, *Love*, Rev. ed., p.120.
(34) *Ibid.*, p.117.
(35) Sage, op. cit., p.174.

第4章　身体の「自律」から「関係」の身体へ
——アニエス・ヴァルダ『歌う女、歌わない女』をめぐって

熊谷謙介

私は大学の構内の壁に、次のようなマッチョなスローガンが書かれているのを見つけた。「レイプ万歳！」「中絶粉砕！」。すっかり仰天するとともに沸々と怒りが込み上げてきた。こうした言葉の隣には、あの革命に独特の感じを与えた、解放的で詩的な感情がみなぎる言葉も書かれていたというのに。彼らはアメリカの暴力の犠牲者ベトナムに熱狂し、「チェ・ゲバラ」を心から崇拝し、マイノリティーのために、移民のために闘っていたのに、フェミニズムには大学でも企業でも市民権はなかったのだ。(1)

（中絶の是非をめぐるボビニー裁判を闘った弁護士ジゼル・アリミの言葉）

この革命は男性中心的で、女性たちは意見を表明できないのだと、私たちは確認しあった。（略）男たちは舗石を投げ、行動や組織を先導するが、女たちは、このナルシスティックで男根的な運動のなかでは、タイプ打ち、さらにはベッドに留め置かれ、総会でも発言できなかった。（略）よくわかったのは、性の解放というのは男のそれであって、女たちは解放されたと信じて、身ごもってしまった自分に気づき、中絶の困難に、苦しみに直面するということである。(2)

（ＭＬＦ〔女性解放運動〕の代表者アントワネット・フークの回想）

君は自由だろう？って男が女の子に聞くのは、要するに寝る気があるかという質問なのよ。それがいやなのよ。情熱がないわ！(3)

（『歌う女、歌わない女』のシュザンヌの娘マリーが、男友達に返した言葉）

〈一九六八年の身体〉――フランス、六八年五月に自由になった身体とは、一言でいえば男性の身体だった。「束縛されることなく享楽せよ」「禁止することを禁止する」といった有名な文句は、大量消費社会に入りながらも、経済資本も文化資本も平等には分配されていない社会にあって、強い欲求不満を感じる若者たちが唱えた言葉だったが、ヴィルヘルム・ライヒやヘルベルト・マルクーゼが理論づけた性解放の考えにも強く影響を受けたものだった。しかしこのような欲望は、ほとんどの場合男性を主体とするものである。解放を求める運動が結果としてもたらしたのは、闘争での男性優位主義や欲望の実現の代償としての女性の苦しみだった。男性の自由への欲求が女性の自由を奪う、より一般的にいうなら、「自分の自由が別の誰かの自由を奪う」という現象は、〈六八年〉には、地域を超えて――西欧だけでなく日本でも――認められた。冒頭にあげたアリミの言葉を用いれば、女性こそは、ベトナムや移民以上に、最後の「マイノリティー」なのである。

また、「解放」や「自由」とともに当時叫ばれていた言葉として、「自律」「自主管理」というものがある。政府、企業主であるブルジョアジー、教会、教師という、さまざまな「権威」からの解放の意志を示すこうした思想は、当時、絶大なカリスマを有していたド＝ゴール大統領が「国父」と称されていたことに象徴されるように、精神的な意味での「父殺し」という側面ももっていた。

しかしこのような「父殺し」をもくろむ「息子」たちの連帯の陰で、「娘」たちが「息子」たちの権威から脱出する動きを見せるのは、一九六八年よりもう少しあとの話である。ほかの国々にも見られるように、フランスでもフェミニズム運動は六八年の異議申し立ての流れのあとに、タイムラグを経て現れることになる。

フランスのウーマン・リブ運動を主導する女性解放運動（Mouvement de la Libération des Femmes）（以下、MLFと略記）は、一九六八年五月の運動を契機に徐々に形成されていった女性たちの集合体だった。六八年十月に、パリにあるマルグリット・デュラスが提供した部屋で最初の会合が開かれ、女性の体や処女性という問題について議論が交わされたとされている。それから二年間近く、ヨーロッパ諸国の視察やパリやその郊外での議論を重ねるなかで、託児所や、女性が自分の身体を自由にできるための条件とは何かという問題が浮上してくる。そこから「私たちの体は私たちのもの」「望むなら、欲しいときに、子どもを」という主張が明確になっていった。特に前者のスローガンでは、六八年五月の「自律」のロジックを女性側が引き取って、自分の体を、父権的な男性や闇中絶をおこなう医者、さらには国家の自由にはさせないという考えが宣言されているといっていいだろう。あとでみる七一年の「「私は中絶した」宣言に署名する勇気をもった三百四十三人のフランス女性のリスト」公表、七二年の中絶をめぐるボビニー裁判、そして七五年の中絶認可法案の可決に象徴されるように、性の解放を主張した六八年の男性に対して、七〇年代前半を頂点に、女性たちは自分の身体を管理し、産むか産まないかを選択する権利を主張したのである。

この点からみて、「ヌーヴェル・ヴァーグ」の作家とされる女性映画監督アニエス・ヴァルダ(4)の『歌う女、歌わない女』（一九七七年）は重要な作品である。闇でおこなった中絶に悩むシュザンヌと、それを支えるポーリーヌを描く一九六二年のパートのあと、六八年を省略して、十年後の七二年、中絶した未成年の女性の裁判で二人が偶然に再会するシーンから物語を再開するという設定は、女性の身体の解放で重要なモーメントが六八年以降にあったことを明らかにするものである。フォーク歌手ポムになったポーリーヌが裁判所前で歌う「あたしのからだはあたしのもの」という歌は、それを象徴的に示すものだろう。

一方で、『歌う女、歌わない女』の公開当時、作品のなかで母性があまりに強調されていることに難色を示すフェミニストも多かったという。(5) 実際、ポムは恋人ダリウスとの子どもの出産を経験し、「お産はすごく感動的よ」「お産って、強烈で原始的よ！」と興奮し、さらに「大きいお腹はなんてすてき／大きいお腹はなんと美しい」から始まる「シャボン玉の女」を歌う場面まで用意されている。これは男性たちによる「父殺し」（一九六八年）、女性たちによる「兄殺し」（七〇年代前半）のあとの、「母の祝福」を意味するのだろうか。この母性の問題については、フランス七〇年代のフェミニズムの言説の変容とともに、歌がどのように作品内に組み込まれ――『歌う女、歌わない女』は六つの曲を挿入したミュージカル作品ともいえる――、意味をもたされているか、追っていく必要があるだろう。

本章では、この『歌う女、歌わない女』を中心としたヴァルダの作品を、同時代の女性の身体をめぐる言説――中絶・避妊論争から、フェミニスト団体同士の対立まで――と関係づけながら、読み解いていきたい。その際、特にヌーヴェル・ヴァーグの映画分析で主流となっていた形式・技法の分析よりはむしろ、ヴァルダが作品を構築するにあたって重視していた時代背景を中心に論じていく。具体的にいえば、作品が描く一九六二年から七六年にかけて、女性の身体がどのように扱われてきたかについてみていきたい。例えば、シュザンヌが働く家族計画センターの政治的意味は、その歴史的文脈を知らなければ理解することはできないだろう。とはいえ、これはヴァルダの作品を単一のフェミニズム的イデオロギーに還元することを意味するわけではない。むしろ、ヴァルダがこの物語をどのように展開させていくかをみることで――そこで鍵となるのがミュージカル形式と写真的要素である――、現在でもさまざまな解釈を誘発する豊かな作品であることを示そうという試みである。コンテクストを再構成することで、作品を唯一の意味を伝えるメッセージとするのではなく、多様な声が響き合う空間として解釈することがその狙いである。また、セリフなどの引用は映画の字幕だけではなく、字幕翻訳者によるる映画のノベライゼーション版(6)からもおこなうようにする。字幕では訳されていないセリフが多いという理由もあるが、ノベライゼーションのほうが社会的な背景を説明している部分が多いのが、その大きな理由である。

1 ヌーヴェル・ヴァーグと女性

見られるファム・ファタル

『歌う女、歌わない女』を論じる前に、ヌーヴェル・ヴァーグの女性表象について考察しておく必要がある。批評活動から出発した映画制作という問題、またシネフィル（映画愛好者＝おたく）と呼ばれる受容層の問題など、作品が流通し、言説が発せられる現場に見られる男性中心的な傾向については省略して、ここではヌーヴェル・ヴァーグを代表する作品に見られる女性表象の特徴について分析したい(7)。

ヌーヴェル・ヴァーグについて作家論から社会学的分析まで幅広いアプローチを示しているアントワーヌ・ド・ベックは、一九六八年論の一環として発表した論考「現代の身体――ヌーヴェル・ヴァーグの女性たち、少女たち」(8)で、ブリジッド・バルドーの出現の衝撃から論を起こしている。彼女の存在を決定づけたロジェ・ヴァディムの『素直な悪女』（一九五六年）の原題が、『そして神は……女を作られた』であるように、バルドーという肉体の出現は「良識ある」人々を唖然とさせるものであり、神が作ってしまったイヴという女、すなわち「ファム・ファタル（宿命の女、悪女）」のイメージを決定づけた。そしてこの映画と同時期に始まったヌーヴェル・ヴァーグという運動も、古典的な「良質の」フランス映画からの逸脱であり、荒々しい現実の手触りに迫ろうとするものだった。このバルドーの表象に基づき、ベックはほかの作品にも見られる女性表象の三つの類型をあげている。

第一に、「記録としての女」である。ジャン＝リュック・ゴダールが『勝手にしやがれ』（一九五九年）について、「ジーン・セバーグとジャン＝ポール・ベルモンドのドキュメンタリーだ」と言ったように、女の身ぶりや服装は、同時代の刻印をとどめる記録であり、現実そのものととらえられた。そのとき映画監督は現代フランスの民族学者となるのである。

第二の類型は、「オブジェとしての女」であり、消費社会で流通するイメージを象徴する女性を指す。その極点としてあげられるのはゴダールがたびたび主題に取り上げる娼婦であり、『女と男のいる舗道』（一九六二年）のアンナ・カリーナがその代表的な例だろう。そこでは女性の身体はフェティッシュな欲望の対象として、断片化されたものとして描写されるのであり、こうした表象からは、消費社会への冷徹なまなざしも確認できる。

最後にベックがあげるのは「謎の女」である。アラン・レネの『ヒロシマ・モナムール』（一九五九年）のエマニュエル・リヴァや、『去年マリエンバードで』（一九六一年）のデルフィーヌ・セイリグなど、ヌーヴォー・ロマンを原作にした、複雑な物語をもつ作品には、心のうちが読めない女性たちが現れている。そして、この三つの女性表象を兼ね備えた女こそ、ゴダールの『軽蔑』（一九六三年）でのブリジッド・バルドーである、というのがベックの結論である。

この図式からわかるのは、ヌーヴェル・ヴァーグ映画では、男性が見る主体として、女性の体を享受する主体として存在していたことである。監督の分身としての男性主人公は、女性を通して現実の社会に直面し、ファム・ファタルの謎の解明を試みて、運命を狂わされる。一方、女性が見る主体を担うことは否定され、自らの意志で周りの状況を変える主体として位置づけられることは少ないといえる。この観点からみた場合、ヴァルダが『幸福』（一九六五年）で登場させた、夫の幸福を実現するために自己犠牲的な選択をあえてする女性主人公は、ヌーヴェル・ヴァーグでは珍しいタイプの女性像だといえるだろう。

日常生活の政治化

一方で、ヌーヴェル・ヴァーグとヴァルダ作品の共通性も見逃してはならないだろう。フランスでは一九六〇年代中頃から大衆消費文化が急速に発展し、イエイエなどのポップ・ミュージックや、テレビが普及し始め、大学生の数は五年間で二倍に急増し、若者向け雑誌の数が拡大の一途をたどっていった。このような商品経済に真っ先に「踊らされる」のは男ではなく女だというのが、『男性・女性』(一九六六年)でのゴダールの考えである。「マルクスとコカ・コーラの子どもたち」を描いたとされるこの作品では、ジャン＝ピエール・レオ演じる雑誌社で若者の意識調査をする男性が、大文字で書かれた(つまり固定化され絶対視された)「政治」に熱心な「マルクスの子ども」であり、シャンタル・ゴヤ演じる女性アイドルが、アメリカ発の大衆消費文化に順応する女、「コカ・コーラの子ども」として位置づけられている。とはいえ「女性は政治に関心をもたない」というイメージが提示されているわけではない。作品中で中絶や避妊について言及されているように(あとで示すように避妊が法制上容認されたのは、公開翌年の一九六七年であり、こうしたシーンのため『男性・女性』は十八歳未満鑑賞禁止の指定を受けている)、そこには日常のミクロの政治が描かれていて、この時代に意識されるようになる「日常生活の政治化」(9)が見られるのである。ここに、「個人的なことは政治的なこと」という、第二波フェミニズムの理念が確認できるのであり、実際ゴダールは、大文字の政治と日常生活に潜む政治の両面を見つめながら、七〇年代以後、家庭や子どもを主題とした政治映画を、パートナーのアンヌ＝マリ・ミエヴィルとともに作り上げていくことになるのである。ミエヴィルはゴダールの以前の妻アンナ・カリーナやアンヌ・ヴィアゼムスキーのように、見られる対象としての女優ではなく、自ら見る＝考える主体としての創作者であった。そこにはヴァルダの『歌う女、歌わない女』を中心とした作品群と共通のテーマの萌芽が現れているといえるだろう。

一九六七年にゴダールやレネと『ベトナムから遠く離れて』を撮ったあと、ヴァルダが向かったのはアメリカだった。次節では、フランス二十世紀の避妊・中絶をめぐる女性の権利の歴史を振り返りながら、ヴァルダが『歌う女、歌わない女』の制作にいたった道を追っていこう。

2 フランス女性解放運動と『歌う女、歌わない女』

ヴァルダの六八年

一九六八年、ヴァルダは夫ジャック・ドゥミとともにカリフォルニアにいて五月のパリの熱狂を目撃することはなかったが、アメリカで彼女が得たものは大きかった。「自分を振り返ることもできたし、アメリカの「運動の女性たち」のおかげでフェミニズムについて知ることもできた。ラディカルな考えの人もいれば、理論的な考えの人もいた[10]」と証言しているように、ヴァルダはアメリカで先行して始まっていた女性解放運動の洗礼を受けることになる。アメリカの六八年は、学生運動だけでなくベトナム反戦運動や黒人による公民権運動、そして女性解放運動が連動し、またヒッピーやドラッグといったカウンターカルチャーの運動がそれらを下支えしていた。女性解放運動についていえば、全米女性機構NOWが設立されたのは六六年であり、フランスの女性解放運動MLFの設立は、その四年後の七〇年だった。実際、フランスのフェミニズム史では六〇年代を「波の谷間」と称して、女性の権利に関して大きな変革が訪れる七〇年代（第二波フェミニズム）と比較して、空白の時代だったと解釈されることもある[11]。

カウンターカルチャーの影響は、とりわけ『歌う女、歌わない女』のポムが結成するフォーク・バンド、オルキデに見られる。オルキデは実際に活動していた女性三人のバンドであり、ヴァルダは彼女たちをそのまま映画に出演させた。各地を放浪して、行く先々の広場や公民館で、ときには家庭の因襲を風刺する小劇を交えながら、

写真1　ポムが結成するフォーク・バンド「オルキデ」
（出典：アニエス・ヴァルダ『歌う女、歌わない女』山崎剛太郎訳、ベストセラーズ、1978年）

ギターを弾いて歌う姿は、アメリカのヒッピー・ムーブメントを彷彿とさせるものであり、この作品を一種のロードムービーにしているともいえる。

前に述べたように『歌う女、歌わない女』では一九六八年は省略され、六二年から突然七二年に場面が変わるが、そこにはヴァルダの強い意図が見られる。

六八年を省略した〔フランスに不在だったという理由とは別の：引用者注〕もう一つの理由は、映画のテーマに関わるものです。この映画で進行中の闘争があるとしたら、それは避妊や女性のセクシュアリティーの解放、女性の身体をめぐる闘争なのです。この闘いの歴史では、ボビニーのほうが六八年より重要なのです。

もちろんボビニーはまさしく、六八年の結果ですし、デモのやり方やスローガン、雰囲気、六八年のあとに進化したものはすべてその結果でしょう。（略）しかし六八年をベースにして、六八年とリンクさせて映画を作ったら、テーマを裏切ってしまい、「シックな」ものにしてしまうように感じたのです。(12)

前に示したように、フランスの一九六八年五月は、自由と自己管理をうたう学生・労働者運動であり、ベトナム人民を迫害するアメリカに対する（資本主義批判とないまぜになった）弾劾という視点も備えていたにもかかわらず、身近なマイノリティーである女性の自由は抑圧する傾向にあった。ある種ユートピア主義的な革命観にのっとって、ノスタルジーとともにあの時代を振り返るのではなく、現在進行中の権利獲得運動の一つとしてボビニー裁判を描くことが、ヴァルダの狙いだった。

一九六八年からボビニー裁判が大詰めを迎える七二年を中心とした、避妊・中絶をめぐる女性の権利についてのフランス二十世紀年表を見ると（一五〇ページの表1を参照）、まず六八年から二年間かけて、ＭＬＦが徐々に活動を始めてきたことがわかる。そこで争点になったのが中絶など女性の身体の問題だったが、ＭＬＦが政党のような一体感を求める集団ではなく、いくつかの小グループが機会に応じて集まったり、挑発的なデモをしたりするような、[13]六八年の運動をモデルとした方針をとったため、こうした主張の伝播も広がりに欠けていた。それが変わったのは、七一年四月五日に、「ヌーヴェル・オプセルヴァトゥール」誌に「「私は中絶した」宣言に署名する勇気をもった三百四十三人のフランス女性のリスト」が掲載されてからである。

「私は中絶した」三百四十三人宣言

「ヌーヴェル・オプセルヴァトゥール」は「タイム」や「ニューズウィーク」に範をとり、新しい知識人層を対象とした「言論誌」であり、一九六〇年代に爆発的に増えた学生層に影響を与え、新しい文化の進展に貢献した。この宣言は俗に「三百四十三人のあばずれ女たち（salopes）の宣言」とも称されるが、それは風刺画付きでこの宣言を取り上げた新聞「シャルリ・エブド」が、男性中心主義的な見立てからつけたキャプションに由来する。

女優（ジャンヌ・モロー、カトリーヌ・ドヌーヴ、デルフィーヌ・セイリグ、アンヌ・ヴィアゼムスキーなど）、作家（シモーヌ・ド・ボーヴォワール、マルグリット・デュラス、フランソワーズ・サガン、アリアーヌ・ムヌーシュキンなど）、ＭＬＦの活動家（アントワネット・フーク、モニク・ヴィティグ、クリスティーヌ・デルフィなど）の署名に加えて、アニエス・ヴァルダ、そしてこの映画で本人役で登場する弁護士ジゼル・アリミも署名している。リストの前文には次のように記されている。

毎年一〇〇万人の女性がフランスにおいて妊娠中絶をしている。

非合法状態に追いやられているので、彼女たちは危険な条件のもとで中絶している。ところがこの手術は、医療行為として実施されれば、ごく簡単なものに属する。

この数百万の女たちは沈黙に付されている。

私はこの女たちのひとりであることを宣言する。私は中絶したことを宣言する。

私たちは避妊手段が自由に入手できることを要求するとともに中絶の自由を要求する。(14)

中絶体験をカミングアウトすることは、違法行為を告白するのと同時に、女性としての生身をさらけだすに等しい、体を張った行動だった。この宣言の翌月に出た二百五十二人の医師たちによる現行の中絶禁止法を非難する宣言が、中絶手術をおこなったことを告白するにはいたらないものだったことと比べても、それは明らかだろう。

また、ボーヴォワールなど、中絶したことがなくても大義に賛同して署名した女性もいた。有名人であれ一般の市民であれ、アルファベット順に並べられ対等な存在として扱われる一方で、有名人であれば罪に問われなくても、一般の女性は警察に連行されたり仕事を失ったりするのではないかということが危惧された。

ジゼル・アリミと「選択」

そこで、署名した女性たちが逮捕されたり圧力を受けたりした場合、彼女たちを守るために、署名者の一人だった弁護士ジゼル・アリミは、ボーヴォワールと協力して、同じ一九七一年の六月に、「選択(ショワジール)」

という団体を設立する。ジゼル・アリミは二七年にチュニジアに生まれ、弁護士としてパリに移住し、アルジェリア独立戦争の際には、フランス軍による性的虐待と電気ショックによる拷問で自白を強要された女性、ジャミラ・ブーバシャの名誉回復のための弁護をした。[15]弁護士として女性の権利をめぐる重要な裁判に携わるとともに、左派系の国会議員としていまも活躍する人物である。

選択という団体名には、アメリカで現在もなお激しい闘争が続いているプロチョイス派（母の選択の権利の保護派）とプロライフ派（胎児の生命の権利の保護派）の中絶論争での「チョイス」というスローガンと響き合うものがある。[16]アリミによればこの団体名は、子どもを産むか産まないかを決める女性の権利、そして責任を示すために考えられたそうである。[17]「選択」には、ノーベル生理学医学賞を受けたジャック・モノーなどの科学者、左派系の政治家など有名人も多く参加し、男性も参加する団体だった。スローガンとして掲げられたのは、「私の自由―避妊、私の選択―子どもを産むこと、私の最後の手段―中絶[18]」だった。

避妊や中絶に加えて、「子どもを産む」ことも選択としてあげられていることからもわかるように、「選択」はウーマン・リブ運動というよりは、既存の政治勢力と交渉しながら、中絶や避妊の権利の獲得をめざす、現実主義的で党派横断的な団体といえるだろう。「選択」に参加したＭＬＦの女性たちは当初この団体に好意的だったが、徐々に距離をおくようになる。

ボビニー裁判

一年後の一九七二年、パリ郊外のボビニーで争われた裁判は、「私は中絶した」三百四十三人宣言とあわせて、中絶の合法化を進めるメルクマールになった事件である。判決は同年十月に下されたが、長らく法で禁じられてきた中絶の是非が争点となった。[19]

事件のあらましは以下のようなものである。十六歳の女子学生マリ＝クレールは、未婚の母親とともにパリ郊

写真2　「わたしたちのおなかはわたしたちのもの」
（出典：同書）

外の低家賃住宅に住んでいたが、同級生に強姦され妊娠した。母親らの紹介で闇で中絶手術を受けたが、出血に苦しみ三日間入院する。その後、車の盗難でつかまったその同級生は、彼女が中絶したことを告発する。それによって、マリ＝クレール本人、母親、中絶処置をおこなう女性を紹介した母の同僚、中絶をおこなった女性が起訴された。

アリミは強姦による妊娠という状況を明らかにするとともに、被告の罪を裁く場を、社会的な弱者を苦しめる法律そのものを裁く場にしようと考え、裁判の過程を公開することを主張した。そのために証言台に医師やジャック・モノーなどの科学者、のちに首相となるミシェル・ロカールなどの政治家、ボーヴォワールなどの知識人、デルフィーヌ・セイリグなどの女優といった有名人を呼んだ。判決の結果、マリ＝クレールは釈放され、母親などそれを手助けして告発された女性たちは執行猶予つきの軽罪となった。

この裁判はメディアで大きく取り上げられ、一九七四年の避妊完全自由化法案、七五年の中絶認可法案の成立を後押しした。ヴァルダが、このボビニーの裁判所の前で女性たちがデモをする場面を『歌う女、歌わない女』で再現し、ジゼル・アリミ本人を弁護士役として出演させたのは、ヴァルダにとってだけでなく、公開当時（七七年）の多くの観客にとっても強く記憶に刻まれた歴史的瞬間だったからだろう。そして、この場所で、プロテストソングを歌うフォーク歌手ポムと、家族計画センターの全国会議のためにパリに出向いたシュザンヌが十年ぶりの再会を果たす。異なるかたちで女性を解放しようという運動に関わっていた両者が一瞬出会い、また別れる場として、ボビニーほど象徴的な場所はないだろう。

実際、ボビニー裁判までは曲がりなりにも団結して活動を進めてきた諸派は、その後、方針の違いを互いに告発し合い、分離していく。まず、裁判で男性や有名人の力に頼ったアリミの手法を、女性だけを会員とするＭＬＦが批判している。ＭＬＦの雑誌である「家庭内炎上」[20]第五号では、次のようなエピソードを紹介して、男性を運動に組み入れてはならないことが主張されている。裁判所前のデモに参加した女性たちは「私たちは中絶した、裁判にかけろ！」とシュプレヒコールをあげたが（『歌う女、歌わない女』でもこのシーンは再現されている）、男たちはそのパロディーとして「彼女たちは中絶した、裁判にかけろ」と、あとを続けたという。だがそれでは意味がまったく変わってしまう、とＭＬＦは主張している。

翌一九七三年四月、中絶手術を執行した医者たちを法的に弁護する目的で、「中絶・避妊の自由を求める運動ＭＬＡＣ」が結成された。この団体には男性の医師や政治家、また「選択」、ＭＬＦ、フランス家族計画運動ＭＦＰＦなど、多様なグループが参加した。五月のグルノーブルでのミーティングの際、二〇年にできた中絶禁止法の廃止に向けて、そのかわりとなる法案の必要性を説く選択のジゼル・アリミに対して、ＭＬＡＣの副代表であるシモーヌ・イフは「子どもの誕生を規定するような法律など必要ない[21]」と公然と反対した。法は社会的弱者の保護のためにも必要であり、そのためには政治家たちとの交渉も辞さないという「選択」の方針は、ＭＬＡＣやＭＬＦの側からは、「改良主義」に陥っていると批判される。それに対して「選択」は、大衆による自発的革命を信じるＭＬＦは六八年の悪しき理念に陥っていて、現実には何も変革を果たせないと批判した。ジェンダーの問題を重要視し、中絶の問題を、女性の身体を解放するための一通過点として考えるMLFに対して、社会問題を重視し、論点を避妊・中絶の一点に絞って、現実的な解決を図ろうとする「選択」の立場が、かみあわなくなったといえる。

「幸福なる母性」から「フランス家族計画運動」へ

こうした女性解放運動の内部での意見の対立に対して、ヴァルダ個人は、そして『歌う女、歌わない女』はどのような立場をとったのだろうか。まず、ボビニー裁判の再現シーンで、ジゼル・アリミ自身を出演させたことからも、アリミの法廷闘争の進め方についてヴァルダが好意的にとらえていたことがうかがえる。一方で、ヴァルダはMLACの運動にも参加している。[22] ヴァルダ自身、「私は中絶した」三百四十三人署名に名を連ねていて、イギリスやオランダへと向かう中絶ツアーを組織していたMLACに参加することは自然な流れだろう。

また『歌う女、歌わない女』では、ポムは一九六八年に女性たちとバンドを結成して旅を重ね、行く先々で女性解放をテーマとしてフォークソングを歌い、ボビニー裁判のころにはある程度名の知れた歌手になったという設定がなされている。[23] ここにはMLFを特徴づける要素――六八年の小グループによる活動の遺産、文化・芸術活動とリンクした政治活動――が見られるだろう。一方で、「歌わない女」シュザンヌは、一見このようなラディカルな活動とは無縁にみえる。妻がいるジェロームとの同棲生活とその果ての彼の自殺のあと、彼女は残された二人の子どもと故郷の寒村で忍従のときを過ごすが、南フランス・イエールの産婦人科に職を見つける。しかし、院長は卑劣な人物で、中絶禁止法があることに乗じ、高額で堕胎手術をおこなっていた。彼女に言い寄ろうとした院長を拒絶して病院にいられなくなったシュザンヌは仕事を辞め、六八年、「ジェロームとの三人目の子を悲劇のうちに闇に葬った経験と、病院で身近に見てきた数多い不幸な中絶の事実から、フランスの各地で誕生し始めている家族計画センターを、たとえささやかなかたちでも自分の手で開きたいと考えていた[24]」。

ここでシュザンヌが開設した家族計画センターについて、その歴史を含めて解説する必要があるだろう。家族計画センターは、産児調節の必要性を説いた産婦人科医ラグルア・ヴェイユ・アレの論説をきっかけにして設立された、「幸福なる母性」という名の団体から始まったものである。「幸福なる母性」という名称からうかがえるように、中絶はもとより避妊も認められていなかった時代では「非合法的な」この団体は、フェミニスト的な主張をするのではなく、女性が母性を引き受けるという社会通念を共有しながら、家族という価値を盾にして避妊の必要性を説くことで、広く社会に認められていった。避妊の自由化という主張も、それが闇医者による危険な中絶を防いで女性の体を守るための手段だという考えからだった。宗教界からも、プロテスタント系団体の支援を受けていたとされる。また、この団体の産児調節の主張は、国家によって人口の統御を目指す新マルサス主義とは切り離されたものだった。

一九六〇年に「幸福なる母性」は「フランス家族計画運動」になり、六一年六月のグルノーブルを皮切りに、パリや各地方に家族計画センターが開設されていった。相談所では、避妊方法のカウンセリングなどがおこなわれていたが、医師による避妊具の処方は入会した女性たちに限定することで、避妊の宣伝を禁じた一九二〇年法の枠組みを守りながら、女性たちが直面する問題の解決を目指した[25]。また、中絶については批判の対象のままだった。しかし、このような穏健主義的な姿勢は徐々に変化していく。五月革命以後、家族計画センターは新しいフェミニズムの流れと連帯して、性教育の普及に努めていく。ボビニー裁判の時期には、センターによる避妊の方法の普及は公共の福祉とは無関係と判断され、国からの助成金をいっさい受けることができず、既存の制度との軋轢が生じた。また中絶の自由化に向けて、七三年にはＭＬＡＣに参加し、二〇年の中絶禁止法案の廃案だけでなく、中絶と避妊を社

写真3　シュザンヌ
（出典：同書）

会保険でカバーして無料化することを訴え、中絶専門のクリニックを開設していく。七三年六月のグループの分断前にはフランス全体でセンターは三百五十を数え、千五百人ほどのボランティアの医師がいたとされる。

このような背景からみると、シュザンヌは、ポムとは別のかたちで女性解放運動の一つの流れを表しているといえる。出産という母性を尊重しながらも、家族計画センターという、一見あまり政治的ではない場所で、女たちの性や家族に関する悩みに寄り添うという、もう一つの闘いをおこなっている人物として描かれているのである。

『女性たちの答え』

ここまで一九六八年からの女性解放運動の進展を、いくつかの象徴的な出来事と運動に関わる諸派の性格を中心に紹介してきたが、その間のヴァルダの創作活動はどのようなものだっただろうか。七二年にヴァルダは、デルフィーヌ・セイリグ主演で、女性が生きる環境を描く映画『あたしのからだはあたしのもの』の準備をしていた(これについては後述する)。この企画は実現しなかったものの、七五年――この年は前年の避妊全面自由化法に続き、中絶認可法案(ヴェイユ法)が可決した年である――にはテレビ局の企画『女性とは何か』に連動して、短篇ドキュメンタリー『女性たちの答え――私たちの体、私たちのセックス』を制作する。

この七分あまりの短篇は、副題にも表れているように多くの女性たちの裸体のイメージが特徴的であり、「女性とは、女性器とともに生きたこと、女性とは、女性の体で生きること」というナレーションで始まる。実際、テレビ放映用には性器が大写しになるショットをいくつかはずしたと伝えられるぐらいに、数多くの女性たちがスタジオで、裸になりカメラの前に立っている。ヌード撮影というモチーフは、『歌う女、歌わない女』でも写真家ジェロームによって違うかたちで反復され、またポムの乳房をあらわにしたセンセーショナルなパフォーマンスにも受け継がれている。こうした裸体と対比するかたちで広告に使われているヌードが引用されるが、そこからは、まずメディアによる女性の身体の商品化と、自らを率直にさらけ出して語りたいという女性の欲求との対立を読み取ることができるだろう。[26] しかしここでむしろ注目したいのは、「女性とは何か」というテレビ局から投げかけられた問いに、観念的に答えるのではなく、女性たちが生きる体を示すことで答えようとするヴァルダの姿勢である。[27] この作品に映し出されているのは、年齢層も多様なさまざまな女性たち——服を着ている女性であったり、裸になった女性であったり、妊娠している女性——であり、その一方で、子どもたち、そして女性たちにメッセージを投げかけられた男性たちも登場している。つまり、女性の問題を女性にだけ焦点を当てて論じ、女性だけで解決しようとするのではなく、産む性としての女性を無視せず、男性との関係のなかで考えていくという立場も示唆されていると考えられる。[28]

一九七〇年代前半に盛り上がりを見せた女性解放運動に対するヴァルダの立場は、次のようにまとめることができるだろう、第一に、ときに意見を異にするさまざまなグループ（MLF、「選択」、MLAC、フランス家族計画運動）の要素を作品内に共存させていることである。そこにヴァルダ特有の折衷主義をみて、ある種の混同が起きていると批判することも可能かもしれないが、むしろ、女性解放運動の多様な姿、とりわけ各派の長所を描いて、この時代の総合的なビジョンを提示しようとした面を重視したい。[29] ヴァルダは『歌う女、歌わない女』に関するインタビューで、「私が残念だと思うのは、女性運動のなかにはあまり思いやりが見られないことです。フェミニストとして、女性たちは互いに対して寛容でなければいけないし、男性に対してもそうだと思うのです。私たちの運動にはさまざまな女性が必要です。たった一本の線、一本の道であってはならないのです。女性のなかには男を捨てたくない人もいるし、子どもや家庭を望む女性だっています[30]」と語っている。このようなある種、戦闘主義的・教条主義的フェミニズムへの批判からは、最後に述べられている子どもや母性の問題も浮上してくるが、その点については次節以降で考察したい。

そしてもう一つの特徴は、身体への注目である。思想家ではなく映画監督として女性解放運動を描くために、登場人物のセリフだけではなく女性たちの体で、彼女たちの考えや感情を語らせる道を選んだといえるだろう。『女性たちの答え』では、それは裸体のイメージに象徴されるものだったが、『歌う女、歌わない女』で前景化してくるのは歌の存在である。

3 自律の身体、関係の身体

『歌う女、歌わない女』は一九七七年三月に公開され、女性解放運動を描いた作品としては多くの観客を動員した。フェミニストだけでなく、一般の人々も接近可能な商業映画を作るというヴァルダの意図は実現したといえるが、その大衆性について批判がなかったわけではない[31]。また、物語やそこに込められたフェミニスト的主張だけが注目されて、ヴァルダがそれをどのように作品内で扱い演出しているかについては、軽視される傾向があった。以下では『歌う女、歌わない女』に特徴的に見られるモチーフを中心にして、物語の進行に沿って作品を分析していこう。

写真と絵はがき

冒頭、ボーヴォワールの『第二の性』の有名な章句を題辞として映画は始まる。オープニングタイトルで映し出されるのは、物憂げな女性たちを写したセピア色の写真の数々であり、それはのちに、形ばかりのフォト・スタジオを経営する、シュザンヌの夫ジェロームが撮影した写真であることがわかる。これらは実際には、写真家としてキャリアをスタートさせたヴァルダの手によって撮影されたものだが、写真や撮影という行為は、この作品内で重要な機能を果たしている。

物語は一九六二年を起点として始まる。ポーリーヌ（のちのポム）は女子高生で、大学受験が迫っているがコーラスのクラブ活動に参加して歌うことに熱中している。ある日、街のフォト・スタジオのウィンドーに目が留まる。彼女の注意を引き付けたのは、そこはかとなく疲れ果てた感じを与える女性たちの写真だった。そのうちの一枚に見覚えのある顔があり、スタジオの主人ジェロームに尋ねると、彼の妻シュザンヌだという。シュザンヌは生活苦のなかで三人目の子どもを宿し、深く思い悩んでいる。その後、ジェロームはポーリーヌの写真を撮りたいと願い、撮影を始めるが、うまくいかない。

ジェロームは、彼女に対して「君は自分を投げ出していないんだ」「君は真実であることを拒否しているんだ」「ぼくが求めているのは……女性が裸になって真実の姿を見せているときだよ」と言う。彼がヌードを求めていると理解したポーリーヌは、全裸になってポーズをとり、ジェロームは「全部を投げ出すことだよ……そして、もっているものを与えること」[32]と言いながらカメラを覗き込むが、やはりうまくいかない。映画字幕では「信頼と献身」となっているこのセリフは、原語では「投げ出すこと、あきらめることは芸術だ」となっている。ジェロームは、女性たちがポーズに疲れて見せる、ガードを取り去った姿こそが、女性の本来の姿だという考えをもっているのである。自分を放棄することを女性の至上の価値とし、写真でとらえるべき美だと考えるジェロームは、女性の自己や自己表現を拒絶する男性の象徴といえる。そして、この撮影の失敗はむしろ、ポーリーヌが歌手という自己表現の道へ進むことを暗示しているようである。

ジェロームが撮影した疲れきった女性たちの肖像は、作品内で反復される。ポーリーヌ（ポム）とシュザンヌは、ジェロームの自殺後、十年間の空白ののちにボビニーで運命的な再会を遂げるが、物語ではそのあとに語られる回想として、ポーリーヌがアムステルダムへの中絶ツアーに参加するという挿話がある。先述したように、中絶が認められていなかったフランスでは、イギリスやオランダに中絶をしにいく女性が少なからず存在してい

写真4　写真的トラベリングの反復
（出典：Agnès Varda, *Varda par Agnès,* Éditions Cahiers du cinéma, 1994, p.110.）

た。[33]この場面では、中絶に臨む女たち——若い女や中年女性、黒人女性や白人女性——の不安そうなまなざしをトラベリングショット（移動ショット）でとらえている。そこで映し出される女性たちはほとんど不動であり、動画としての映画に静止画という写真的要素が挿入されていると言っていい。そしてこのシーンに、「あの目をまた見た　ジェロームの写真と当時の逆境を考えた」というポーリーヌのナレーションがかぶさっている。このときにはじめて、ポーリーヌは歌（「水のアムステルダム」）を作るのであり、ここでもまた、女性たちの自己放棄とポーリーヌの自己表現が対比されているといえるだろう。

　しかし、写真に撮られることは必ずしも女性の疎外を表すモチーフにだけなっているわけではない。中絶ツアーでも、前述のシーンのあと、女たちは気をまぎらわすために運河の遊覧船に乗るが、はしゃいでいる彼女たちの姿をポラロイドカメラで撮ってそれを売ろうとする写真屋が現れる。思いのほかよく撮れているポーリーヌの写真を買ったのはダリウスという男で、これが彼女の恋愛のきっかけになる。

　また、ポムとシュザンヌのボビニーでの再会は数分の出来事として語られ、その後は別々の地で、郵便を介して断片的に近況を伝え合うかたちで、二人の物語は交互にモンタージュされていく。両者を結び付けるのは絵はがきであり、シュザンヌからは南フランスの椰子の木が写る絵はがきが、ポムからは放浪といってもいいツアーの旅先、そして恋人ダリウスと移り住んだイランのエキゾチックな風景写真の絵はがきが届き、物語同士をつなぐ蝶番の役割を果たしている。地図と並んで、絵はがきというイメージは、「歌う女」と「歌わない女」が生きた別々の物語を結び付けるモチーフであり、その意味で作品のアクセントになっている。

さらに、中絶ツアーで用いられた静止画のようなトラベリングショットは、物語の最後で再び登場することになる。一九七六年、二人が再会し、それぞれの家族とともに田園風景のなかにたたずむ場面がそれである。そこにはジェロームがとらえた、不安に満ちた目をして疲れ果てた様子を見せる女性たちの姿はなく、六二年から十四年の闘いを経て得られた平安が、ポムとシュザンヌの二人を包んでいるといえるだろう。しかし、完全に闘いが終わったというわけではない。シュザンヌの娘で十七歳になるマリー、つまり六二年のポーリーヌ（ポム）と同じ年齢になったマリーは、硬い表情のまま毅然としたまなざしを前方に投げかけている。そこに、「いま青春の入口に立つ彼女にとって、人生が容易であるとはだれも考えないだろう。だが、それはずっと単純で、ずっと明快であろう……」(34)というヴァルダのナレーションが重なる。写真から始まった映画が写真的イメージで終わることによって、物語は円環構造を暗示し、闘いの主体になる世代が移り変わっていることを示しているといえるだろう。

自己表現としての歌？

ジェロームが学生時代のポーリーヌの写真を撮ろうとしてうまくいかない前述のシーンで、彼は彼女に「君は真実であることを拒否しているんだ」と言う。その後のポーリーヌは、ジェロームが「真実」と呼ぶ運命に従属する女のイメージに抗して、本当の女性とは何かを探し求める旅に出たということができる。シュザンヌの中絶費用を工面するためについた嘘がばれ、父権的な家庭を飛び出したポーリーヌは、ロックバンドのコーラスなどを経て、シンガーソングライターとして過激なパフォーマンスをするポムへと変貌する。

『歌う女、歌わない女』の重要なモチーフは、題名に現れている「歌」であり、劇中歌として六曲が歌われる。歌はすべてヴァルダが作詞しているが、映画を作るにあたって物語の構成に難渋していたときに、歌をモチーフにすることで膠着状態から脱して制作にこぎつけることができたといわれている。仮にタイトルをつければ、順番に「あたしのからだはあたしのもの」「あたしはおんな」「水のアムステルダム」「男の子？　女の子？」「パパ・エンゲルス」「シャボン玉の女」だが、「あたしのからだはあたしのもの」については、ボビニー裁判のときに歌われるものとは別に、後半にもう一つ別のバージョンが歌われる。ミュージカル映画とも称される『歌う女、歌わない女』で、歌が女性解放運動のメッセージとどのような関係にあるのかを、「あたしのからだはあたしのもの」と「シャボン玉の女」に焦点を当てて考えたい。

「あたしのからだはあたしのもの」

「あたしのからだはあたしのもの」は、先に述べたように、ボビニーの裁判所の前で歌われる。ポムとシュザンヌが十年ぶりに再会する場面であるのと同時に、公開当時の多くの観客にとって記憶に新しい、女性解放運動のメルクマールになった出来事を描いているシーンで歌われるこの歌は、映画全体を象徴する歌として位置づけられる。

子供を産むのは　楽しいわ
これもひとつの　仕事よ
あたしは母になる才能がないわ
あたしはほかに　用があるのよ
（略）
あたしだけが知っているの
この地上に産みたいか　産みたくないか
子供を産むも　産まないも

あたしの自由よ
あたしのからだはあたしのもの
　あたしのからだはあたしのもの

この歌でリフレインされている「あたしのからだはあたしのもの」は、前にふれたように、ヴァルダが一九七二年に企画していた映画の題名として考えていたものである。ヴァルダは女性を取り巻く環境についての映画を、デルフィーヌ・セイリグを主演にして撮る準備をしていた。セイリグは三百四十三人の宣言に署名し、フェミニズム運動に積極的に関与していた。[35]この企画自体は実現しなかったものの、そこで議論された内容は、七七年の『歌う女、歌わない女』に結実しているように思われる。[36]こうした観点からみると、ここでポムが歌うフォークソングは、当時の女性たちの心の叫びを伝える曲だといえる。

他方、「子供を産むのは楽しい」「産むも産まないも」という歌詞に見られるように、選択の自由を示しながらも、「あたしは母になる才能がない」し、「ほかに用がある」と、産まない自由を強く主張している。また「あたしだけ」というように、自分だけが自らの身体を自由にする権利があり、ほかの誰にもそれを侵されてはならないという、あえていえば身体の自己独占権といったものを歌っているともいえる。[37]これは映画の終盤で登場する「あたしのからだはあたしのもの」というフレーズを残しながらも、別の歌詞、別の曲として歌われるバージョンと比較すると、より明らかになるだろう。

もし　あたしの番がきて
子供を産む気になったら
ある日　もし　あんたとあたしが

体と体を合わせたら
愛から生まれる子供は
りっぱですてきだろう
情熱をこめて
子供をつくろう

母性の無条件の礼賛のようにも聞こえるが、映画バージョンの字幕ではこのあとにも歌詞が次のように続いている。

でももしそれがダメでも
結婚や子供が目的じゃない
求めない
愛だけで十分なの
恋する幸せな二人には

そして最後の二節は原語では「私は選べる（J'ai le choix）／あたしのからだはあたしのもの（Mon corps est á moi）」となっている。ボビニー裁判のときにポムが歌ったバージョンの「あたしのからだはあたしのもの」は速いリズムで、歌詞の内容も「あたし」が中心になり、女性の身体の自律を強く歌い上げているのに対し、このバージョンでは緩やかな調子で優しく歌っていて、「あたし」や「子供」が絶対ではなく、一つの「選択（choix）」の結果として描かれている。むしろここでは、「結婚」や「子供」というかたちで表現されない、「二人」の「愛」が強調されているといえるだろう。

この二つの「あたしのからだはあたしのもの」の間に、ポムに何があったのか。ポムは助成金をあてにしていたパフォーマンスの企画が頓挫したという理由もあって、恋人ダリウスと彼の故郷イランに移り住み、結婚をする。最初は、ペルシャのドーム建築に官能的なものを見いだしたり、ヴェールに身を包む女性たちに好奇心を覚えるものの、旅人としての好奇心は次第に冷め、ペルシャ語がわからない彼女は、周りを理解できないばかりでなく、夫ダリウスの沈黙の壁にも突き当たる。ポムは出産を理由にフランスに帰国し、無事男の子を産むが、迎えにきたダリウスに対してイランには帰らないと告げる。「君はひとをバカにして、ぼくを種馬にしただけなんだ。そんなことはさせないぞ！　一家の主人はこのぼくだ。君は結婚して、子供がほしかったんだ」と気色ばむダリウスに対して、ポムは「お産って、強烈で原始的よ！　ほんとうに自分の子って感じがするわ」と返す。[38]そして、もし「一家の主人として」子どもが欲しいのなら、もう一人子どもを作って、二人で一人ずつ分配することを提案し、それを実行することになる。

ここでは、出産がもたらす感動や母による子どもの独占、さらには子どもの分配という考えが示される。また、ヴァルダのイランの描き方には、西欧人のエキゾチックな視線があることは否定できない。[39]また、「種馬」という言葉に表される、子どもは母親だけのもので父親のものではないのかという問いや、子どもの分配と「所有」という概念が、五月革命の際に見られた自由の逆説――「自分の自由が別の誰かの自由を奪う」――に近い弊害を生まないのかという問いも、成り立つように思われる。

しかし、「あたしのからだはあたしのもの」の変遷から考えると、ここにはダリウスとの子どもをめぐる交渉を経たポム自身の変化を読み取ることもできる。子どもを産むことがかけがえのない経験であることを強調しながらも、女性というアイデンティティーを、結婚や子どもではなく、「愛」という他者との関係性においていることは重視すべきだろう。

「シャボン玉の女」

映画の最後に、ポムとバンド・オルキデ一行は、シュザンヌの家族計画センターで野外ライブのためのリハーサルをおこなう。ダリウスとの子どもをもう一人妊娠して、ダリウスと最初の子どもと別れたポムは、クッションをお腹に入れたメンバーとともに、「シャボン玉の女」を歌う。

大きいお腹はなんてすてき
大きいお腹はなんと美しい
分子をつくる工場
美しい卵子
細胞をつくる工場
大きなおさかな

中絶の権利を要求してボビニーの裁判所の前で「あたしのからだはあたしのもの」と歌ったポムは、ダリウスに向かって「お産はすごく感動的よ」「お産って、強烈で原始的よ! ほんとうに自分の子って感じがするわ」と高らかに叫んだ経験を経て、このような母性礼賛にいたったと、まずはとらえることができるだろう。

一方で、最初に述べたように、『歌う女、歌わない女』でのこうした母性の強調は、フェミニストから批判を受けることも多かった。しかし、一九七〇年代のフランスのフェミニズムには、母性を見直す動きも見られたことを、ここで確認しておきたい。七〇年代前半には、母性は女性たちを「奴隷」としてつなぎとめておくための、社会によって要請された機能だと分析されていた。MLFの「家庭内炎上」第三号には、「自分の体を自由にで

写真5　「シャボン玉の女」
（出典：*Ibid.*, p.107.）

きず、そこで起こることについて何も決定できない人間は奴隷である。私たちは母性が義務である社会の必要のために、卵を生むような奴隷である」とまで書かれている。もし母性が称賛されるときがくるのであれば、資本主義経済が崩壊して、出産が未来の労働者を生み出す行為でなくなるときであり、それがすぐには実現しない以上、女性解放のためには母性は否定されるべきと考えられていた。

しかし一九七〇年代後半から、母性を男性がもつことができない女性特有のものとしてとらえ、身体——それも出産に苦しむ身体よりむしろ快楽を感じる身体——に注目する言説が増え始める。出産や子どもをめぐって、冷徹な社会学的分析ではなく、「自然」や「生」といった詩的高揚をともなった言葉が、フェミニスト系雑誌にも目立つようになる。[40] それは避妊・中絶の権利を獲得する闘争が七五年の中絶認可法可決で一段落を迎え、出産について余裕をもって考えられる状況が生まれたこと、さらに、左翼運動が六八年の理想主義から、八一年のフランソワ・ミッテラン社会党政権誕生に象徴される現実主義へと向かっていったという時代の流れも影響していたといえるだろう。理論（「奴隷としての母性」）が現実（幸福なる母性）と齟齬をきたすと感じられた場合には、それはなおさらだった。[41]

実際、ＭＬＦのなかでも、差異主義を唱える「精神分析と政治（Psychanalyse et politique）」グループは、女性の固有性を母性に求める傾向を強めていく。[42]「家庭内炎上」第五号（一九七二・七三年冬）の「避妊、中絶、セクシュアリティー、改良主義」のなかで、ボビニー裁判後、避妊や人工中絶を強く要求する時期にあって、ある意味での母性の擁護、正確にいえば、女性の身体をいかなる人工的なものからも防衛しようとする姿勢を示している。避妊薬の必要性を認めながらも、それは「体の生物学的機能（ピル）や、体のイメージ（ペッサリーに対して、膣内で巨大になる幻想をもつ女性もいる）を混乱させる可能性がある」。いわんや中絶については、「女性たちの体に攻撃を仕掛け搾取」する強姦と結び付けて論じられている。女性から産む機能を排除して男性と同等にしようとする傾向は、歴史上もってきた女性の意味を消し去る危険性がある。したがって、「私たちは自分たちの体との関係を破壊に任せることを断固拒否する」という、いままでの避妊・中絶の権利の主張とはある種矛盾した結論に、この論考はいたっている。さらにこれは、同年に「精神分析と政治」グループによって設立された「女性たち（Des femmes）出版社」から、「もう一つの道――私たちの体を解放すること、あるいは中絶を解放すること[43]」と題された小冊子のかたちで刊行されるが、まさに女性たちの体を出産から解放するだけでなく、中絶というもう一つの「破壊」からの解放を目指す考えが示されているといえるだろう。

しかし、このように歌詞をフェミニズムの動向と並行させて論じるだけでは十分でない点がある。ポムが「シャボン玉の女」を歌う場面には続きがあり、先に引用した部分を聞いた女性は「なんだか、どっちつかずの歌だわ。その歌は「産みましょう」運動のために歌ったらいいわ！　だって、世の中には子供を産みたくない女だっているんだから。そういう女の人は気を悪くするわよ[44]」と批判する。センターに中絶の相談にきた女性であれば当然感じることだろう。ちなみに、ここで言及されている「産みましょう」運動（正確にいえば「子どもを生きるにまかせよ〔Laissez-les-vivre〕運動〕）は、当時中絶の権利を訴える女性解放運動のカウンターとして結成された、アメリカでいう「プロ・ライフ」運動の組織である。

この批判に対して、ポムは「子供を産みなさいと、あたしはいってないわ。妊娠したら、その事実を自分自身で感じとり、政府だとか教会だとか家族手当を相手に考えていてはだめだということよ！　あたしはあたしの感ずることを歌を通じて、女性に話しかけたいのよ！」(45)と反論している。ここからは、子どもを産むことや結婚制度そのものを批判する戦闘主義的フェミニズムに対する、さらにいえば観念的に答えを導き出しそれを他者に強要するような態度に対する、ポムの距離感が読み取れるだろう。アムステルダムでの中絶と、ダリウスとの子どもの出産という両方を経験して、これから二度目の出産に臨もうとするポムの考えは、中絶賛成―母性否定／中絶反対―母性賛美といった二項対立には決して還元できないものである。そしてこれは、すでに述べたようにフェミニズムの諸派のイデオロギー対立を好まず、短篇ドキュメンタリー『女性たちの答え』で「女性とは何か」という抽象的な問いに、女性の体を映し出すことで応えたヴァルダ自身の姿勢だといえるだろう。

歌わない女、見つめられる女

ここまで写真と歌というモチーフから、『歌う女、歌わない女』に見られる女性解放運動の言説について分析してきた。写真は女性を型にはめる枷であると同時に、女性たちの毅然とした姿を示す肖像画という機能も果たしていることが明らかになった。またポムの歌は第一義的にはプロテストソングではあるが、中絶の権利を求めるだけではなく、母性の賛美や、さらにはそうした理念にも回収されない、経験に裏打ちされた想いを、劇中での主人公らの変化や議論とともに表現していた。写真や歌は、この作品を単純なメッセージに還元させないための工夫だったといえるだろう。

一方で、物語についてここまで「歌う女」ポムの姿を中心に追ってきたことは否めないだろう。ジェロームによる写真の呪縛を打ち破ったのはポムであり、歌によって自ら感じたところを表現したのはポムだった。しかし、この映画には「歌わない女」、シュザンヌもまた存在する。妻をもつジェロームと同棲し、若くして子どもを闇で中絶し、あげくにジェロームを自殺で亡くしたシュザンヌは、故郷北フランスの寒村ソワソンでの忍従の生活を脱して、太陽あふれる南フランス・イエールの家族計画センターの職員として活動を始める。そこで出会う、またも妻がいる男性への恋に悩みながら、「男女ふたりでいることへの、なんというノスタルジー」と一人つぶやき、彼やポムとの関係を作り上げていくシュザンヌは、「歌う女」ポムとは対照的な存在として描かれている。

この二人の関係について、ヴァルダは、最後の場面の彼女自身によるナレーションによって「このふたりの女は決しておなじではない。ひとりは歌う女であり、ひとりは歌わない女である。ポムはみずから花開くためにはすぐに行動を起こす女であり、シュザンヌは犠牲から少しずつ脱け出して花開く女なのである。しかし、ふたりの友情は続いた。それは彼女らが女の幸福をかちとるために闘ったからなのだ」[46]と語る。別のところでは「実際のところ、〈歌う女〉と〈歌わない女〉は、たがいに矛盾があり、弁証法的、あるいは相互補完的な二重の双生児なのだろう。そして私はその両方でありたいのだ」[47]と、二人が相補的な関係であることを示唆している。

しかしシュザンヌは、太陽のように自ら輝くポムの隣で、月のようにたたずむ存在なのではない。再び写真撮影というモチーフについて考えてみよう。

作品の冒頭、ジェロームに撮られた写真のシュザンヌは、二十二歳にもかかわらず「三十歳ぐらいに見え」る顔をしている、疲れ果てた女だった。ジェロームが美しいと考えた彼女の自己放棄の表情は、写真ばかりでなく、ジェロームに三人目の子どもを妊娠したことを告白できないとポムに向かって泣く場面や、闇で中絶をしてきたあとに交わすジェロームとの最後の会話の場面でも見られる。後者の場面では彼女はジェロームと見つめ合うことを決してせず、ジェロームに後ろから抱きすくめられる。ここから、シュザンヌが一貫して「見る」立場に身をおいていないことが見て取れるだろう。

しかし、作品中の写真の意味についてすでに述べたように、写真に撮られること、一方的に見つめられることが、必ずしも女性の疎外を意味するわけではない。ジェロームとの死別後、家族計画センターを開き活動しているシュザンヌは、息子マチューが船で足をけがした際に対応してくれた小児科医ピエールと出会う。彼は往診にくるたびに、首に提げたカメラで彼女のスナップ写真を撮り、シュザンヌは彼の強い視線を感じて心が揺れる。妻がいる男性はもうこりごりなの、と拒絶を示したため、彼は会いにこなくなるが、ポーリーヌの出産の際に、彼から妻と別れたことを告げられる。二人はシュザンヌの二人の子どもと一緒にささやかな結婚式を開くが、そこでも写真撮影がおこなわれようとしていて、笑顔でポーズをとるシュザンヌの姿が描かれるのである。

写真6　シュザンヌとピエール
（出典：前掲『歌う女、歌わない女』）

結果としては、男性が迎えにくるのを待つシュザンヌの姿勢や「不倫」ではなく「結婚」に落ち着いた点など、保守的にもみえる結末かもしれない。しかし、ここで成立した家族の姿は、現代フランスで珍しくない、前のパートナーとの間にできた子どもとともに成立する「再構成家族」である。この場合、ピエールには新たに二人の子どもができたのだが、彼が子どもたちとうまく関係を結んでいく姿——とりわけ同性のマチューとの関係——については、最後の場面でも「シュザンヌの息子マチューは子供のころとは変わっていた。ときには人見知りをしたが、ピエールのことは信じきっていた[48]」と語られる。シュザンヌの選択は、ポムが自己の権利の主張から出発して、他者と衝突しながら他者を変えていくのとは別の道筋をたどった。彼女が所属する家族計画センターが、「幸福なる母性」という、当時の多くの人がもっていた通念と齟齬をきたさないスローガンから始めて、徐々に主体としての女性の権利を主張していったように、シュザンヌは他者との関係から始めて、自らが望むものを最終的には手に入

表1　避妊・中絶・女性の権利についてのフランス20世紀年表

1920年	中絶禁止法案。莫大な戦死者を出した第一次世界大戦直後、人口減少を国家的問題と考える世論を背景に（ほとんど審議されずに）制定された。中絶だけでなく避妊の宣伝活動も禁止された。
1923年	中絶の罪を犯した者（中絶手術をおこなった者と中絶した女性）をより迅速に裁判にかけて処罰するために軽罪とした（重罪であると陪審員裁判にかけられ、被告の心情を考慮した判断がなされることが想定されたため）。
1939年	家族法典が制定され、中絶に対する弾圧が強化される。
1942年	ヴィシー政権下、中絶に関与した者は国事犯として死刑を科される罪となる。
1943年	闇で中絶をおこなっていた女性たちが死刑に処せられる。マリー＝ルイーズ・ジロー――彼女はギロチンにかけられた最後のフランス人の一人である――が知られている（彼女の半生は、クロード・シャブロルの映画『主婦マリーがしたこと』〔原題『女たちの出来事』1988年〕で描かれている）。
1945年	女性参政権の獲得後、最初の議会選挙。
1949年	シモーヌ・ド・ボーヴォワール『第二の性』
1955年	出産のため母体に危険が及ぶ場合にだけ中絶が認められる。アメリカで避妊ピルが開発される。
1956年	産児調節の必要性を説いた産婦人科医ラグルア・ヴェイユ・アレの論説をきっかけに、「幸福なる母性」という名の団体が設立され、1960年には「フランス家族計画運動（MFPF）」となる。
1965年	大統領選挙の際、社会党候補者ミッテランは避妊問題を争点の一つとする。 妻が夫の許可なしに職業をもつことができ、自分の銀行口座を開けるようになる。
1966年	妊娠中や産後14週間の女性に仕事を辞めさせることを禁じる。
1967年	ヌヴート法によりピルなどの避妊が許可されるが、政令が発布され施行されたのは1972年であり、また宣伝は医学専門誌以外では禁止される。また未成年（当時は21歳未満で、18歳未満となるのは74年）は、ピルの取得に親の許可が必要とされた。 パリ証券取引所に初めて女性の入場が認められる。
1968年5月	「五月革命」。さまざまな活動グループのなかから、この年の間に「女性解放運動（MLF）」の萌芽が生まれる。
1968年7月	教皇パウロ6世が『フマーネ・ヴィテ（人間の生命）』という回勅を布告し、産児調整について、避妊という手段に訴えることを非難する。
1970年	「家長」の地位が廃止され、父親は家長の地位を独占する権利を喪失。
1970年10月	MLF の最初の総会が開かれ、中絶の権利について運動をしているグループに主導されて、中絶問題が MLF 全体の重要な争点となる。
1971年4月5日	「ヌーヴェル・オプセルヴァトゥール」誌に「「私は中絶した」宣言に署名する勇気をもった343人のフランス女性のリスト」が掲載され反響を呼ぶ。
1971年6月	中絶宣言の署名者を守るために、署名者の一人だった弁護士ジゼル・アリミが、ボーヴォワールとともに、「選択（ショワジール）」という団体を設立する。

1971年11月	MLFの最初の大規模デモがパリや各都市でおこなわれる。「私たちの体に法などいらない」「私たちが望んでいる子どもしかいらない」というスローガンが掲げられる。
1972年10月	パリ郊外のボビニーでの裁判。弁護士ジゼル・アリミは事実上の勝訴を勝ち取る。
1972年	ヌヴート法の第4条にある、家族計画・家族教育・情報・診療・カウンセリングセンターの創設が規定される。 男女間で、同一労働同一賃金の原則が認められる。
1973年4月	中絶手術を執行した医者たちが訴えられた場合、それを弁護するために「中絶・避妊の自由を求める運動（MLAC）」が結成される。設立者の一人であるモニック・アントワーヌは、ボビニー裁判の弁護団の一員だった。アニエス・ヴァルダも参加する。
1973年7月	10,030人の医師が妊娠中絶の自由化に反対の宣言。
1974年6月	避妊の完全自由化を規定する法案が国会で決定。避妊薬が健康保険から払い戻されるようになる。未成年者・健康保険未加入者については無料で家族計画センターで配布された。
1975年1月	保健大臣シモーヌ・ヴェイユによる中絶認可法案が、特定の条件（妊娠後10週までであること、医師によっておこなわれること、中絶を希望する女性はカウンセリングを受けること、未成年者の場合は親の了承を得ること）を付加されたかたちで成立。5年の時限立法。
1975年	アニエス・ヴァルダ『女性たちの答え――私たちの体、私たちのセックス』（テレビ局の企画『女性とは何か』に応えて作った短篇ドキュメンタリー）
1976年	アニエス・ヴァルダ『イランの愛の歓び』（『歌う女、歌わない女』でのイランのロケから生まれた短篇作品）
1977年	アニエス・ヴァルダ『歌う女、歌わない女』
1979年11月	ヴェイユ法が恒久立法となる。

（筆者作成）

れたのである。歌う女、歌わない女――、歌わない女シュザンヌこそ、ポムに代表される「自律」のイデオロギーを相対化し、「関係の身体」を控え目ではあるが毅然とした姿で、スクリーン上に示す存在だといえるだろう。

結論に代えて

本章では、アニエス・ヴァルダの作品『歌う女、歌わない女』（一九七七年）を、ヌーヴェル・ヴァーグの男性作家の作品の女性表象との比較から始めて（第1節）、作品で描かれた一九六〇年代から七〇年代の女性解放運動の言説との関係から論じ（第2節）、最後に、「写真」と「歌」を中心とした技法面から分析した（第3節）。ヌーヴェル・ヴァーグの特徴として第一に指摘される「見る男／見られる女」の対立をヴァルダは乗り越えようとしたが、ポムの「あたしのからだはあたしのもの」という歌に象徴される、「自律」の身体をもった女性によってそれを表現することに成功したといえるだろう。

しかし、この歌そのものが中絶の権利の要求にも、母性礼賛にも還元されないことに示されるように、この作品もまた、女性だけが身体の自己決定権を独占的にもつものではないことを示唆している。「歌わない女」シュザンヌの人生が示すように、身体とは、パートナーや家族との関係も織り込まれた存在といえるだろう。そしてヴァルダはこれらのことを、女性たちのコミュニケーション（パフォーマンスをするポムとそれを楽しむ女たち、女たちの性の相談に応じるシュザンヌ）や、人々の肖像（中絶の順番を身をこわばらせて待っている女たち、田園にたたずむポム一行とシュザンヌの家族たち）を映し出すことで、表現した。身体の解放の過程を、映画を通して私たちに追体験させているように思われる。

自律の身体から関係の身体へ――、このような射程は、他者の「ケア」や他者からの「承認」がキーワードになっている現代でますます重要になっているように思われる。一九六八年やそれに続く女性解放運動、マイノリティー・ポリティクスを振り返ることが可能になった時代にあって、自律やアイデンティティー、自己管理の思想の可能性とその限界を考える枠組みが生まれつつある。六八年を回顧的に眺めたり、ただ現代との比較の対象に還元したりするのではなく、それにアクチュアルな意義を見いだすためにも、フランス七〇年代の女性解放運動やそこから生まれた作品――例えば「フェミニスト」デルフィーヌ・セイリグ出演の知られざる諸作品――をさらに追っていくことを今後の検討課題として、筆をおきたい。

注

（１）Gisèle Halimi, *Ne vous résignez pas*, Pocket, 2009, p.110.

（２）*Génération MLF 1968 – 2008*, Des femmes, 2008, p.19.

（３）アニエス・ヴァルダ『歌う女、歌わない女』山崎剛太郎訳、ベストセラーズ、一九七八年、二〇三ページ

（４）アニエス・ヴァルダは一九二八年、ベルギー生まれの映像作家。国立民衆劇場ＴＮＰの写真家から出発して、五四年に短篇映画『ラ・ポワント・クールト』でデビューするが、この作品はのちにヌーヴェル・ヴァーグの先駆的作品として位置づけられる。記録映画を出自とする「左岸派」と称されるアラン・レネ、クリス・マルケルたちと親交があり、ヌーヴェル・ヴァーグの全盛期に活躍し、現在も、ドキュメンタリー作品や写真、インスタレーションなどで、精力的な活動を続けている。主な作品に『五時から七時までのクレオ』（一九六二年）、『幸福』（一九六五年）などがある。

（５）Brigitte Rollet, «Femmes cinéastes en France : l'après-mai 68», *Clio. Histoire, femmes et sociétés [En ligne]*, 10, 1999, p.7. (http://clio.revues.org/266)

（６）前掲『歌う女、歌わない女』

（7）本文中にあげるもののほかに、次も参照。Geneviève Sellier, *La Nouvelle Vague : Un cinéma au masculin singulier*, CNRS, 2005 ; «Images de femmes dans le cinéma de la Nouvelle Vague», *Clio*, 10, 1999.（http://clio.revues.org/265）

（8）Antoine de Baecque, «Des corps modernes : filles et petites filles de la Nouvelle Vague», *Les Années 68 — Le temps de la contestation*, éditions complexe, 2008, pp.125-139.

（9）中村督「一九六〇年代フランスにおける政治文化の形成——社会的アクターとしての『ル・ヌーヴェル・オプセルヴァトゥール』」、油井大三郎編『越境する一九六〇年代——米国・日本・西欧の国際比較』所収、彩流社、二〇一二年、二八三—三〇三ページ

（10）Agnès Varda, *Varda par Agnès*, Éditions Cahiers du cinéma, 1994, p.103.

（11）Sylvie Chaperon, *Les Années Beauvoir, 1945–1970*, Fayard, 2000.

（12）T. Jefferson Kline ed., *Agnès Varda: Interviews*, University Press of Mississippi, 2013, pp.82-83.

（13）MLFに参加した女性たちは、学生など二十代の若者が多く、演劇などの文化活動に携わっている者も多数いた。

（14）〈ショワジール会〉編『妊娠中絶裁判——マリ＝クレール事件の記録』辻由美訳、みすず書房、一九八七年、二七一ページ

（15）シモーヌ・ド・ボーヴォワール／ジゼル・アリミ『ジャミラよ朝は近い——アルジェリア少女拷問の記録』手塚伸一訳、集英社、一九六五年

（16）荻野美穂『中絶論争とアメリカ社会——身体をめぐる戦争』岩波書店、二〇一二年

（17）Halimi, *Ne vous résignez pas*, p.112.

（18）Halimi, *La Cause des femmes*, Gallimard, nouvelle édition, 1992, pp.296-297.

（19）裁判録は、訳者のマリ＝クレールへのインタビューとあわせて翻訳されている。前掲『妊娠中絶裁判』

（20）原語はLe Torchon brûleで、直訳すれば「布巾が燃える」という意味だが、「不和がある」という慣用句として用いられている（「torchon 布巾」は「torche たいまつ」と似ているので、それを引っかけたものである）。布巾が家庭の象徴だというニュアンスを生かして、「家庭内炎上」と訳した。

（21）Gisèle Halimi, *La Cause des femmes*, p.135.
（22）Alison Smith, *Agnès Varda*, Manchester University Press, 1998, p.104.
（23）「ポムは一九六八年の五月革命のとき、パリの街頭で手を握り合った娘たちとグループを作った。おんぼろの小型バスを手に入れて、町から村へと移動して、歌ってまわった。行く先々で、女性解放をテーマにしたフォーク風なシャンソンを、主婦やOLや女子学生たちと肩を並べて歌った」（前掲『歌う女、歌わない女』八六ページ）
（24）同書一一一ページ。次も参照。「中絶解禁運動とピル解禁の声が強く起き上がっていたが、法案提出への道はまだ遠かった。秘密の堕胎手術で、莫大な金をもうけている悪徳医師たちがひそかに手をつないで政府に働きかけ、解禁運動をなし崩し的に無力にしようとしていた」（同書一一一ページ）
（25）Jean-Yves Le Naour, Catherine Valenti, *Histoire de l'avortement : XIX*^{e} *– XX*^{e} *siècle*, Seuil ed., 2003, pp.212-213.
（26）Smith, *op. cit.*, p.105.
（27）ヴァルダ自身、当時のインタビューで次のように答えている。「女性がおかれた状況や女性の役割については常に語られてきたので、私は女性の体について、私たちの体について語りたいと思った」。Varda, *Varda par Agnès*, p.252.
（28）作品の最後に次のようなセリフ――アルチュール・ランボーの有名な言葉をふまえたセリフ――が女たちと男たちの間で交わされる。「女性たちを、愛を再発明しなければいけない」「それじゃあ、愛を再発明しなければ」「いいわ」
（29）村上綾「フランス女性映画監督が打ち破ったタブー――アニエス・ヴァルダ Agnès Varda「歌う女・歌わない女」L'Une chante, l'autre pas を中心に」「聖心女子大学大学院論集」第三十三巻第一号、聖心女子大学、二〇一一年、三五ページ
（30）Smith, *op. cit.*, p.94.
（31）「万人に届くフェミニスト映画で、MLFのウォルト・ディズニーだ」（Varda, *op.cit.*, p.256）
（32）前掲『歌う女、歌わない女』三七ページ
（33）三人目の子どもを妊娠したシュザンヌは、スイスに中絶手術を受けにいく費用をポーリーヌに工面してもらうが、

貧困にあえぐシュザンヌはスイスに行かず、闇医者のところで中絶をして、処置のまずさから二度と子どもが産めない体になってしまうというエピソードもある。

（34）前掲『歌う女、歌わない女』二二四ページ

（35）セイリグは、当時開発されたばかりの、カーマン式カニューレを用いて吸入する中絶法のデモンストレーションをおこなうため、自らの部屋をＭＬＦに貸したり、「精神分析と政治」グループの代表アントワネット・フークが監督した、レズビアニスムを主題とした『少女』（一九七三年）の主演を務めるなど、フェミニズムに関わる積極的な活動をおこなっていた。

（36）例えばこの企画のなかでは、すでにミュージカルという形式について言及している。

（37）ＭＬＦが当時唱えていた次のスローガンに類似するといえる。「私たちが望むのは、自分の体の唯一の所有者であること」。*Génération MLF 1968 – 2008*, p.436.

（38）前掲『歌う女、歌わない女』一七七―一七八ページ

（39）ヴァルダは『歌う女、歌わない女』のスピンオフ作品として、『イランでの愛の歓び』（一九七六年）という短篇を撮っているが、この作品に対しては西欧人の目から見たエキゾチスムによって描かれたイランだという指摘がある。Varda, *op.cit.*, p.253.

（40）例えばジュリア・クリステヴァの「女の時間」（一九七九年）がその代表的な例である。

（41）Sabine Fortino, «De filles en mères. La seconde vague du féminisme et la maternité», *Clio*, 5, 1997. また次も参照。Claire Duchen, *Feminism in France: From May '68 to Mitterrand*, Routledge, 2012, pp.49-66.

（42）のちに「精神分析と政治」がＭＬＦから分派したあとの、一九七九年十月のデモでは次のような横断幕が掲げられたという。「工場（usine）を労働者に、子宮（utérus）を女性に、生きるものを産み出すことは私たちのもの」。*Génération MLF 1968 – 2008*, p.227.「工場」と「子宮」の連関に、「シャボン玉の女」の「工場」の反響をみることもできるだろう。

（43）*L'Alternative—Libérer nos corps ou libérer l'avortement*, Des femmes, 1973.

(44) 前掲『歌う女、歌わない女』二一六―二一七ページ
(45) 同書二一七ページ
(46) 同書二二四ページ
(47) 同書二二七ページ
(48) 同書二三三ページ

第5章　女性性の戦略的表象
——アンナ・オッパーマンの「アンサンブル・アート」と〈六八年〉の身体

小松原由理

はじめに——〈六八年〉の身体とその所在

「性の解放」とは本質的に私的で固有で、したがって多様な性のあり方の模索である。だからこそ、近代国家成立に必須の最小構成単位である家族制度の崩壊を正当化する危険な思想として抑圧されてきた。ヴァイマル共和国時代のドイツで、敗戦直後の騒乱とともに誕生したベルリン・ダダという前衛芸術運動では、「市民的結婚制度の反対」が高らかに掲げられた。さらに、この運動の中心人物であるラウール・ハウスマンは一九一九年四月に「家庭での所有概念と自分の身体への権利」を唱えて、国家による性の所有に否を突き付けた。[1] こうした歴史的アヴァンギャルド（二〇年代のアヴァンギャルドの総称。七〇年代にそう呼ばれた）を中心とした性をめぐる新たな実践は、第二次世界大戦を経て、しばしば芸術家同士の共同生活という形態のもとに水面下で模索され続けたが、一部の芸術家だけでなく、より広範な市民たちによって叫ばれたのが、第二次世界大戦終結から二十年以上経た西ドイツの六八年運動である。ヴィルヘルム・ライヒの『性と文化の革命』（一九三六年初版）に触発され、家父長制とそこから導かれる保守的な性規範、またそれを伝承する市民的結婚と完全家族という理想像に否定を突きつけた「六八年運動」、あるいはこの運動に付随した社会的変容としての〈六八年〉は、「コムーネⅠ」での若者たちの共同生活や性の共有の可能性といった実践では挫折したとしても、社会ではなく、個人の不可侵の領域にこそ性は存在するのだと主張した点で、ドイツでは二〇年代から唱えられてきた性と身体の所有問題に関する前衛的な思想を継承し、ジェンダーに関するその後の議論を切り開くうえで大きな転換点をもたらしたといえる[2]。

「オーガズムがうまく得られないかぎり、ベトナム戦争などどうでもいい」――しばしば引用される、「コムーネⅠ」の理論的支柱だったディーター・クンツェルマンのこの言葉は、フェミニストにとっては問題含みのメッセージではあるが、「私のお腹は私のもの」と同様、快楽であれ、生殖であれ、性の主導権を個人が握ることを宣言したという意味で、〈六八年〉を象徴する言葉なのである。そして、こうした性をめぐる公共性のせめぎあいから生じる個と社会の間での身体の所在追求こそ〈六八年〉の射程であり、その後の変容をうながすうえでの思想的原点だったととらえるとき、性差隔絶としてのジェンダー問題[3]とは別個に、あるいはそうした歴史学的な特定作業を超えて、現代の性と身体に対する根源的な問いかけが発された〈場〉としての〈六八年〉を考える可能性が開かれる。本章は、そうした文脈で、直接政治的な言説ではなく、可視化や形象化による問題系列の提示によって、よりダイレクトに私たちの知覚に訴えかけてくる現代美術を手がかりとして、〈六八年〉の性と身体の所在追求とその可能性を再考する試みである。

とはいえ、内省的な視点をもって性的主体性というものを掘り下げる美術表象の試みは、広く読めば世紀転換期から試みられていた。その例として、花嫁と九人の独身者たちの間で繰り広げられる未到達の妄想的交信をテーマとした、マルセル・デュシャンの『花嫁は彼女の独身者たちによって裸にされて、さえも』（通称『大ガラス』一九一二年）で示された機械的運動のエロティシズムや、被写体の欲望を暴いた『L.H.O.O.Q』（一九一九年）、第二次世界大戦直後のウィーン・グループのメンバーによる、オブジェ化や生け贄化、痛みの視覚化という行為によって、性や身体のあり方への究極の問いかけをおこなったパフォーマンスなどがあげられるだろう。続く一九六〇年代の試みとして、前衛芸術集団フルクサスでは、ヨーコ・オノのパフォーマンス作品『カットピース』(一九六四年)を含め、女性による女性の性的身体のパフォーマンス的演出で、女性という性の客体性を追求した。やがて七〇年代には、シンディー・シャーマンやスージー・レイク、ハンナ・ウィルケ、マーサ・ウィルソンといった一連の女性アーティストの手による、主に写真というメディアを用いたセルフポートレートシリーズの発表によって、異性装を含む多様な「私」の演出といった手法で、いわば女性性の多様性を指し示すとともに、女性性を部分化し、一つのシチュエーションへと限定させることで、性的主体者の位置を根本的にずらしていくというメッセージが集中して発信されることになった。彼女たちのトランスジェンダーな試みは、女性性と自己との距離をクールに測ることで、主体者側の性(セックス)と、社会的パフォーマンスとしての性(ジェンダー)を分離する。そうして、一つではない女性の性を視覚化することで現前させ、それによってこれまでの芸術作品を成立させていた作家性=男性性を暴き、無効化するのである。

アンナ・オッパーマン(一九四〇—九三)もまた、主に写真というメディアを用いながら、ステレオタイプ化されたジェンダー表象に問題提起をした今日の「フェミニン・アヴァンギャルド」(4)と称される一連の女性芸術家たちと同じく、一九七〇年代に活躍の幅を広げたアーティストである。ところが、彼女は作品上で、決して自身の女性性を手放すことがないばかりか、同時代の女性アーティストたちの試みからすれば、時代を逆行するかのような徹底的に主観的な世界の制作と、それにともなっておこなわれる自己探求、その延長線上にある女性性の追求、エモーショナルで非論理的な、まるで女性に対する偏見に満ちたイメージを自ら背負うかのような身体空間の構築へと向かっている。その作品制作がスタートしたのは興味深いことに六八年であり、以降の彼女は自身の全作品をアンサンブルと名づけてシリーズ化していて、彼女が五十三歳という若さで生涯を閉じる一年前まで、このアンサンブル・シリーズの制作を続けていた。本章は、これまで七〇年代のコンセプチュアルアート（概念芸術）の作家の一人としてしか取り上げられてこなかった彼女の作品を、[5]その作品技法である「アンサンブル」に注目することで、〈六八年〉の身体論という文脈から再考する。〈六八年〉が発した、社会と個の存在性に根差した大きな問いかけに対して、同じく六八年から九三年の死の直前まで、まさに生涯を通して造形を続けたオッパーマンはどのような答えを出したのか。まずは彼女の芸術家としての軌跡と、アンサンブルという手法の誕生、そしてその同時代的な評価や受容史についてみておこう。

1　アンサンブルの誕生

一九四〇年にデンマーク国境にほど近いドイツ北部の街オイティンで生まれたアンナ・オッパーマンことレギーナ・ハイネは、六二年から六八年までの六年間、ハンブルク造形美術大学で学んだあと、六八年にＤＡＡＤ奨学生となってパリに一年間滞在している。このとき、オッパーマンは、パリの「六八年五月」をその目で見ると同時に、彼女の造形スタイルである「アンサンブル・アート」の制作を開始している。最初の展覧会は七二年のハンブルク美術館、ベルリンのクレーバー・ギャラリー、トリアーの市立美術館で開かれた。七七年にカッセルでおこなわれる国際的な現代美術展「ドキュメンタ６」に初参加し、ハンブルク市からエドヴィン・シャルフ賞などを受賞すると、同年からハンブルク造形美術大学で客員教授を務めた。八〇年にはヴェネチア・ビエンナーレ、八二年にはベルク大学ヴッパータールの教授に就任し、八四年にはシドニー・ビエンナーレに、八七年には再び「ドキュメンタ８」に参加するなど、国際的にも知名度を上げ、九〇年にはベルリン芸術大学の教授となり、九三年に、がんのため故郷の地ツェレで亡くなる直前まで創作を続けた。

写真1　アンナ・オッパーマン『尊敬というテーマについての考察対象——ゲーテをきっかけに』（1981—89年）、シュツットガルト美術館の展覧会「過去・現在・未来」（1982年）会場の様子
（出典：Herbert Hossmann u. Anna Oppermann (Hrsg.), *Anna Oppermann. Ensambles 1968–1984,* Brussel/Brussels u. Hamburg, 1984, S.172.）

こうした彼女のバイオグラフィーを眺めると、五十三歳での死は早すぎたとはいえ、芸術家としては理想的ともいうべき、充実したキャリアを形成した人生のようにみえる。しかし実際は、オッパーマンが芸術家として一般に認知され、かつ「アンサンブル」という作品手法が本当の意味で注目され始めたのはここ最近である。彼女が生前にアンサンブルをメインテーマに、初めての回顧展を開催したのが一九八四年だが、八〇年代に彼女が得た国際的な評価や、九三年の死という出来事を考えれば、その後に続く本格的な回顧展が二〇〇七年とはあまりにも遅い。その理由として、シュツットガルト美術館で開催された大規模な「アンナ・オッパーマン展」のカタログの冒頭には、彼女に対する美術界の評価が常に二分してきたからだとあり、彼女に対する悪評価の理由を大きく二つに分けて整理している。(6)

そのうち一つは、彼女が女性であることに関連する。「不毛な家庭の静物画を描く平凡な女性画家」という辛辣な形容に表れているように、「ただ自分の生を広げ、遠近法的に多様化させ、増強しようという、一人の女性の試みである。（略）この女性芸術家はただ集めるだけでまとめようとせず、自分の生をまき散らす。彼女は無からフェティッシュなシステムを作っているにすぎない」という見方である。このような男尊女卑的なわかりやすい批判は、一九七四年というオッパーマン作品の初期段階に集中的に見られたものである。そしてもう一つは、アンサンブルという手法がもたらす、一見無秩序な作品展示の手法そのものへと向けられた批判で、これは彼女がいわば円熟期を迎えた八〇年代に入ってからも見られた。八二年、「ドキュメンタ」とパラレル開催されたシュツットガルト美術館の展覧会には、ゲーテをメインテーマにしたアンサンブル『尊敬というテーマについての考察対象――ゲーテをきっかけに』が展示されたが、「シュピーゲル」誌の作品評価は、ゲーテに関する連想や引用、メモや画像や切り抜きといったイメージ群が数多く配置されたそのアンサンブルを「深みがなく、ただ妄想狂的情熱で組み立てられた」と酷評している。

一見すると、自己探求からスタートする彼女の作品世界は小さく、理解不能な細部が膨大に展開していることから統一的ビジョンは見えず、それがすべて彼女の女性性のためだとされてしまうようなネガティブな批評が、オッパーマンの作品にはついてまわった。それに加えて、そうした特徴をもつ彼女の作品を十分に展示できるスペースを提供できる美術館はおのずと限られていた。一つのアンサンブルは小規模なものも含め、十枚から六十枚ほどのカンバス、数百枚にも及ぶスケッチ、写真、テキストの切り取り、オブジェなどから構成されている。そのアンサンブルの素材の大半を占めるメモや切り抜きなどは保存に不向きであるうえ、そのつど基本的に破棄するという作品美学もあり、(7)さらにオッパーマン自身が再現・展示には厳密なルールを強いていることもあって、彼女の死後はなおのこと、展示の実現が難しかった。二〇一五年現在、常設展示されているのは、彼女が生涯かけて制作した全七十七のアンサンブルのうち、わずか三作品である。(8)

彼女のパートナーで、自身もアンサンブルの制作に携わり、また彼女の死後、そのアンサンブルをクロノロジカルに整理したヘルバルト・ホスマンによると、アンサンブルの最初の作品グループは『ミラー・アンサンブル』(一九六八―八九年)、『主婦であること』(一九六八―七三年)、『キュウリとトマト』(一九六八―七六年)、『豆を例にした代替問題』(一九六八―七七年)、『天使のような女たち』(一九六八―七三年)の五作品で、これらはすべて一九六八年から制作をスタートしたものだが、その制作スパンは規模に応じてまちまちであり、アンサンブル作品第一号とされている『ミラー・アンサンブル』にいたっては二十一年間にも及んでいる。引き続き、六九年に制作が開始されたアンサンブルは、『芸術家であること』(一九六九―八五年)、『チューリップ・アンサンブル』(一九六九―九二年)、『アンサンブル、装飾とともに』(一九六九―七九年)、『S氏の肖像』(一九六九―八九年)の四作品だが、それらは個々に派生してアンサンブル・シリーズなるものを形成している。例えば『芸術家であること』の最初のアンサンブルは『芸術家であること――自然をモデルにして描くこと、例えばシナノキの葉』(一九六九―八五年)だが、これはその九年後の七八年に、異なるサブタイトルがついて再度同一テーマのアンサンブル・シリーズを形成していて、『芸術家であること――自己演出、自己理解とその方法の発生』(一九七八年)や『芸術家であること――方法について(アンサンブルにおける描くこと、経済的視点を仲介することへのジレンマ)』(一九七八―八五年)や『芸術家であること――始まりについてのアンサンブル(=始まり)――それ以前のそれ』(一九七九年)へと、異なる展開を見せている。

以後の主要なアンサンブルは、ヴェネチア・ビエンナーレにも出品され、また彼女の死後ニューヨークのコンテンポラリー・アートセンターでも展示された『違うということ――「彼女はなんだかとても違う…」』(一九七〇―八六年)や、ボン芸術連盟の呼びかけによって、ボン連邦美術館へのコンセプト作品として制作した『芸術家の問題解決任務』(一九七八―八四年)、そして数少ない彼女の常設展示作品の一つとして、現在ハンブルクのアルトナ市役所内に展示されている『感情の身振り――「巨大で力強く権力を誇示するオブジェを作れ!」』(一九八四―九二年)と続く。遺作となったといえる最後の大規模なアンサンブルは、『逆説的な企て――真っ青な嘘』(一九八八―九二年)だが、これまでの灰色、茶色、黒色、赤色をベースにしたアンサンブルとは大きく異なり、青をベースにした鮮やかな色合いが印象的である。
ホスマンによれば、これらアンサンブルはおおよそ次の五つのテーマ群に分けられているという。(9)

—六〇年代後半の、とある女性芸術家、妻、小さな子どもの母の状況
—世界における自己の位置と他者との関係性（アウトサイダー性、愛情、友情、敵対関係、職業）
—同僚や友人たちの肖像
—芸術家であることの個々の条件、および芸術を制作すること、芸術を販売すること、芸術を仲介すること
の経済的・社会的・心理学的前提
—毒美学的・哲学的で精神史的な問題提起

ただし、オッパーマンにとっては、どのアンサンブルも基本的に決して完成するものではないため、一つのテーマはその後数年をかけてさらに進化し、発展していくものだった。なおかつ、これらのテーマは必ずしも一つのアンサンブルに統一して登場するものではなく、横断的に、あるいは複数的に、融合されたり並列されたりしながら展開していくのである。その複雑な構造を表現しているため、アンサンブルの全体像を一言で表現しようと試みれば、それは「カオス空間」というほかない。同時代の批評家たちは、彼女のアンサンブルをビーダーマイヤー時代の小市民的な劇場模倣の手法である「小さな劇場」や「子ども劇場」を彷彿とさせる「紙の劇場」という言葉を用いて「強迫観念の包括的な紙劇場」と称したというが、(10)確かにアンサンブルの中央部あるいは底部ともいうべき、展示空間の角、あるいは床部分には、写真やスケッチ、ちぎった新聞・雑誌の切れ端が無数に密集していて、吹いたら飛びそうな脆弱なイメージを醸し出している。ただしその個々のイメージは、よく見ると、繰り返し形や大きさを変えて、あるいは周囲の断片とともにさらに一つのイメージとしてスケッチされ、あるい

は写真として反復しながら徐々に周辺へと拡散している。実はこのカオス空間にはある種のルールが存在しているのである。

2 手法としてのアンサンブル

それではアンサンブルとはどのような手法なのか。今日、合奏を表す音楽用語として、あるいはファッション用語として定着しているこの言葉は、フランス語の原義では「ともに」という意をもつ副詞、あるいは統一・調和を示す名詞を指す。この言葉を用いた自身の「アンサンブル・アート」なるものについて、オッパーマン自身がさまざまな機会にさまざまな表現で説明しているが、なかでも一九七八年発行の「国際芸術フォーラム」誌所収の「アンサンブルとは何か」には、その方法を具体的な手順とともに次のように説明している。

方法：
リアルなオブジェ（最初は木の葉などの自然からの拾いモノから始まり、その後は人間や出来事、言説など）から出発し、以下の段階へと自己展開する。

1、瞑想
↓
2、カタルシス

・ここで意図されているのは、無意識な、あるいは前‐意識的な言説を生み出すために、そしてそれを可能なかぎりスケッチやメモのかたちで固定するための（ビデオや録音テープでもいい）できるかぎり自然な、部分的には自動的な（主観的な）、オブジェに対する反応（そして拒絶）と連想。これが多声（ポリフォニー）的な拡張段階であり――そこではすべてが許されている――また社会の価値基準からはみ出るようなもの（離人症、投影、分裂症）の描写。カオスはもちこたえられなければならない。この段階での結果は、必然的に取るに足らない個人的なコメントも多く発生するわけで、オフィシャルにプレゼンされるアンサンブルでは、すべてが役立つわけではない。

←

3、内省（フィードバック）

・スケッチや様態写真はここにまとめられる。ある距離をとるために。言葉の領域では、はじめて個々の説明や連想がおこなわれる。その可能な原因―動機―他者の引用集に照らし合わせて。

←

4、分析（全体の連関を生み出す試み）

・細部と中間結果はグループごとに並置され、対置され、ほかのフレームや連関、価値システム（学際的には心理学や哲学、社会学などの領域からのテクスト）と比較され、問題の範囲を指し示すような、アンサンブルに特徴的なテーマと方法を包括するダイヤグラムが形成される。視覚的な領域では拡大（特大の写真カンバス、画像）による強調、多くのディテールは第三者にはもはや認識不能で理解不能な様態写真によるまとめ（縮小）によって抽象化される。(11)

ここでまず興味深いのは、自然からの拾いモノであるオブジェに関する「瞑想」という出発点と、最終段階である「分析」でのダイヤグラムの提示という着地点だろう。また、出発点としての「瞑想」や「カタルシス」

「フィードバック」「分析」といった用語は、精神分析で用いる意識下の世界の表出手法を容易に想起させる。

すべてのアンサンブルに共通する出発点としての植物は、アンサンブル第一号である『ミラー・アンサンブル』ではクレソンと白樺の葉、『主婦であること』ではサボテンや一輪挿しのユリの花、カラ、ヘーゼルナッツ、『キュウリとトマト』ではキュウリとトマト、そしてきざみネギといった台所を連想させるものや、身の回りに存在する植物のほかにも、モミやシクラメン、シナノキの花の葉、チューリップ、セントポーリアやダリアなど多岐にわたる。それぞれのアンサンブルには、個々に「関連植物」が指定されていて、それらはいわば、アンサンブルという個々の物語の入り口に置かれる。

オッパーマンはこの植物をめぐる「瞑想」の最中に体験する、アンサンブルが誕生する際の興奮を、「アンサンブル手法誕生の物語」として、きわめてわかりやすい言葉で次のように述べている。

当時、六〇年代半ば、あるオブジェ、ある植物だが、その葉を鏡に映したり、自分でスケッチしたりして、しっかりと強く観察することが、いつからか、私にとって、とてもすばらしい体験になったのが始まりだった。この瞑想状態、私とある事物とが融合するこの体験を、そのとき私は再現したいと思った。この心地よい状態を自分の記憶にとどめておきたいがゆえに。そして、ほかの人たちも追体験することで、まったく同じ幸福な体験ができるように。(12)

植物と私との対話といったスタイルや、事物からのインスピレーションという点では、シュルレアリストであるアンドレ・ブルトンの自動記述による詩学に通じるものがあるし、詩学での試みである自動記述に強く影響され、美術表現として無意識を導入したジャクソン・ポロックのアクション・ペインティングを、類似の行為として思い出すこともできるかもしれない。ただし、自動記述のそれが、事物という対象や偶然の出来事をきっかけとして、無意識という人間の内奥に迫り、その色形を表出し、その声を聞き取ることに集中しているとすれば、オッパーマンがアンサンブルの入り口に据える植物は、「きっかけ」ではなく、常に目的も兼ねた存在なのだ。植物の姿を注意深く観察し、鏡に映し、写真に撮り、またスケッチすることで、植物の声に耳をすますうちに、植物という人間の「外」に位置する事物との、対話の可能性を開くことに集中しているのであり、両者にとって、スタートとしての事物の位置づけはかなり異なるといわざるをえない。

このことを裏づける意味でも、興味深いのは、「アンサンブルの中心は人間ではない」というオッパーマン自身の言葉だ。ハンネ・ロレックはこの言葉に注目し、人間を認識の主体者であるとともに対象物に据えることで真理を探究する人文科学というものの限界を追求したミシェル・フーコーの『言葉と物』(一九六六年)からの影響を指摘したうえで、「人文学的な探究や、無意識を知るためのディスクールには同意しない」というオッパーマンの言葉から、人文学的ジレンマを脱するために彼女はアンサンブルの手法を構築したのだと分析している。[13]そういう視点で眺めてみると、すべてのアンサンブルの入り口である植物は、アンサンブルという物語を紡ぎ出す中心に位置するといえる。

ただし、人間がアンサンブルの中心からずらされているとはいえ、そのことは決してオッパーマンがアンサンブルの作者としての立場を手放していることにはならない。むしろ逆で、彼女は常に、ありきたりで、感情的で、独自で個人的なものを大切に作品に描いていて、その点でアンサンブルは、一九七〇年代のコンセプチュアル・アートが好んでおこなうような余剰なものの切り捨てとは対照的な手法をとる。その作品からは決してロラン・バルトが現代文学の傾向として提唱したような「作者の死」は読み取れない。そのため彼女の作品は、匿名性をパフォーマンスの中心に据えたフルクサスやポップ・アート、ミニマル・アートやアルテ・ポーヴェラといった時代の潮流からも孤立している。また、政治的であれ反政治的であれ、時代の意識を反映し、ある種のイズムを掲げる作品が好まれた「ドキュメンタ6」でも異質の存在だったという。[14]

なぜ、何のために、どのようにして私なのかという疑問。そして他者は、あるいは状況は、なぜ何のためにどのようにしてそうであるのかといった疑問から、私はアンサンブルという方法を発展させた。今日の情報と刺激の氾濫という事態にどうやって個々でいられるのかという、あのみんながよく知るジレンマに陥って。[15]

アンサンブルの中心は決して人間ではないといい、一九六〇年代に集中的になされた反・人文主義的な問題解決と歩みをともにしながら、私の問題を手放さず、アンサンブルの作家性を否定することもないというのは、一見すると矛盾に感じるかもしれない。しかし、オッパーマンによるこの潔いほどの私という作家性の強調は、決してアンサンブルによって提起する問題の中心なのではなく、個であるための一つのサンプル提起だと解釈すべきだろう。そうなると、いっそう興味深いのは、植物との対話という彼女が脱人間中心主義を実現する手法の出発点とした「瞑想」の次に据えた「カタルシス」や「内省」「分析」で、どのように私の問題は解決していくのか、その具体的な展開となる。

ここでキーワードになるのが、「瞑想」段階の次に位置する「カタルシス」での「多声的な拡張段階」である。彼女の説明に従えば、「瞑想」で発生するオブジェに対するさまざまな連想や拒絶を含めた自分の反応は、それが社会の価値基準から逸脱するものであっても、切り捨てることなく、次々に発露するままにさせるという。「カオスは維持されなければならない」というその言葉どおり、この「カタルシス」段階のイメージを固定するための写真やスケッチは、ほぼすべてのアンサンブルの中心部分に集中していて、数の膨大さと配置自体の無秩序性によってきわめて雑多で密集したカオス空間を形成している。

オブジェに対する反応のイメージの一つとして、一般的な社会の価値基準から逸脱するものである、離人症や投影、分裂症という心理学用語をあえて意識的に並置することを指示する点は、オッパーマンの人文主義的なスタンスへのアンチテーゼとして読み取るべきだろう。通常は異常心理として排除されるような反応もまた、オブジェとの対話で発生する無数のイメージの一つとして承認され、決して排除されることもなければ区分けされることもない。オッパーマンはアンサンブルでそれらをあえてカオスとして保持する意図を次のように表現している。

個々の経験や性質に基づくべき、自然で主観的で本能的な反応方法というのは今日疑わしいものとなってしまった。それは、そこには絶えず特定の操作や広告メカニズムがはたらいているとわかってしまって以来、そしてまた、心理学と社会学が、人間の「外化」を必ずしも才能として認めず、むしろ「欠陥」や「狂気」「強迫神経症」「エゴイズム」に結び付けて以来のことよ。(16)

この「疑い」を疑うこと、つまりあくまで自然で主観的で、本能的な反応というものをできるかぎり現前させるための段階がこの「カタルシス」なのであれば、無数のイメージを増殖させていくこの拡張段階での多声性（ポリフォニー）とは、社会的な抑圧によって封じ込められた声を個がどのようにしてできるだけ多く浮かび上がらせるかという意味で、個の声の聞き取りであると同時に、個が代弁する他者たちの声の聞き取りでもある。その聞き取りを可視化し、イメージとして固定する手段が写真であり、スケッチであり、メモという記録媒介としてのメディアということになる。

さらに、記憶媒介のメディアとしての写真は、「カタルシス」の次の段階である「内省（フィードバック）」では、増殖したカオス的なイメージによって提示された多様な反応を、再度内省的に振り返るために、それらを個々のまとまりとして写し、「カタルシス」での断片的なイメージをさらに集約された断片へと移行し、いわば距離化し、分析する役割も果たしている。さらに、最終段階である「分析」では、そのほかの世界価値との対比を指し示すテクストの引用とともに、全体の連関性を指し示すビジュアルな手段として、特大の写真カンバスや縮小化された様態写真を使用しているように、写真は分析の手段であるとともに、それ自体がある種の結果としても提示されている。

3 ハイパーメディア空間としてのアンサンブル

ここで、オッパーマンがアンサンブルという手法の思考イメージを描写したダイヤグラムを参照してみよう。彼女はこうしたダイヤグラムを何パターンにも記しているが、写真は、「カタルシス」段階で記録メディアの一つとして用いられたり、「内省」段階で「距離化・分析」の手段として集約された断片を構成したり、さらに最終的には、次のアンサンブルへの入り口になったりと、それぞれの役割を担いながら、次の段階への導き手となっているのが理解できる。このように、写真は、アンサンブルではきわめて重要な移行手段であり、構成要素であり、かつ結論でもある。

オッパーマンのアンサンブルでの「写真」のこうした役割は、当時のフェミニン・アヴァンギャルドの担い手たちが、写真を自己の複数化を表現する手段として好んで使用していたことと比較することができるだろう。彼女たちにとってセルフポートレート写真は、自己の複数形を証明する重要なツールでもあり、その意味で一つの完結したリアリティーを表象するメディアだった。一方、写真はアヴァンギャルドの歴史では、常に不可視の世界の可視化を追求・実現するための哲学的なツールでもあった。光の造形としての写真を追求したハンガリー・アヴァンギャルドのモホイ＝ナジとその妻ルチアは、単なる複製技術にすぎない写真というメディアを、フォトグラムの制作やフォトモンタージュという手法による光の凝縮や構成によって、創作の技術に変えた。いわば「再生産」のメディアだった写真を「生産」のメディアへと導いたのである。写真というメディアが、対象物により接近するとき、存在しなかったはずのものを生み出すことで、対象物と世界との間には新たな関係性が生まれていく。この点、オッパーマンのアンサンブルでの写真は、オブジェからの反応を固定する手段として使用された際の「完結性」とともに、それが常に次の段階へとつながっていく「連結性」としても機能し、なおかつ一つの結果となり、次のアンサンブルへの入り口へと結び付いているという点で、二つの意味をもつといえるだろう。つまり写真は、常に細部にとどまりながら、同時に全体でもあるという構造を実現させている、アンサンブルという身体そのものであるとともに、個々の独立した細胞なのである。

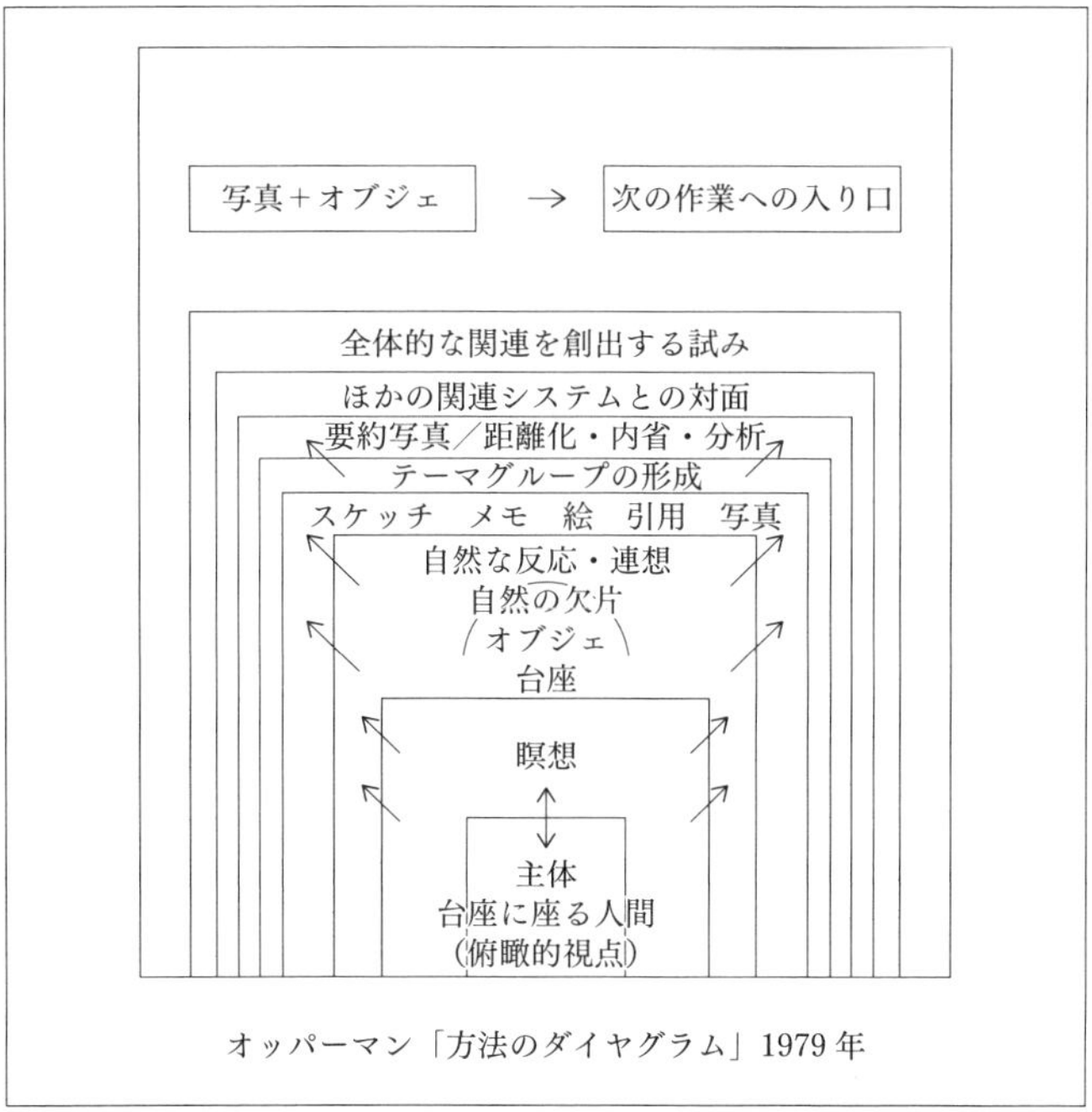

図1　アンナ・オッパーマン「方法のダイヤグラム」1979年［筆者訳］
（出典：Vorkoeper (Hrsg.), *Anna Oppermann Ensembles 1968－1992*, Stuttgart 2007, S.54.）

　ハンブルク美術館で二〇〇四年にアンナ・オッパーマンの展示室が再開室された際に発行されたブックレットで、メディア論研究者クラウス・ピアスは、オッパーマンのアンサンブルをメディアールな空間だと評し、一九六〇年代後半からのハイテクノロジーを駆使したアートとはまったく違った外観であるせいで見落とされてきたが、彼女は「デジタル時代の身体を先取りしたメディアアーティスト」[17]だと指摘した。彼が着目しているのは二つの点である。一つは、アンサンブル内の事物のメディアールな関係性である。なかでも「内省」や「分析」段階での写真の使用法で、「その媒介行為は、一方ではグループ分けされ、整理された個々の要素の内部で展開し、もう一方では大小の要素間で、さらには個と全体の要素間で展開[18]」している点だという。そしてもう一つは、アンサンブルという空間と鑑賞者との関係性でのメディア性である。アンサンブルを目にした鑑賞者が感じる視覚上の混乱を、「遠くからの概観と近距離でのディテールといった異なる二つの提案を絶えずしてくる」とし、次のように述べている。

二つの方法で、オッパーマンのアンサンブルは可視性の境界を操作しているのである。美術館の限られた空間で、十分に全貌を見渡せるほど遠ざかれないということと、一つひとつの細部を解読できるほどまで近くにいけないということで。[19]

アンサンブルの構造が引き起こす鑑賞者のジレンマを、このように「可視性の境界操作」ととらえるなら、それはまさにカメラレンズの操作性と似ている。事実、ピアスはさらにアンサンブルをよく見ようとするなら、「広角レンズを、またある場合には望遠レンズを使用しなければならない」とカメラに例えている。このアンサンブルに対する鑑賞者の視点は、オブジェに対して「瞑想」し、反応―連想という「カタルシス」を経由しながら「内省」し、「分析」し、全体の連関性を導き、また再び新たなアンサンブルへと導いていく作者オッパーマンの視点そのものに重なっていく。このことは、オッパーマンにとってのアンサンブル制作の動機と合致する。「方法のダイヤグラム」に記されている「台座に座る主体」のポジションは、観察者が座るべきポジションであり、そのときアンサンブルは、鑑賞者にとって、メディアールな知覚の空間体験ゾーンと化す。

ピアスが指摘するオッパーマンのアンサンブルのハイパーメディア性は、実際に新たなプロジェクトを生み出している。二〇〇四年に、マルティン・ヴァルンケを中心としたリューネブルク・ロイファナ大学文化デジタルメディア美学研究所（ＩＣＡＭ）がハンブルク美術館に展示されたオッパーマン作品をデジタル化してＤＶＤにし、〇六年六月から〇九年五月にかけては、さらにベルリン・フンボルト大学との共同プロジェクトへと発展した。連邦教育研究所の助成を受けた「ハイパーイメージプロジェクト――図像による電子科学ネットワークの構築」というこの共同プロジェクトによって、オッパーマンの作品の一部は「ハイパー美術館」を代表する作品として現在もオンラインで閲覧可能になっている。[20]

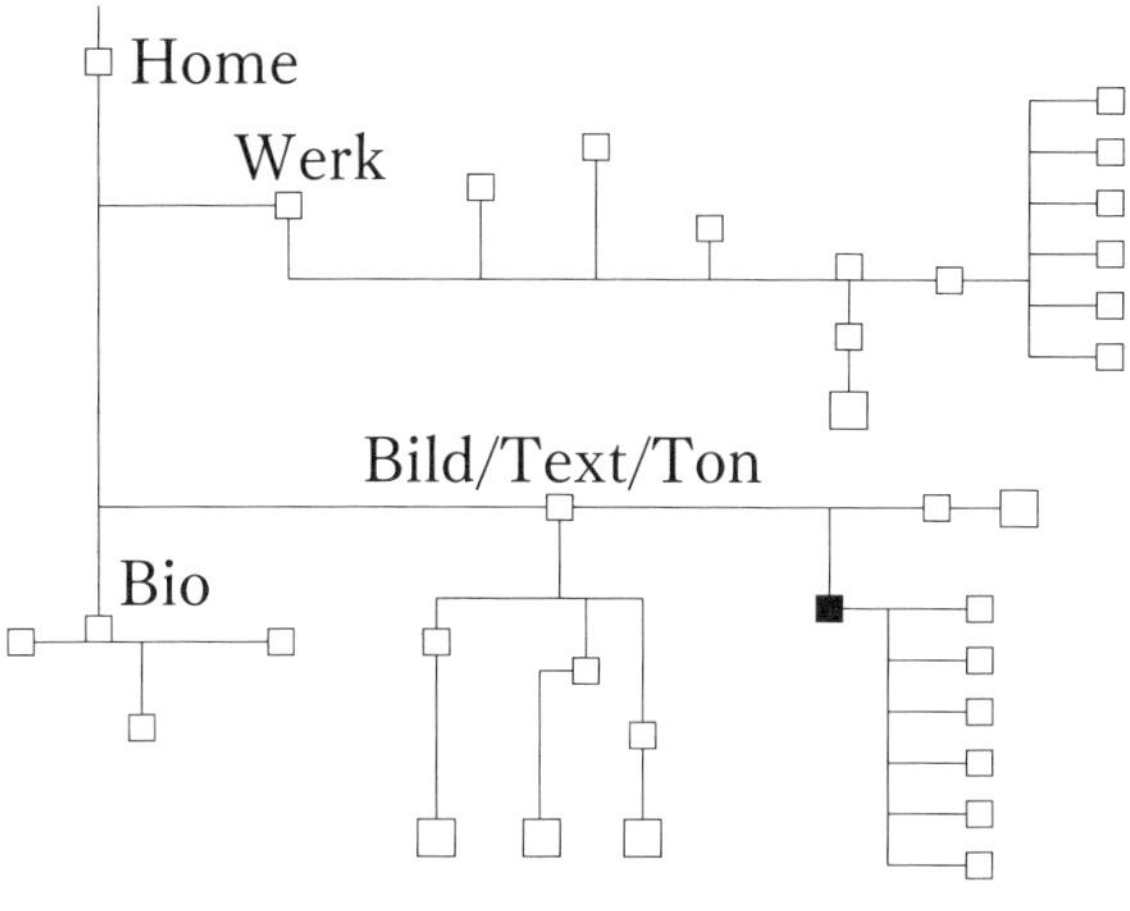

図2　『ハンブルグ美術館のアンナ・オッパーマン』（2004年）ブックレット付録 DVD のタイトルメニュー
（出典：Uwe M. Schneede u. Martin Warnke (Hrsg.), *Anna Oppermann*, Hamburg, 2004.）

このプロジェクトによって、七十七に及ぶアンサンブルのうち常設展示されているものは三つと極端に少なく、また実際に展示したものを調査するにしても、個々の引用の中身や、画像の細部をもれなく特定するのはきわめて困難だったというオッパーマン研究上の問題が飛躍的に解消された。特に、個々のアンサンブルのテーマ性の探究という点での貢献は計り知れない。現在ウェブサイト上で一般公開されているものは『カンバス上の油』（一九八一―九二年）、『MKÜVO（コンパクトで全体が見渡せる売れる作品を作れ）』（一九七九―九二年）、『MKÜVO――窓際』（一九八四年）、『ゲーテという要因』（一九八一―八九年）、『抱擁す

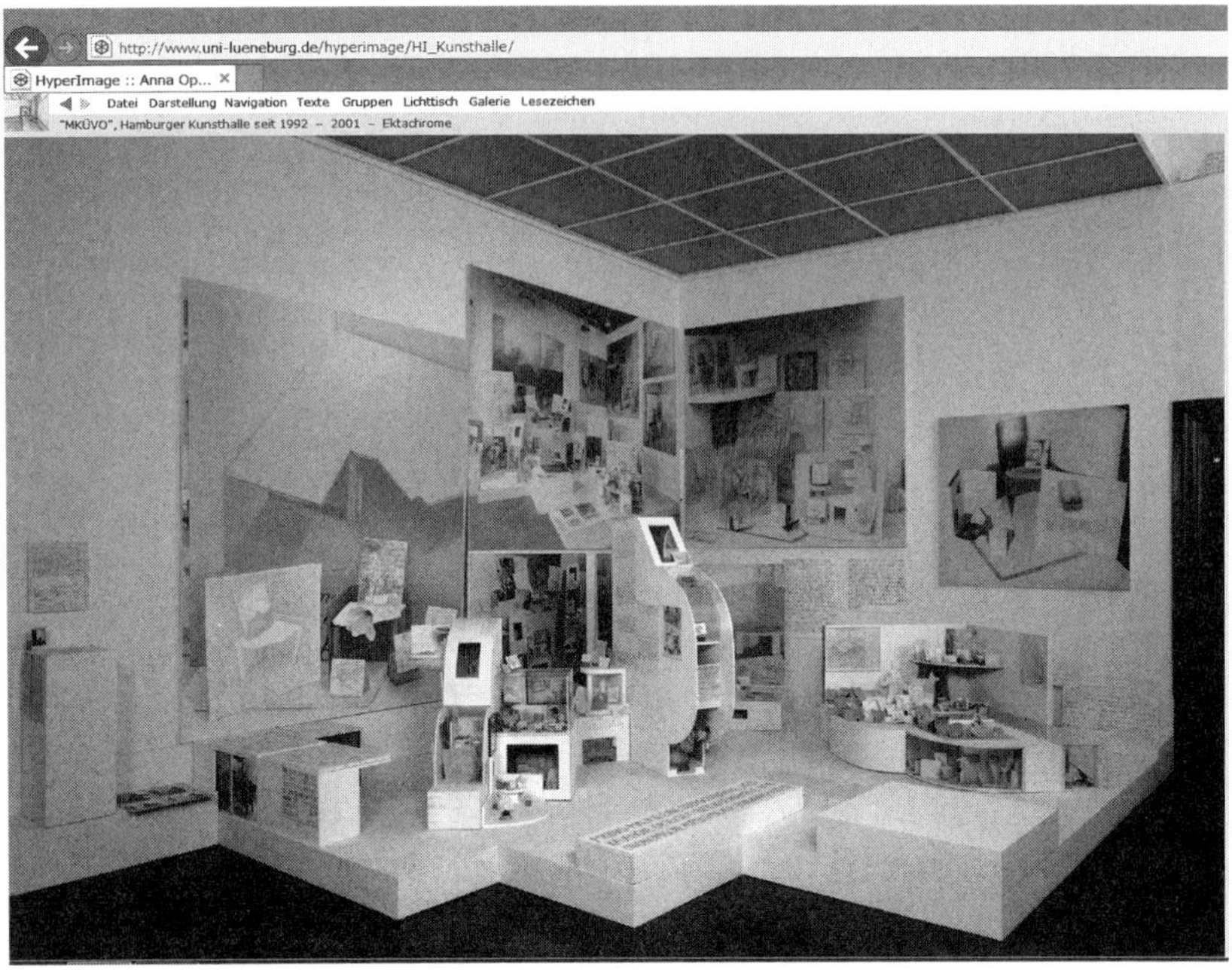

図3　ハイパーイメージプロジェクトによってオンライン上に公開されているアンサンブル『コンパクトで全体が見渡せる売れる作品を作れ！』（1979―92年）。アンサンブルのオリジナル出典は2001年にハンブルク美術館で展示されたもの
（出典："Anna Oppermann in der Hamburger Kunsthalle"〔http://www.uni-lueneburg.de/hyperimage/HI_Kunsthalle/〕［アクセス2015年8月1日］）

ること、説明できないもの、そしてリルケの一編の詩』（一九七七―九二年）の五作品だけだが、より多くのアンサンブルのオンライン化が待たれることはいうまでもない。

　ピアスは二〇〇四年に、オッパーマンの作品をデジタル化した際に発行したブックレットで、彼女の死んだ年が一九九三年というインターネットが世界的に飛躍的な普及を果たした記念すべき年だったことを偶然の一致としながら、アンサンブルがハイパーメディア化されたことで、「おそらくオッパーマンの長年の夢だった、鑑賞者が個々に自分のアンサンブルを形成することができ、少なくとも彼女が自分のアンサンブルを壊さないですむだろう」[21]という文章で締めくくった。確かに、アンサンブルのメディアールな空間はオンライン上でも、展覧会に足を

運ぶのと類似の体験を可能にするかもしれない。しかし、同じかといえばそれは違う。オッパーマンのアンサンブルをじかに鑑賞する者が感じるジレンマは、ミクロとマクロの視覚情報が同時に迫ってくるいわゆる臨床体験で発生するのだから、そこで鑑賞者は直感的に反応する余地がある。その余地こそ、オッパーマンがアンサンブルの初期段階に据えたオブジェへの反応や連想の段階に置き換えられるカオスなのであり、この鑑賞者の拒絶を含めたありのままのエモーショナルな反応は、冷たくデジタル化されたハイパーメディア空間では十分に再現できない。

ここで再考しなければならないのは、アンサンブルという、内部のネットワークと外部のネットワークへの接続が相互に複雑にリンクしあいながら展開するそのハイパーメディア的な空間を、オッパーマン自身は置換可能な匿名性のあるシステムとして構築することを拒否している点である。繰り返しになるが、彼女は自らの作家性を決して手放さない。アンサンブルにはいたるところにオッパーマンの私的な世界の断片がちりばめられている。イマジネーションとしての私だったり、純粋なセルフポートレートだったり、またときには生身の彼女自身が作品内部に腰かけている場合もある。そしてまたそのつど新鮮な自然からの拾得物を作品の中心部に据えることで、複製メディアという手段を手段としても構造としても巧みに利用しながら、失われるはずの「一回性」、ヴァルター・ベンヤミンがいうところの「いま・ここ」を作り出すのである。こうしたことすべてによって、作品の代替不可能性を主張し、さらにいえば、社会における芸術の部分化やその消費に抗っているのが、オッパーマンの作品なのである。

なぜ代替問題なのか。——一九六八年に開始されたアンサンブル作品の一つである『豆を例にした代替問題』（一九六八—七七年）制作をめぐり、経済用語として使われるタームと豆の奇妙なコラボレーションをタイトルにしたことの意図を聞かれたオッパーマンは、その当時主流となっていた社会政治的な芸術評価に対するアイロニーであると答え、次のように説明している。

それは、当時の時代のニーズに対する一つの皮肉なの。当時は、芸術的な作業は、ただそれが社会政治的な関連があるときにだけ、つまり社会を変化させたり、よくしたり、あるいは社会にとって有用だとされるときだけ許容されていた。この要求を果たせないすべての芸術的作業は、代替問題だと議論され中傷されたわ。(22)

ここで彼女が語っているのは、「一九六八年運動」を契機に強まった「変革のための芸術」といったモットーが、芸術をイデオロギー化していくことへの危機意識だろう。時代に受け入れられるような、わかりやすくシンプル化されたアートへの抵抗は、一九八〇年代に入ってもさらに先鋭化されていて、彼女の作品制作を貫いている思想だととらえられる。つまり、オッパーマンのアンサンブルのハイパーメディア性とは、鑑賞者が制作段階を追体験できる構造であり作品の特性ではあるものの、彼女が意図的に生み出すカオス的な複雑さと解読不可能性を体現し保持するために絶対必須の条件ではないのだ。

4 〈六八年〉の「痕跡保全」としてのアンサンブル

代替不可能性の表象——それは、アンサンブルの特性であるハイパーメディア性、すなわちイメージからイメージへの往来を通して、断片的イメージを結び付ける運動にあるのではない。その運動を通しても、決してアンナ・オッパーマンを「復元」させることはできないということを彼女自身が意図しているのだから、やはり重要なのは個々のアンサンブルのなかで、どのように意識が実現しているのか、個々のイメージの展開に結び付いたその主体的な仕掛けを綿密に解いていく作業ということになるだろう。その際、重要な手がかりになるのが、アンサンブルの「アーカイヴ性」である。アンサンブルとは代替不可能なアートのあり方を模索するオッパーマンという作家の行為であると同時に、またそこに配置された多くのイメージは、彼女の模索を実現する装置であり、その記録場所でもあるからである。

アーカイヴには、文書とその記録保管所という二つの意味がある。スケッチやメモなど手書きの資料、新聞・雑誌の切り抜きや広告の一部などの印刷物、チケットや拾得物を含め、作家、ないしある出来事の痕跡を伝えるための個人的・周辺的資料自体のことと、そうした資料の集積「場所」という、二つの意味である。このアーカイヴという、歴史の記録手法としてはきわめて無機質な手続きを、「一つの文化で言表の出現と表出を決定づけ、言表の残存と消去を決め、出来事にして物だという言表の逆説的な存在を規定している規則のゲーム」[23]を意味する用語と定義し、人文科学的な知の根源へとさかのぼる手続きを超えるための思考実践としてとらえたのはフーコーである。ただし彼は、『作者とは何か』（一九六九年）で、作品概念を否定したように、「アルシーヴ」（アーカイヴ）によって復元される痕跡自体に権威ある独自の領域を認めることはなかった。

オッパーマンの死の直後である一九九四年、ウテ・メタ・バウアーが編集する「メタ3」でアートのアーカイヴ性を特集した際、オッパーマンが取り上げられたのは興味深い。その論考で、ウテ・フォアケーパーは、このフーコーによる作品概念の否定にふれながら、オッパーマンの死後に残されたアンサンブルを「追想」し「新たに考える」ことが、そのアーカイヴ性を考える際のクリエイティブな側面だと述べた。さらにフォアケーパーは、そもそもアーカイヴの構成要素は一般的にはシステム的で直線的な時系列をなすドキュメントや書類、証明手段の集合体であり、それはある特定コードによって呼び出し可能な性質をもつとしたうえで、その保全と呼び出し可能性という特性を考えれば、むしろオッパーマンのヘテロジニアスな構造であるアンサンブルは、その対極にあるとする。にもかかわらず、彼女のアンサンブルで、常にアーカイヴというメタファーが登場する点、さらにその使用が主に「思考のアーカイヴ」「プロセスのアーカイヴ」「記憶のアーカイヴ」といった、むしろアーカイヴ性とは対立するような非物質的で流動的な概念と結び付いて使用されている点に着目し[24]、そのアーカイヴ性を次のように特徴づける。

アンサンブルの構成要素を出来事（事のなりゆきから生じた排出物やプロトコル）が集積されたドキュメントだとすると、アーカイヴ・メタファーは「記録資料」として、よりよくいえば「保管資料」として、限定的に適用することしかできない。なぜ限定的かといえば、アンサンブルにおける「アーカイヴ」では、その記憶資料のどの一つも落ち着きをもたないからである。どの一つの部分も独立しておらず、そのためある一つの出来事を再現することはできず、それが織り込まれ、意味をもつ、あらゆる出来事の一部分にとどまるほかないからである。[25]

フォアケーパーが指摘する、オッパーマンのアンサンブルの限定的な「アーカイヴ性」とは、このようにある特定の出来事を代弁するための断片の集合体ではなく、いわば断片化のための断片のような、終わらない痕跡調査を意味する。その意味ではむしろ彼女のアンサンブルは、アートによるアンチ・アーカイヴ的な局面を切り開いている作品の一つとも位置づけられるだろう。

一方、フォアケーパーのように、アートにおけるドキュメンテーションの位置づけを、その個々のイメージの配置やアーカイヴ性の特徴まで追求して考察したわけではないものの、一九七〇年代前半に記録としてのアートのあり方が注目され、そのようなアート作品が集中的に作成されたとき、当時の美術史家ギュンター・メトケンはそれらを「痕跡保全アート」と命名している。オッパーマンもまた、この傾向をもつ作家の一人として取り上げられていて、このことが「ドキュメンタ6」と七七年のハンブルク美術館での展覧会で展示されるきっかけにもなった。

メトケンは、この「痕跡保全」という用語は、特定の運動やグループに関わるイズムとは異なるとし、その概念は、「六八年運動」、つまり「覚醒が浸透することへの失望」後に一般的に見られる新たなポジションを包括するものとしている。[26]「六八年」を「失望体験」と意味づけているにせよ、それが「痕跡保全」の所与の文脈だと指摘している点は注目に値する。なぜなら、個別の存在性への探究に向かった当時の芸術家たちのスタート地点に、出来事としての「六八年」が、この手法と傾向を生み出した大きな要因として存在していることを指摘しているからである。

ただし、メトケンもいうように、痕跡保全アーティストたちは「一九六八年後」という同一のポジションをもちながら、その探究の方法も、導かれる「個」なるものの方向性もまちまちの展開を見せる。例えばその筆頭として注目されているクリスチャン・ボルタンスキーが「個」への探究を、ユダヤ性、なかでも歴史における彼らの不在から開始するのに対し、オッパーマンは、一九六八年に最初のアンサンブルとして制作した『ミラー・アンサンブル』をはじめ、『主婦であること』『キュウリとトマト』『彼女は違う』などの作品で顕著に見られるように、女性性、女性芸術家としてのアウトサイダー性といった、自らの日常を取り巻くイメージによって探究を開始したといえる。

オッパーマンのアンサンブルが「一九六八年」の「個」による社会性に対する大きな問いかけを独自に引き継ぎ、その意味で「一九六八年」というものの痕跡保全として読み解けるのだとしたら、実際の作品で、個々のイメージ断片に、そしてその展開から生み出されるさらなる断片に、具体的に何が配置され、どのような連想が引き出されたのだろうか。このことを個々のアンサンブルの個別のイメージの展開にできるかぎり即して検証してみたい。オッパーマンは常に自らを「アウトサイダー」であり「はずれ者」だと公言していた。だからこそ彼女のアンサンブルは、外部への接近を試みる無数のイメージによって、社会なるものの不可視の輪郭を強烈に浮かび上がらせてくれるのである。

5 アンサンブル『主婦であること』――イメージとしてのジェンダー

オッパーマンのアンサンブルで、テーマとしてのジェンダーは、わかりやすく全体的に扱われている場合や、細部にイメージとして配置されている場合も含めて、ほぼすべてに読み取れるといっていい。また、オッパーマンは主体性の位置をずらしたり、矮小化させるための分裂化や複数化を試みないので、その作品のジェンダー・イメージは、まず彼女の日常である「主婦」「女性芸術家」といったきわめてわかりやすい場所から始まっていく。さらに、こうした彼女の日常のジェンダー・イメージを展開させる「場所」は、キッチン、ダイニングテーブル、キッチンの窓辺といった、具体的に彼女が日常を過ごした特定の「場所」を容易に想起させる。

一九六八年に彼女が多くのアンサンブルとともに制作を開始した『主婦であること』は、そのためきわめてわかりやすく彼女自身のライフスタイルを指し示すものと解釈されることが多い。一人息子を抱え、女性芸術家としての作業のかたわら、家事と子育てに忙殺される日常を送っていただろう当時二十八歳のオッパーマンが抱くジレンマがそこに映し出されているのは、当然といえば当然である。彼女自身、作品『主婦であること』に対して、その背景を問われると、率直に「女性芸術家」であり「主婦」だという当時の状況を語っている。

もちろん、女性芸術家であり主婦であるという役割を押し付けられることには、アレルギー反応があった。なぜなら、主婦であり女性芸術家であるということは、無知で、独学者であることと同意だったから。そんな者のすることはとにかく正しくないもので、正しいなんてことがあれば不名誉だと信じ込まれていた。(27)

写真2　アンナ・オッパーマン『主婦であること』（1968―73年）、1973年のクンストハウス・ハンブルク（Kunsthaus Hamburg）での展示
(出典：Hossmann u. Oppermann (Hrsg.), a.a.O., S.40.)

しかし、家庭に縛られた状態で、芸術家として外に出ていくこともできず、主婦であり母であるという孤独な悪循環を打ち破れないという当時の危機感が、『主婦であること』制作のモチベーションなのかと続けて問われると、彼女は次のように答えている。

アンサンブル『主婦であること』は、主婦であること／女性芸術家であることの問題性にアイロニカルに迫り、暗示したもので、必ずしも百パーセント自伝的なものではないけれど、自分に迫ってくる危険が何か、意識化する助けにはなった。このアンサンブルのモチーフは「ダイニングテーブルの上での、キッチン家具の爆発」よ。[28]

実際、ダイニングテーブルは、ミニチュアのテーブル、スケッチ、写真、さらにそれらを撮った写真というように、幾重にも反復して『主

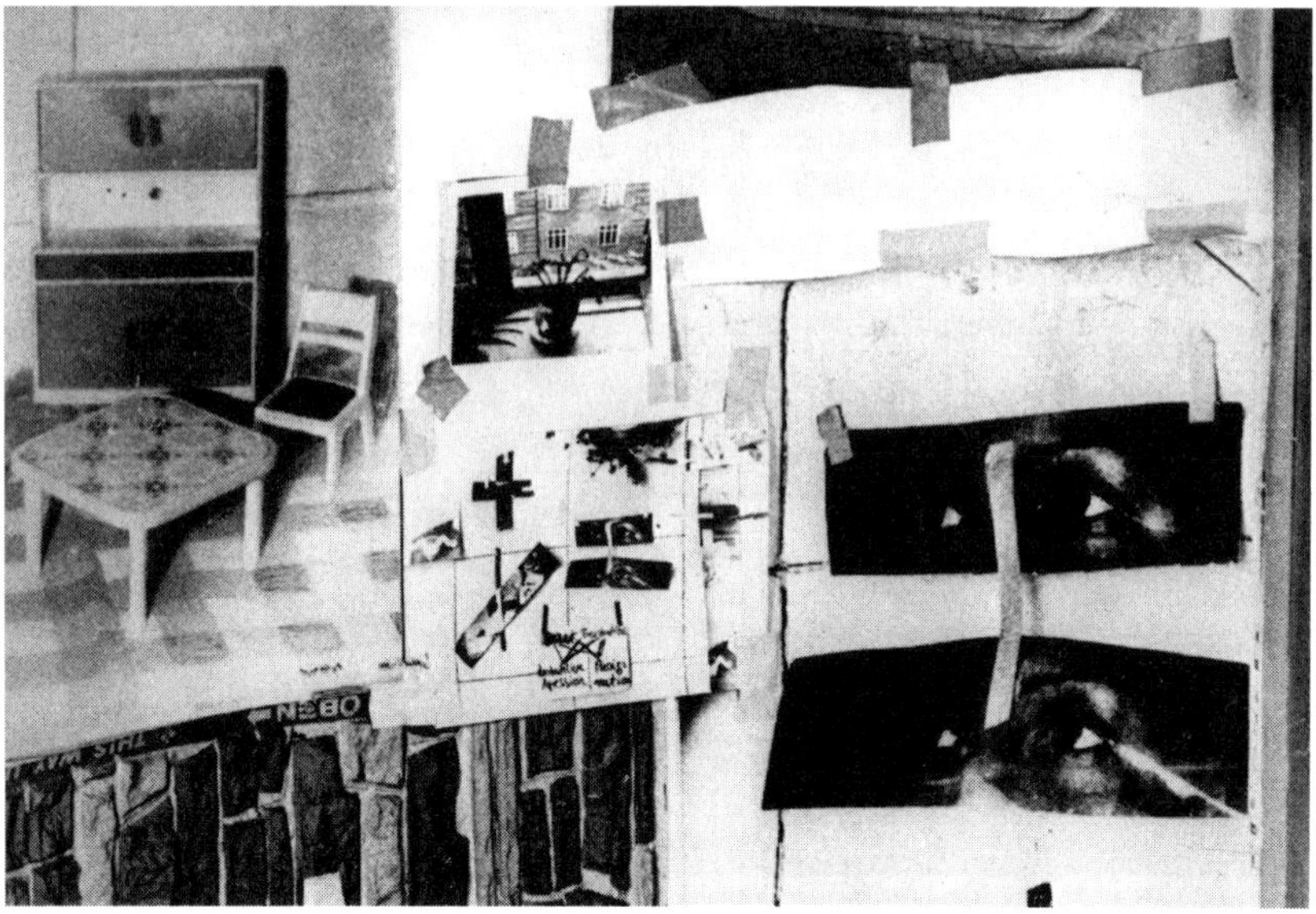

写真3　アンナ・オッパーマン『主婦であること』(1968—73年)、右下部の拡大写真
(出典：Hossmann u. Oppermann (Hrsg.), a.a.O., S.40.)

婦であること』に登場する。

またよく見ると、ミニチュアのダイニングテーブルセットは家具とともに完璧な配置で配膳が施されているが、スケッチされたものは、その全体を見渡せず、またテーブルの上にはメモやスケッチが散乱している。あるいはそのダイニングテーブルの上にはさらにミニチュアのダイニングテーブルセットが描かれているが、そこでは一つの椅子が倒されている。同様に、カンバスにコラージュした拡大された写真や、絵画として描かれたダイニングテーブルでも、片方の椅子が倒れている。

『主婦であること』は残念ながら、前述の「ハイパーイメージ」プロジェクトでもすべてはデジタル化されておらず、細部の詳細にアクセスすることができないが、一九八四年の「アンナ・オッパーマン展」でのカタログには、細部の拡大写真として、興味深いディテールが残されている。アンサンブル全体では、右端中央に配置された部分だが、構造上は「カタルシス」を抜けて、「内省」あるいは「分析」へと差しかかっている部分に該当する。視線を上に向けている女の目の切り抜きを上下に二枚貼り付けている。その下には、まるでその視線の動きを解説するかのような心理学用語「フラストレーション」「レジグネーション」「ディストラクティヴ・アグレッション」といった言葉が表になり、その「斜め」の流れが、女の視線と重複したイメージを生み出していく。実際にその視線の斜め上にあるのは、このアンサンブルの関連植物であるヒメカイウの花と思われる鉢植えが置かれた窓辺の写真、すなわち外の世界への入り口である。この位置関係は、さらに拡大された女の目のイメージでも同様であり、少し離れて再度眺めてみると、ダイニングテーブルの倒された椅子のイメージは、この女が向けた視線の破壊的な攻撃性のイメージであることに気づく。

『主婦であること』というアンサンブルは、オッパーマンが「ダイニングテーブルの上でのキッチン家具の爆発」と表現するとおり、離れたアングルから眺めると、さながら台所のカオスを表現しているようにみえる。この台所という場の選択は、当時主婦であり女性芸術家だった彼女が実際に制作していただろう作業場の再現とも読めるが、台所とは女性が社会に与えられた古典的な役割を表す象徴的なトポスとして、なかでも前衛的な女性芸術家たちがあえて挑発的なメッセージを発する場として意図的に選択していたモチーフでもある。例えば、ベルリン・ダダに参加した唯一の女性芸術家だったハンナ・ヘーヒは、『台所包丁で、ドイツの第一期ヴァイマル・ビール腹文化エポックを切る』（一九一九・二〇年）で、ヴァイマル時代を象徴する人物すべてを、胴体と頭を切断し、頭と胴を組み替えることで、異種混交的な世界を生み出した。また、オッパーマンと同時代に「台所」をモチーフに制作を始めた一人としては、シリーズ作品『戦争を家庭へ持ち込むこと』（一九六七―七二年）で知られ、いまやアメリカを代表する現代女性アーティストの一人でもあるマーサ・ロスラーがあげられるだろう。ロスラーは反戦という明確なメッセージでくくられがちだが、システムキッチンと戦場を手仕事的にコラージュすることで、リアリティー（世界）との関係で、女性の視点や位置そのものを問い直すという意図において、三者には共通した戦略があるといえる。(29)

ただし、オッパーマンの女性性は、決してリアリティーの外にあるネガティブなものとして位置づけられているわけではない。ヘーヒがイメージの切断と結合によって、女性の非存在を強調した手法や、ロスラーが批判を込めて女性性を現実の外の存在としてアイコン化したのと比較すると、オッパーマンは女性性を（ステレオタイプ的に付与されるイメージとしての女性性でさえ）、創造性の原点として、積極的に取り込んでいる。この点に関連して注目すべきは、ヒステリーに対するオッパーマンのとらえ方である。

アンサンブル『代替問題』で、消費されない芸術の必要性を語ったオッパーマンは、そこで続けて次のように興味深いコメントを残している。

私の記憶が確かであれば、ヒステリー現象に関する議論は、シュルレアリストたちの宣言でも発見したわ。そこでは、集中性と被暗示性という点で、ヒステリーは肯定的な契機としてとらえられていた。そうでなければ、ヒステリーとそれに関するものはすべて病気として表現されてしまう。ヒステリー現象は、今日なお、私の仕事に関してとても密なものよ。(30)

ヒステリーとはギリシャ語の「子宮」を語源とし、女性特有の不条理でカオス的なものとして男性の激情と区別されている。オッパーマンの記憶どおり、このヒステリーをアンドレ・ブルトンが機関誌「シュルレアリスム革命」第十一号（一九二八年）で取り上げ、「ヒステリーは、病理学上の現象ではなく、あらゆる点でこのうえない表現の手段として考えることができる」(31)と記している。社会的にはネガティブなものとされるヒステリーを、オッパーマンはアンサンブルでは重要な創造性の要素として据えていることを強調している。実際、『代替問題』には、ヒステリーに関する多くのイメージとともにその言説的イメージとしての引用の切り抜きが多数配置されている。このことは、ジャック・ラカンが、一九六八年の五月革命の危機に瀕して、理論の強化と再整備を

写真4　アンナ・オッパーマン『抱擁すること』（1977—92年）、1993年のハノーファー・シュプレンゲル美術館での展示をもとにデジタル化したものの全体写真
（出典：“Umarmungen-Hyper Image 3”〔http://www.uni-lueneburg.de/hyperimage/HI_Umarmungen/#e19_0_gesamt_1/〕［アクセス2015年8月1日］）

強いられた際、社会を構造分析するために提示した四つのディスクールの一つ「ヒステリーのディスクール」との影響関係で考えてみることもできるだろう。「無に侵された主体が自らを動かす動因の位置に何を据えるか」という構造化の一つの類型としてヒステリーを問題としたラカンの方法では、ヒステリーを女性性に帰するのではなく、あくまで言説上の問題としてとらえたが、その言説化されたヒステリーを、オッパーマンはさらにイメージ化して、アンサンブルという身体に「外部から」戦略的に組み入れているのである。こうしてヒステリーは、アンサンブルをカオス的豊饒さに導く、ポジティブな運動として位置づけられている。

ここで、ヒステリーとともにもう一つ、いわばラカン的な女性に対する言説を逆手にとり、創造性の契機として組み入れ、

写真5　アンナ・オッパーマン『抱擁すること』の拡大した細部の身体イメージ
（出典：同ウェブサイト）

女性性の戦略的表象の手段として用いられているモチーフが、「鏡」である。鏡によって、それまでバラバラである自己イメージを統一体として認識するという幼児期の自我形成を説いたのはラカンだったが、そこでの鏡が、外側から他者化された自己像という統一イメージをはめ込む役割をもつのとは反対に、オッパーマンの「鏡」は、外側のイメージを自己に取り込む体験を表現し、そのため自己イメージの増殖を可能にする玉虫色の変身道具となる。アンサンブルという手法の発見自体も、おそらくこの鏡を通しての体験のなかで起こったのではないかということも、彼女のアンサンブル第一号が『ミラー・アンサンブル』だということから推測される。多くのアンサンブルで鏡はイメージからイメージへと転換する契機として、つまり次のステージへの移送手段として描かれたり、実際に配置されたりしている。そこには、同時代のフェミニズム理論で論じられた鏡のメタファー、つまり女性の主体的位置を飲み込むものとしての社会的（男性的）視線としての鏡[32]という位置づけはない。むしろ、鏡こそがアンサンブルそのものであり、この無数にイメージを増殖させていくアンサンブルこそが、オッパーマンという女性芸術家の女性性から生み出され、それと結び付けられていると解釈できるだろう。その証拠に、『S氏の肖像』に描かれる男性S氏の凝り固まった男性性は、「愛」「エロス」「セックス」というアンサンブルの底面に記された標語のうえであっても、孤独で硬直した、不安で寄る辺のない身体イメージを増殖させる。その一方で、『抱擁すること、説明できないもの、そしてリルケの一編の詩』[33]では、『S氏の肖像』での孤独な身体イメージとは対照的に、常に抱き合う二つの身体イメージがそこかしこに配置されている。このアンサンブルのキーワードは母性であり、子どもを抱く母親のイメージなのだが、抱擁する二つの身体は、母と子、男と女と、次々にそのイメージを展開させ、増殖させていく。さらにそのイメージの群れをかき分けた先に――私たちは偶然出会うしかないのだが――オッパーマンはひそかに、ジェンダーの枠組みから解き放たれた、性的に中立な二つの身体イメージの抱擁を配置しているのである。[34]

まとめ――アンサンブル『真っ青な嘘（逆説的な企て）』と「父なるもの」との対決

オッパーマンの作品は鏡によって外部を取り込み切り取りながら生み出す新たなイメージを、カタルシスという反応・拒絶を含めた連想段階によって膨らませ、内省させ、分析しながら拡散させていくというその手法自体が、彼女自身という身体性をもった空間の構築を示しているように思える。それは決して独りよがりで閉じこもった自己の爆発ではない。アンサンブルという展開のルールにのっとり、脱主観的で多声的なイメージを幾重にも重ね合わせ、時差をはらんだイメージによるイメージの演出を積み重ねた、長期にわたる作品展開によって実現可能な身体性なのだ。この肥大化するイメージの集合体は、『ムネモシュネ・アトラス』でのアビ・ヴァールブルクのタブロー形成と類似しているが、それとは異なる点をピアスは指摘し、その差をリゾーム的な空間形成にあると主張している。[35]確かに、イメージの連動性が停止せず成長していくという前提で両者は異なる。しかし根本的に異なるのは、ヴァールブルクの場合、主体とは遠く離れた場所から、イメージの連関を「蒐集」し、タブロー化するという対象との関わり方である。オッパーマンのアンサンブルというイメージの集合体とその展開は、そうした静的なタブローを描くような脱主体的で第三者的な作業とは無縁の、きわめて主体的で、戦略的な企てなのだ。その企ては、女性性とは何か、自己とは何かを問い、その可能性を掘り下げ、ジェンダーを超えて、主体的人間を新たに作り直すための可能性を問い直した、アンナ・オッパーマンという一人の女性芸術家の意志でなされたものである。したがって、アンサンブルにとってオッパーマンは、ハイパーメディアールなイメージ空間で交差する「一つの記号」であるだけでなく、決して代替できないという意味での代替不可能性の象徴という、二つの役割を果たすのである。[36]

死の直前まで制作を続けていた彼女の最後のアンサンブルの一つ『真っ青な嘘（逆説的な企て）』の上部（つまりアンサンブルの発展段階では最終段階）には、病床の姿を彷彿とさせるような、仰向きの姿勢をとるオッパーマン自身の拡大された写真が貼り付けられている。その周りを、ステンドグラスのように鮮やかな色合いのインディゴブルーの大小さまざまな鏡が取り囲んでいる。彼女の顔はやつれきってはいるものの、穏やかで、その口元にはわずかながら笑みを漂わせている。同じ高さの対面に配されているのは、インゲボルク・バッハマンの『マーリナ』（一九七一年）からの長い引用文である。

――しかし私が「否」を叫ぶのをやめるようにと父は指を、彼の短くがっちりとした硬い指を、わたくしの目に突っ込む。私は盲目になるが、さきへと進まねばならない。それは耐えられない。私は微笑む。父は私の舌へ手を伸ばし、だれも聞いているものはいないのに、ここでも誰もわたしの「否」を聞かないようにと舌を引き抜こうとする。しかし、彼が舌を抜き取る前に恐ろしいことが起こる。巨大な青のしみが、私がもうまったく声が出せないように、口のなかにはいりこんでくるのだ。私の青、孔雀がその中を散歩する素晴らしい青、遠方の青、地平線の青い偶然！青は私のなかへ深く入り込む。私の喉の中に。すると今度は父が手助けして、私の心や内臓を肉体から引き出す。それでもわたしはまだ歩ける。[37]

写真6　アンナ・オッパーマン『真っ青な嘘（逆説的な企て）』（1988―92年）、1998年のツェレ城ゴシックホールでの展示
（出典：Vorkoeper (Hrsg.), a.a.O., S.147.）

バッハマンが『マーリナ』で主人公に語らせた夢のなかでの格闘のように、オッパーマンは、アンサンブルという主体を閉ざすことなく他者性を取り込みながら自己の身体世界を構築する、絶えず更新可能なハイパーイメージ装置を組み立てることを通して、他者の言葉によってではなく、自己の言葉によって、自らの「否」を語る挑戦を続けていたのではないだろうか。それはマクロ的かミクロ的かの二項対立のなかに、性と身体を編入しようとするいずれの議論にもくみせず、いわば第三の選択肢への挑戦として、彼女が作り出した新たな性と身体の構築法だったのではないだろうか。だからこそ彼女のアンサンブルには、制度を問題にした「六八年運動」やその成果とは異なる次元で展開された、限りなく個人的で主体的な「父なるもの」との対決、権威なるものとの対決――〈六八年〉の闘争とその揺るぎない継承――のイメージが、体温をともなった身体的な痕跡として残されているのである。

注

(1) Raoul Hausmann, *Der Besitzbegriff in der Familie und das Recht auf den eigenen Körper*, in: Walter Rilla (Hrsg.), Die Erde. Jg.I, H.8, Breslau, 1919, S.242-245.

(2) ノルベルト・フライ『一九六八年――反乱のグローバリズム』下村由一訳、みすず書房、二〇一二年、一三五ページ。フライはここでコムーネIの試みが、極端な自己演出とそれを報じるメディアの操作によって、「性道徳の急進的な先鋭部分」にすぎなくなっていった原因を追求し、コムーネIを取材したドイツのメジャー雑誌「シュピーゲル」の記者が、一九六七年夏に、その反動の「エロティック」な側面にこだわり、「アメリカ市民層のスワッピングサークル」と類推させながら、「コムーネの実践はひとまず失敗に終わった」と詳細に記していたことに着目する。

(3) 水戸部由枝「My Revolution――六〇~七〇年代の西ドイツ社会国家にみる「性の解放」」、ドイツ現代史研究会編

「ゲシヒテ」第五号、ドイツ現代史研究会、二〇一二年、三―一八ページ。ここで水戸部は、実際の「六八年運動」はきわめて男性中心主義であり、性差別に関して議論されることはなく、「性の解放」は、一九六〇年代の経済的発展を受けて、ライフコースが変化してきたことと、七〇年代に女性解放運動がおこったことの二点によるものとし「六八年運動」は、単に「私の革命」にとどまったと結論づけ、六八年を世界革命と位置づけるイマニュエル・ウォーラーステインの論拠に異を唱える。ただし、〈六八年〉のジェンダー論争の射程を性差隔絶にだけ結び付ければ、例えば男女共同参画が進んでいるという点で東ドイツのほうがより進歩していたといった言説にくみすることにもなる。例えば仲正昌樹は、このように、西ドイツでのジェンダー研究は男女の対立構造を軸にした女性問題だけを取り上げ、女性性の根拠を問い直す視点からの考察が九〇年代までなされなかったことが、その後進の原因だと分析する。仲正昌樹編『ヨーロッパ・ジェンダー研究の現在――ドイツ統一後のパラダイム転換』御茶の水書房、二〇〇一年、三―二六ページ、参照

（4）同名の展覧会「フェミニン・アヴァンギャルド展」がハンブルク美術館で二〇一五年の三月から五月まで開催された。これは、シンディ・シャーマンやマーサ・ロスラーなどアメリカとヨーロッパの女性芸術家たち三十人による写真を中心とした百五十点の作品を、自己を表現する際のアプローチに共通項を見いだし、「フェミニン・アヴァンギャルド」という観点からその前衛性をクローズアップした展覧会である。ちなみに、この展覧会にはアンナ・オッパーマンは取り上げられていない。

（5）いまなお多くの美術雑誌では、アンナ・オッパーマンを紹介する際の枕詞として、コンセプチュアルアートの女性芸術家という言葉を用いている。彼女の死を報じた「ツァイト」紙でも「コンセプチュアルアートの女性芸術家アンナ・オッパーマンの死にちなんで」（Zum Tod der Konzept-Künstlerin Anna Oppermann）と記している。また、フエリック・エンスリィンのように、スケッチ、文字、拾い物、引用によるコラージュの手法を用いた同時代の作家たちとは違い、むしろそれらのコラージュをシステム（概念）表現に用いるオッパーマンは、ジョン・ケージやジョゼフ・コスースのようなコンセプチュアリスト（概念芸術家）に近いと評する。Vgl., Felix Ensslin, *Zwischen Metonymie und Metapher. Zur Iterabilität im Werk von Anna Oppermann*, in: Ute Vorkoeper (Hrsg.), *Anna*

Oppermann Ensembles 1968–1992, Stuttgart 2007, S.76.

（6）Vgl., Vorkoeper (Hrsg.), a.a.O., S.9-13.

（7）Herbert Hossmann u. Anna Oppermann (Hrsg.), *Anna Oppermann. Ensambles 1968–1984*, Brüssel/Brussels u. Hamburg, 1984, S.7. 一九八四年に初めて開催された大規模な「オッパーマン展」カタログのまえがきには、アンサンブル作品のスケッチや切り抜きなどの細部が展覧前にはビニール袋に入ってフロアの上に積み上げられていたことや、それらの多くは会期後は破棄されるというアンサンブルの舞台裏が記されている。作品構造すべてがオッパーマンの頭のなかにあるという意を込めて彼女の作品は「頭の構造」と呼ばれている。

（8）一つはアプタイベルク美術館にあるアンサンブル『芸術家であること』（一九六九―八五年）、もう一つが、ハンブルク・アルトナ市役所内に設置されているアンサンブル『感情の身振り――「巨大で力強く権力を誇示するオブジェを作れ！」』（一九八四―九二年）。さらにもう一つは、ノルトライン・ヴェストファーレンK21州立美術館にあるアンサンブル『違うということ』（一九七〇―八六年）。

（9）Vorkoeper (Hrsg.), a.a.O., S.223.

（10）Ebenda, S.94f..

（11）Ebenda, S.110f., Vgl., Michael Schwarz (Hrsg.), *Kunstforum International* 28.,1978, S.148-160.

（12）Hossmann u. Oppermann (Hrsg.), a.a.O., S.59.

（13）Hanne Loreck, *Angesichts der Anderen*, in: Vorkoeper (Hrsg.), a.a.O., S.92.

（14）Ebenda, S.10.

（15）Hossmann u. Oppermann (Hrsg.), a.a.O., S.28.

（16）Ebenda.

（17）Claus Pias, *Anna Oppermann in der Hamburger Kunsthalle*, in: Uwe M. Schneede u. Martin Warnke (Hrsg.), *Anna Oppermann*, Hamburg, 2004, S.44.

（18）Ebenda, S.26.

（19）Ebenda, S.7.

（20）“BMBF-Projekt HyperImage-Bildorientierte e-Science-Netzwerke” (http://www.uni-lueneburg.de/hyperimage/hyperimage/)［アクセス二〇一五年八月一日］。ここにはハイパー美術館のほか、ハイパー・ジョット、ハイパー彫刻、ハイパー宮殿から、さらにハイパー・ガラスやハイパー・タクソンといった工学的・生物学的分類群のハイパーメディア化も含まれていて、自然科学を含めた壮大なプロジェクトであることがわかる。

（21）Ebenda, S.45. 実際、オッパーマンが死去した一九九三年はMosaic検索ソフトが普及したことによってインターネットの飛躍的な普及を果たした記念すべき年でもある。

（22）Hossmann u. Oppermann (Hrsg.), a.a.O., S.46.

（23）ミシェル・フーコー著、小林康夫／石田英敬／松浦寿輝編『フーコー・コレクション3（言説・表象）』（ちくま学芸文庫）、筑摩書房、二〇〇六年、一六六ページ。また、フーコーは『作者とは何か』（一九六九年）で、作家性と作品概念自体にも疑問を投げかけている。

（24）Ute Vorkoeper, *Verzweigte Mementi-Gegenüber Anna Oppermanns Ensemble kunst. Bericht aus dem Archiv*, in: Ute Meta Bauer (Hrsg.), Meta 3, Stuttgart, 1994, S.100.

（25）Ebenda, S.101.

（26）Günter Metken, *Spurensicherung. Kunst als Anthropologie und Selbsterforschung. Fiktive Wissenschaft in der heutigen Kunst*, Köln, 1977, S.11.

（27）Hossmann u. Oppermann (Hrsg.), a.a.O., S.41.

（28）Ebenda.

（29）ハンナ・ヘーヒを先駆者とする、マーサ・ロスラーやエレン・ギャラガーといった手仕事的なコラージュを時代風刺の手法としたアーティストたちの企画展がベルリーニッシェ・ギャラリーで「マニフェスト・コラージュ展」として二〇一二年に開催されている。その際のカタログ「マニフェスト・コラージュ」には、「この（コラージュという）原理が、いまなお、どれほどのアクチュアリティーと潜在能力をもっていることか」と記されている。Vgl.,

Christine zu Salm (Hrsg.), *Manifesto Collage*, Nürnberg, 2012, S.13. ただし、両アーティストに共通するのは手法としてのコラージュであって、「台所」というトポスではない。

（30）Hossmann u. Oppermann (Hrsg.), a.a.O., S.46.

（31）モーリス・ナドー編集『シュルレアリスムの資料』稲田三吉ほか訳（「シュルレアリスム読本」第4巻）、思潮社、一九八一年、八二―八三ページ、参照

（32）和泉邦子「近代における［生］と［性］の物語をグローバルに問い直す――「浮かびあがる」におけるボディ・ポリティックスとエコ・フェミニズムへの旋回」、文学部紀要委員会編「金沢大学文学部論集 言語・文学篇」第二十七号、金沢大学文学部、二〇〇七年、参照。ここで和泉はマーガレット・アトウッドの作品のジェンダー性を分析し、自己を映すはずの〈鏡〉が実は女性を絶え間なく「見られる存在」へと変換する〈鏡のメタファー〉の存在を指摘する。

（33）このアンサンブルで引用されているリルケの詩は、『ドゥイノの悲歌』の第一悲歌。リルケ『ドゥイノの悲歌』手塚富雄訳（岩波文庫）、岩波書店、二〇一〇年、参照

（34）アンサンブル『抱擁すること』は、注（20）のハイパー美術館に収録されていて、すべてではないが、その細部を確認することができる。ここで取り上げる脱性的身体モチーフは、彫塑用粘土と段ボール紙で制作された高さ八・五センチ×幅四・五センチ×厚さ一・五センチのもの。また、リンク上には、この身体モチーフは顔がなく「性的にニュートラル」だというオッパーマン自身の説明とその出典も記されている。Vgl., “Umarmungen-Hyper Image 3” (http://www.uni-lueneburg.de/hyperimage/HI_Umarmungen/#a6_9_1/)［アクセス二〇一五年八月一日］

（35）Uwe M. Schneede u. Martin Warnke (Hrsg.), a.a.O., S.35.

（36）Ute Meta Bauer (Hrsg.), a.a.O., S.106. 例えばフォアケーパーは「アンナ・オッパーマンはアンサンブルにとらえられた記号であり、証拠品としてのドキュメントではなく、錯綜した画像思考のモニュメントである」と表現しながら、女性作家としての作家性の抹消をアンサンブルに読み取り、作家の主体を「閉じたもの」として論じる。これに対し、オッパーマンのアンサンブルを「蒐集」の技法として読み解くものの、そこでのイメージが「均質で同一性に

貫かれた主体ではない」という点にも注意を払い、アンサンブルではオッパーマンという作家の主体は「閉じたり開いたりしている」と結論づける論考もある。香川檀「現代美術における〈蒐集〉の技法とジェンダー――コレクションの主観性／作家性」、「特集 西洋美術とジェンダー――視ることの制度」、明治学院大学言語文化研究所編「言語文化」第二十九号、明治学院大学言語文化研究所、二〇一二年、二四二―二四三ページ、参照

（37）インゲボルク・バッハマン『マリーナ』神品芳夫／神品友子訳（「女のロマネスク」第一巻）、晶文社、一九七三年、一五八ページ。なお、「Malina」は、バッハマン自身の発音から、現在はほぼ統一して「マーリナ」と訳されている。『猶予の時』（一九五三年）で戦後を代表する女流詩人になったバッハマンによる長篇小説『マーリナ』（一九七一年）は、一九七三年に謎の死をとげたバッハマンの遺作になった。タイトルであるマーリナは、主人公である「わたし」と暮らす女のような名前をもつ男とされるが、「それは殺害だった」という衝撃的な台詞で締めくくられるラストでは、マーリナは私と混然一体の存在であることが明かされる。

第6章　一九六〇年代日本の女性運動家の実情とイメージ
――白土三平のマルクス主義的長篇漫画『カムイ伝』を題材に

クリスチャン・ラットクリフ

1　若い運動家が揺るがした一九六〇年代日本での女性活動家の立場と役割

よく知られているように、日本の一九六〇年代は多くの若者が政治運動に目覚めた時代でもあった。どのような運動が最も重要なのか、どのような目的に向かうべきか、あるいは誰と、何と対立し運動をすべきかなどについて、さまざまな考えがあり、さまざまな答えが出されたのだが、当時真剣に運動に身を投じた若者には、日本の現状を変えなければならない、日本の政治と社会を変革しなければならない、という強い信念があった。「真剣」には参加していなかった若者――つまり、政治的・社会的革命の必要性について深くは考えていなかった者や、運動を正当化する理論などに無関心だったり、理解するための努力はしなかった者のことで、知人からの影響やほかの社会的集団圧力を受けたことによって、一種のパフォーマンスやファッションとして参加した人々――さえも、「世の中を変えるときがきた」という時代思潮、時代精神を肌で感じていたにちがいない。

無論、この「政治運動への目覚め」は一九六〇年代だけの現象ではなかった。直接的なルーツとして、四〇年代―五〇年代の政治・経済の諸問題――戦後に押し付けられた資本主義型民主主義に対する不審、社会主義・共産主義一辺倒の労働組合、教職員組合の活動、経済格差など社会的問題を生み出した高度成長政策と議会制民主主義への不信、朝鮮戦争と日本の再軍備に対する不安と懸念、そして最初の日米安全保障条約（安保）への反動など――が若年層の広い範囲で及ぼした強い注目と激しい反応とがある。しかし、六〇年代に運動に参加した若者は、戦後の厳しい、そして多くの人が貧しい環境のなかで育った最初の世代でもあったため、急激に展開する資本主義型民主主義や近代化が約束する未来に対して、深い疑いを抱いていた。この虚無感と「現代的不幸」を世代の特徴としていた若者が高校・大学の教育機関に不信の念を抱き始め――つまり、より豊かで可能性がある世界へ脱出する手段として、高校や大学は何の価値もないと感じ始め――「我々が変えなければ何も変わらない」という考えが、前の時代とは比較にならないほど多くの若者の間で広まった。そして運動のかじをとったのは、労働者層の人々ではなく、生産手段から一段階離れた、政治・経済理論に直接ふれている知識階級の新員だった。

基本的に反資本主義的・反既成体制なものだった一九六〇年代の運動家の「運動」は、どのようなものだったのか。大学在籍生が中心になったいわゆる「学生運動」を例として見れば、まず各大学で組織を育成する活動が目立つ。はじめは、四〇年代後半の、大学管理法案や国立大学授業料値上げなどに反対するための運動期間の前後（特に四八年六月の全国的ストライキの決行前後）から結成され始めた各大学の学生自治会のメンバーを中心に、パンフレットやチラシの作成と配布、看板作りと設置、学生への直接的呼びかけ、会議や勉強会、集会などの開催、アジ演説（煽動演説）などをおこない、運動家の数を増やそうとした。

ある程度の人員になると公的な運動が可能になった。規模で分類すれば、一つの大学・キャンパス内で、ほとんどその大学の運動家だけでおこなったもの、複数の大学で、それぞれの大学の学生運動家だけが同時におこなったもの、一つの場所に複数の大学の学生運動家が集まり、なんらかの（全国的）連盟の旗のもとで共同でおこなったもの、の三種類になる。また、運動の動機で分けてみると、大学や大学生特有の問題（学費の値上げ、研究の自由など）に関わるもの、日本特有の政治経済的・社会的問題に関わるもの（成田空港の建設に反対した「三里塚闘争」など）、世界的な政治経済的・社会的問題（ベトナム戦争など）に関わるもの、これらの問題が混合したもの（例えば、日本のベトナム戦争加担の拡大を防止するため、一九六七年十月の佐藤栄作首相の南ベトナム訪問を止める目的でおこなわれた「第一次羽田闘争」など）と、間違った方法、間違った理論上でおこなわれている他組織の学生運動を防止するもの（いわゆる「内ゲバ」）を指摘できる。運動の典型的な形式は、主にデモ、ストライキ、街頭カンパ（運動資金を集めるための募金活動）、建物の占拠、バリケードの設置による区域占拠、警察・機動隊や対立組織員との武装闘争だった。(1)

こういった運動のなか、女性の運動家の立場と役割はどのようなものだったか。まず、女子学生が学生運動に参加した動機について、小熊英二は次のように説明している。

大きく三つの類型があったようである。

一つは、男子学生とおなじく、大学や社会の現状への不満や正義感、そして活動の喜びなどだった。お茶の水女子大から東大闘争に参加したある女子大生は、闘争参加の動機として、「立て看板づくり、ガリ版でのチラシ作りの中に自己表現の楽しさがあった。というより、大学の講義は全くつまらないもので、教師は同じノートを何十年も学生の顔を見ることさえせず、ひたすら読み続けるという類のものが多かった」ことをあげている。

また女子高から東京学芸大に進学したある女子学生は、当時の雑誌取材に応じて、こう述べていた。「一年生のとき、クラスの自治委員に選ばれちゃって、活動してる人たちに触れるようになってみると、この人たちが実に生き生きしてるんですね」。「それまでは女の子だけの世界にいたから、もう、ものすごく魅力的にみえたの」。

このような、男子学生とあまり変わらない動機から運動に参加した女子学生は珍しくない。（略）

動機の第二は、「花嫁修業」の大学生活に埋没している他の女子学生への反発だった。（略）法政大文学部のある女子大生は、当時の雑誌取材にこう答えている。

「わたしのクラスは、七十二人のうち、男の子は十七人。あとは女の子という典型的な私大文学部の構成ですけど、その女の子たちは、日本文学を専攻しているのに、読むのは中間小説がほとんど。話題は、ボーリングとダンスと、結婚の相手にはどんな男性がいいかということなんです。バカみたい。……わたしはそれがイヤで、去年は教室に行かないで、自治会ばかりやっていた」。

動機の第三は、当時の報道にしたがえば、「すばらしい彼を発見したばかりに、〝理論抜き〟で彼のセクトへ走る」というケースだった。六六年の週刊誌には、ある女子美大生の、次のような発言が掲載されている。

「女子美の学生運動の旗上げも実は、当時の共産主義者同盟の幹部に、当時の女子美の委員長が、熱烈な恋愛をやったことにはじまるんですね。……ほかの女子の学校の場合を見ても、たいていヒモつきということがいえるんです。そのいい例が、分派活動なんかが盛んになると、〝彼〟の動きが微妙に響いていくんですよ。あの当時、お茶の水女子大学なんかも、そういう関係が露骨で、わたしたちがオルグ〔宣伝し組織すること：引用者注〕に行ったとき、彼女たち一人一人に、〝彼〟の姿が見えて、ガッカリしたことがあるんです」。

このようなケースも、少なくなかったようである。六八年一〇月二一日の新宿事件で逮捕されたある女子学生は、尋問の刑事に「彼、とてもカッコいいの。学内集会でも、すごく人気があって、私、彼が好き。もし私がデモに出なかったら、彼から遠ざかり、彼が見向きもしなくなるから、私はデモに出るの」と語っていたという。

ただし、以上に述べた類型は、あくまで理念型である。現実に、いくつかの動機が混合しているケースが多かった。[2]

このようなさまざまな動機をもって自治会やほかの運動グループの一員になった女子学生たちは、決まりきった仕事しか頼まれなかった。「彼女たちを待っていたのは「差別」だった。「おにぎり部隊」などと通称された炊事係、会議の書記、投石用の石運び、負傷者の救護班員など、「女の仕事」をあてがわれるケースが多かったのである」[3]。ほかに許された活動としては、右の引用文にもあるようにチラシやパンフレット作成、看板作りや集会・会議への出席など、あくまでも「後衛部隊」的な、補佐的なものだった。ある女子大生が、「小さな女子大の極小党派なので、アジ演説、デモ指揮、等なんでもやらなけりゃならなかった」[4]と言っていたように、普段男性運動家がいない女子大学のほうが、女性運動家の役割は広かった。しかし、デモなどに参加しても、武装闘争には参加しないことが普通であり、暗黙のしきたりになっていた。

多くの女性運動家は、この「役割分担」を受け入れていたようである。小熊の著書に、次のような例が取り上げられている。

六六年の早大闘争のさい、教育学部の闘争対策副委員長だった女子学生は、「方針を出すのは、男の学生。学生によびかけるのも男の学生」という現実を認めながら、こう述べている。「女はやはり表立った活動よりも裏にまわって活動したほうが、全体として〝効率〟がいいんです」。

六八年に法政大の女子学生も、こう述べていた。「石運びはするけど、女は体力的にいっても機動隊と正面からぶつかるわけにもいかないでしょ。ですから、後衛部隊という部署ね」。「私たちが後衛にいることは、役に立たないからというんじゃないわ。現実の日本の〝革命戦〟では後衛の救援隊もそれは十分戦線だと考えていいのだから……」[5]。

しかし、男性と同様に活動したいと思っていた女性運動家も少なくなかった。小熊はこれについて、次のように説明している。

だが現実には、彼女たちの心境は複雑であった。第一次羽田闘争直後、街頭カンパに立っていた三派系女子学生に取材した週刊誌は、以下のような声を掲載している。

「男の子（と彼女は、急に声を落とした）と比べて力がないし、女の子として出来る限り石を拾ったり、看病したりすること、必要だと思っているんです。そりゃ、装甲車の向こうへは行きたいけど」（法大生）

「わたしは、男子の邪魔になりはしないかと気を使ってばかりいて、それでいつも自分自身に腹が立ってしまう」（早大生）

「男性が前に出て、私たちが後ろにいるのはすまない気がします」（学芸大生）

この記事は、「要するに彼女たちは、実力行使の段階になって、男子学生との体力の差が出てくるのを、残念だと思い、第一線に立ちたいと思っているのである」と記している。一方で六八年五月の週刊誌によると、「日本でも、ベトナムのような〝革命戦〟になれば、当然、私たち女も銃を持って立つのよ」と述べる女性活動家もいたという。

京大全共闘に参加した上野千鶴子も、複雑な感情を抱いていた女性活動家の一人だった。二〇〇三年に彼女はこう述べている。「女は戦力になりませんでしたもの。本当に街頭闘争で石を投げても、私の石って届かないんですよ。握力ないし。それで何やるかって言ったら……石を運ぶんです」[6]。

ここまで、一九六〇年代の学生運動とはだいたいどのようなものだったのか、そしてその運動のなかで女性にふさわしいと（男性からも女性からも）思われていた活動、あるいはふさわしくないと思われていた活動に対する女性活動家自身の気持ちについてふれてきた。では、当時のメディア（文学作品、映画、演劇、音楽など）で女性活動家はどのように描かれていたのだろう。つまり、イメージとしての「女性活動家」は、どのような姿だったのかについて考察したい。もしかすると、そのメディアによって示された「活動する女」の姿が、六〇年代の若者が抱いていた「女性運動家」の活動可能範囲の概念を左右したかもしれない。

題材になりうるメディア作品は数多くあるのだが、ここでは当時の若い運動家の間でも明らかに人気があり、そして政治経済的・社会的問題を真剣に考える者たちから読む価値があると支持を得ていた白土三平の長篇漫画『カムイ伝』を取り上げることにする。

2 資料としての『カムイ伝』

『カムイ伝』は、熱烈なマルクス主義者であり、当時の日本の社会構造の大規模な改善を強く望んでいた漫画家白土三平（本名・岡本登、一九三二―）の代表的長篇漫画作品である。五千八百七十六ページに及ぶ巨篇『カムイ伝』は、一九六四年十二月から七一年七月までの間、ほぼ一カ月に一章のペースで[7]「月刊漫画ガロ」（以下、「ガロ」と略記）という、日本の政治・社会的運動の歴史にも深く関わった漫画雑誌に掲載された。白土は「ガロ」を立ち上げた創刊者の一人であり、『カムイ伝』を若い読者に贈るための手段を用意することが創刊の動機の一つだったという。[8]

『カムイ伝』はいわゆる「劇画」の作品である。一九五〇年代まで主流だった子ども向きの滑稽漫画やギャグ漫画と違い、劇画は青年や大人向けで、重要なメッセージや理論をわかりやすく、読みやすく伝える目的をもつ漫画作品である。白土を含む五〇年代後半から活躍し始めた、当時の日本の社会の残酷さと空虚さ、政治・経済界や社会の構造の改良の必要性を訴える作品を執筆した漫画家たち（辰巳ヨシヒロ、石川フミヤス、つげ義春など）が作り出して固定させた漫画のジャンルであり、『カムイ伝』はその傑作の一つとされる。

『カムイ伝』をもって果たそうとした作者白土の主目的は、マルクス主義が描く労働者階級の立場と権利、不平等な社会構造、上流階級の特権を主張し人の上に立とうとする支配階級の傲慢さ、そして社会構造を再編するための戦いの必要性などをわかりやすいかたちで伝えることだった。当時の日本の政治的・経済的力をもたない人々の弱い立場を描写するために、白土は作品の世界として江戸時代（十七世紀中・後期）を選び、百姓や非人という、自分の労働力で物質的な富のもととなるすべてのものを生産しているにもかかわらず、社会構造の最も低い位置におかれ、武力や経済力によって、生存最低生活を強いられる人々の物語にした。架空の領地・日置藩というメイン舞台で、協力することの必要性を覚えた百姓と非人たちが力を合わせて、権力を握る武士階級と商人階級の不実な人間や組織に対立し、戦いを挑む。そして、権力に対抗することの難しさ、戦いの残酷さ、犠牲の必要性を思い知らされる。子ども向けの滑稽漫画とはまったく類似しない、深刻な作品である。

白土の漫画や「ガロ」という月刊誌は一九六〇年代の若い学生運動家に人気があり、「読む価値がある」ものと思われたことは確かである。小熊の著書に次の節がある。

当時の若手活動家の一人である西井一夫は、六〇年代中期から後期の先輩活動家たちの若者文化への姿勢を、九八年にこう回想している。

流行っていたグループ・サウンズ＝GSのザ・タイガースの「君だけに愛を」が大好きだ、などと当時自治会の部屋では口が裂けても言えそうじゃなかった。……漫画も白土三平なら許せるが、「男どアホウ甲子園」じゃダメ、みたいな感じがしていた。まして「ハレンチ学園」なんてとんでもない、といったどっちかというと、潔癖症的なところがあった。(9)

また、バリケード内での学生運動家の実情を紹介する章に、次の文面がある。

サブカルチャー系の読書や企画も行なわれた。ある学生は、「僕は闘争が始まってから非常に漫画を読むようになった」と述べた。また「〔高倉健主演の：引用者注〕『網走番外地』の映画会をやりました。疎外された人間だ」と述べる学生もいた。当時の学生に、高倉健主演のヤクザ映画や、白土三平などのマンガが人気だったことはよく知られている。(10)

より直接的に『カムイ伝』が若い運動家に与えた影響について、小熊が滝田修（本名・竹本信弘、一九四〇―）の院生時代の活動を説明する個所で、次のように書いている。

また滝田は六五年に院生だったとき、忍者たちが農民側に立って権力者に闘いを挑む白土三平の漫画〔『カムイ伝』：引用者注〕を絶賛する文章を掲載誌の『ガロ』に投稿し、〔当時同志社大学の教授だった運動家・社会哲学者の：引用者注〕鶴見俊輔から院生が大衆文化から啓発されている〔と、高沢皓司の『歴史としての新左翼』にあげられている：引用者注〕事例として論じられたことがあるほど、実際の社会運動にはうといナイーブな書斎の人間だった。(11)

この滝田修とは、のちに起きる一九七一年八月の朝霞自衛官殺害事件（陸上自衛隊朝霞駐屯地で警衛中の自衛官が殺害されたテロ事件）の首謀者で、共謀共同正犯として指名手配され、約十年間逃走した人物である。彼が「ガロ」に投稿し、六五年の十一月号に「貴重な提言」という題で掲載された文章の内容は、次のとおりである。

私は、白土三平氏の漫画を大変おもしろく、且つ、貴重なものと思いながら、愛読しています。私は、京大経済学部の大学院に在席し、マルクスの革命思想を研究し、公式的な石頭的公認マルクス主義から、新たな生々しい思想としてのマルクス主義の再生を日夜祈りながら勉強しております。ついては、白土三平氏の漫画は、私の問題意識に極めて鋭く迫るように思われ、全く、全神経を緊張させて読ませていただいておりもます。新たな大衆社会化論が云々されて知的荒廃著しきなかにあって、氏の原則の主張は、全く貴重な提言だと信じます。

ガロの創刊号からまとめてサービス料金にて送ってくださるそうですので、是非おねがいします。私の息子にも、読ませたいので、末永く保存し、一人でも多くの人間に読んでもらいたいと思っています。[12]

これほど一九六〇年代の若い運動家に注目され、読みがいがあるものと認められた『カムイ伝』だから、当時の「運動」「運動家」のあるべき姿とは、また活動する女性、女性運動家とはどんなイメージだったのか、どう反映されているのかを考察するうえで、申し分ないメディア題材だといえるだろう。

3 『カムイ伝』で描かれる女性の類型とその役割

『カムイ伝』には多くの女性が登場するが、作品全体の焦点は女性の活動や立場ではなく、あくまでも男同士の戦いである。約六千ページの物語に目を通しても、女性の描写を確認できるものはその五分の一も占めていない。話の流れを進展させる役割を果たす重要登場人物のほとんどが男性であり、ほんのわずかの例外的なものを除いて、女性が描かれている約三百二十の場面が仮になかったとしても、作品の中心的ストーリーにとって何の妨げにもならなかっただろう。

とはいえ、登場する女性が何の役割も果たしていないとは、無論言えない。不平等な社会構造や不実な権力者によって苦しみ、犠牲になる女性たちは、白土が描き出した世界の根本的残酷さを訴え、世界を変えようとする男性らの苦しみと犠牲の価値を示す存在である。女性は男性が戦う動機にもなる。大事な女を守ろうとする男もいれば、女性を求めて戦う男も登場する。また、女性の幸不幸が社会の質を測る物差しにもなる。そして、正義感をもって行動する女性の活躍は、必須の要素ではなくとも、やはり全体の抗争に役立つ一要素である、というように描写される。

『カムイ伝』に登場する、なんらかの活躍を果たす女性たちを表1のように分類した。

また、各タイプの女性が登場する場面の数も示した。無論、別の読者が別の角度から『カムイ伝』を読めば、違う分類ができるかもしれない。また、どの場面にどの要素が含まれているかという判断も、ある程度筆者の主観によるものだろう。[13] それをふまえて、できるかぎり客観的に物語の内容を分析したうえで、以下ではこの女性登場人物の類型を紹介し、考察したいと思う。

表1　類型・役割別、描写される女性の登場回数

	登場する女性の類型・役割	回数
①	母親の本能で必死に動く女。また、子どもを産む能力で重視される女	22
②	男と並んで働く、活動する女	21
③	男と別に働く女、男を喜ばせるために働く女	25
④	活躍する男を見送ったり、出迎えたり、応援したりする女	8
⑤	物として扱われる女	8
⑥	男の性欲・支配欲の的になり、わいせつや性暴力に遭う女	32
⑦	お金目当てで、あるいは裕福な生活を得るために、男の遊び道具になる女	9
⑧	いい男をものにしようとする、あるいはしたいと思う女	21
⑨	男の活動・活躍を邪魔する、あるいは理解できないものとして扱われる女	4
⑩	愛する男に追っ払われる女	10
⑪	男への愛のために自分のすべてを捧げる女、犠牲になる女	43
⑫	身内の男が犯した過ち、起こした失敗のために苦しむ、死ぬ女	16
⑬	男の足手まといにならないように、自ら犠牲になる女、あるいは死ぬ女	6
⑭	男の強い忠義心・決意を崩すために利用される女、男同士の戦いで利用される女	21
⑮	男を心配し、危険から守ろうとする女	40
⑯	男の苦しみや死を悲しみ嘆く女	6
⑰	男の看病をする女	11
⑱	男に救われる女、男が救おうとする女	18
⑲	自分を守るために男を動かす女、あるいは男を信用しない女	3
⑳	辱めて男を動かす女、ちゃかして男を屈辱を与える女	6
㉑	男が率いる組織・グループの計画を実行するために働く女、苦しむ女、または死ぬ女	13
㉒	活動する男を支えるため、危険な役割を引き受ける女	12
㉓	女の強さ、活動力・意志力を訴える女	19
㉔	武器・武芸をもって戦う女	28

①母親の本能で必死に動く女。また、子どもを産む能力で重視される女

『カムイ伝』に最初に登場する「女」は、実は人間の女ではなく、動物のメスである。作品の特徴の一つとして、ときどき語りの視点が人間の社会から外され、自然界に移ることがある。これによって、「生命体」の自然の姿、自然の動きが描かれる。そして、それが人間の姿・振る舞いの「自然さ」を測るためや、その「不自然さ」の程度を理解するための対照的基準となる。このような場面で登場する「女」の活動や役割といえば、案の定、子を産むこと、子を育てること、子に食を与えること、そして自分の身を危険な目に遭わせても子を危険から守ることである。

一つの例は第二章「カガリ」にある。このシーンでは、まだ幼い子狼数匹が狩りの練習をしている。そのなかの二匹は鹿を追って、母狼の監視できないところにいってしまう。そこに大鷲が現れ、一匹を捕まえて飛び去ろうとする。が、走ってきた母狼が崖から飛び込んで攻撃する。子狼は無事に救助されるが、鷲との戦いで母狼は深い傷を負う。弱くなった母狼が巣穴のなかで安静にしている間、しばらく食べていない子狼たちは再び外で狩りを試みる。見つけたカモシカに飛びかかるが、相手が強すぎて危険な目に遭う。母狼は巣穴から出て子どもを救いにいく。「母オオカミは本能により子どもたちの危険をさとった。自身が重傷をおっていることをわすれて、母とびだした」（第一巻、一六四ページ）[14]。死に物狂いでカモシカと戦うが、争いの勢いによって雪崩が起こり、母狼もカモシカも流される。「この母オオカミの場合、子どもを守ることと、ふかでのために、自然の力から自分を守ることができなかったのである」（第一巻、一六八ページ）

『カムイ伝』のこういった「自然界場面」に動物のメスが登場すれば、同様な役割を果たす姿が必ずといっていいほど繰り返し描かれる。例えば、第二十二章「かくれみの」では、雛を育てる小千鳥が登場する。現れた狐がその雛たちを狙うと、自分がけがをしているふりをして狐の注意を奪い、雛から遠いところへ誘導する。本文で

はこの行為は次のように説明される。「このように、コチドリが、あたかも片翼を傷つけて飛べないような動作をして、子を守ることを擬傷という。チドリ・イソシギ・カルガモ・ホオジロなどにも見られる現象だが、これら親鳥の演ずる動作が、知能的な行動によるものではなく、おそらく本能による反射的な動作なのであろう」（第六巻、一八ページ）。つまり、自分のことを犠牲にしても、子どもを危険から守るためならば、母親というのは何でもする、どのような相手とでも戦う、という結論である。

『カムイ伝』で描写される残酷な人間社会でも、無論、母親である女性は同じような動きを頻繁にみせる。例えば第六十九章「号《さけ》び（二）」では、大規模な一揆に参加するために、ある村からすべての若い男たちがいなくなる。するとこの機につけこみ、代官の兵隊が村を攻撃する。火を付けたり、女を強姦したり、女と子どもを刺し殺したりする。一人の武士につかまれ強姦されそうになっている女が、「けだ者！」と叫ぶ。武士が怒り、「ぶれいな！何！この女！」と言って、強姦を始める。最中、「フフフヒ泣け　わめけ！」とあざける武士に、女の男児が、「おかあに何するだ！」と叫びながら鎌を手にして飛び掛かる。武士が振り向いて、剣でその男の子を斬る。「坊！」と叫んで、女は振り向いた武士の首を刃物で刺して、子どものからだに飛び付く。すると刺された武士が後ろから彼女を斬り殺し、やがて傷に負けて崩れ落ち死ぬ（第十四巻、三三三ページ）。このシーンでは、子どもに危険が及ぶまでは、母親は刃物を出して戦おうとはしなかった。刃物を使っての抵抗は、自分が殺されることを意味する。子どもを育てて、守らなければならない義務がある以上、女はそう簡単には死ねない。が、ひとたび子どもが殺されそうになったら、たとえ自分がどのような目に遭おうとも、子を守らなければならない。『カムイ伝』では、これが母親である女性の本能的・反射的反応である。

第七十四章「海原」では、ある一揆の指導者を探している兵士たちが百姓村にやってくる。すべての女たちが捕らえられ、近くの臨時の尋問所で厳しい拷問を受ける。子ども連れの一人の女も、連れてこられる。男の子が役人によって捕らわれる。母親が、「お、お願いです。いくらなんでもそんな小さな子を！」と役人に懇願する。

役人が現場の指揮者に、「どうします　これではもちませんぜ」と聞くが、指揮者が、「やむを得ん　決められているものをかってに中止するわけにゆかぬ…」と答える。そこで、子どもが吊るされ、打たれそうになる。母親が、「おねがい　止めて、そのかわり私を倍打って下さい」と頼み、またもう一人の女が、「私も！」と加勢する。このように、自分のことを犠牲にしてでも、子どもを守ろうというのは、『カムイ伝』で描かれる自然な女性の姿の一つである。

また、「子どもを産む」「子どもを産んでくれる」ものとして、多くの場面で女性が重視されている。『カムイ伝』が描く百姓の世界では、子どもは欠かせない次の世代の貴重な労働者として期待される。したがって、女性が多くの子どもを産んでくれることが幸福の象徴にもなっている。また逆に、子どもを産めない、あるいは産まれた子どもを育てられないことが、不幸の象徴である。例えば、第二十七章「謎」には、ある村の百姓の妻が出産する場面がある。立ち会っている人々の表情が厳しい。赤ん坊を持って産婆が父親に、「女の子じゃ、どうするかの　お返しするかの…？　それとも…」と尋ねて、父親が、「どうせ育ててもいずれ死ぬんじゃ。お返ししてくだされ」と答え、妻に向かって、「なっ、いいな」と言う。産婆が赤ん坊を水でいっぱいの樽に入れて溺死させる（第七巻、二二八ページ）。ここでは、のちに畑仕事の重労働をしてくれる男の子が産まれたのなら何とか育てる決心もついていたかもしれないが、女の子を育てる余裕はまったくない不景気な時期であり、不幸な時期であるメッセージが込められている。

逆に、景気がいい時期は、女性が自由に子どもを産むことができる。第三十章「査問」では、仕事の途中である百姓の女性の陣痛が始まる。寝込んだ女性が夫に、「あんた、産んでいいのね？」と聞く。夫は、「アア　いいとも。新田がでけたんじゃ、心配いらねえ」と言い、妻が、「あんた！」と言って泣いて喜ぶ。続いて夫が、「がんばるんじゃ。どしどし産んでええんじゃ」と言う。赤ちゃんが産まれると、村のほかの女性も泣いて喜ぶ。

子どもを産む女。子どもを産むことによって、家族を存続させ、社会の健康を支える女。子どもを育てる女、そして自分が犠牲になっても、子どもを守ろうとする女。『カムイ伝』でも人間社会の歴史でも、これらが「働く女」「活躍する女」の元祖イメージである。作品のなかに、この役割を果たすために武器などを手に取って必死に戦う女性も描かれているが、その戦いはいつも母親の本能による条件反射である。国家の権威と対立し、社会を変えようとした一九六〇年代の日本の若者が『カムイ伝』のこのような場面を見たとき、新しい時代で活動する「女戦士」の姿は、まず思い浮かばなかっただろう。

②男と並んで働く、活動する女

江戸時代の農民社会や、農業関係の労働で苦労する人間の生活を主に描く『カムイ伝』では、百姓村と非人部落が多くの場面の舞台になっている。そこでは、女性が男性と一緒に同じ内容の仕事をする様子が、比較的頻繁に描写される。その最初の例は第三章「剣」にある。春がおとずれた百姓村の女たちが、男たちと肩を並べて畑を耕している。子どもをおんぶして働く者も描かれている（第一巻、二一一ページ）。このシーンと、数多くの同様なシーンによって、当時の農業がどれほど労働集約型産業だったかが語られている。つまり、田植え・種まきと収穫時では、すべての者の労働なしでは大量の仕事をさばけない、一年分の農業を十分にこなせない、という事実が描写されている。確かにこれらのシーンでは、「女性が男性と一緒に活動し、ともに努力している」といえるが、その協力は生存最低生活に不可欠だからということがあまりにも明らかで、一九六〇年代の若者の知的闘争での女性の立場と結び付けることは、ほとんど無理だろう。

これと同様な例になるが、『カムイ伝』で描かれる農村と非人部落では、ときどき緊急事態が発生し、臨時に女性が男性と一緒に同じ仕事をしなければならないことがある。例えば第二十八章「雪どけ」では、畑を川の氾濫から守るために作られた堤が壊れそうになる。男たちは総勢で現場に駆け付け、身を投じて堤を救おうとするが、どうしても人手が足りない。そこで指揮している男が、「女や子どもをよんでくるんだ！」と叫び、女たちも集める（第七巻、三九六ページ）。また、同様な場面は第六十五章「カンダチ」にもある（第十四巻、五〇ページ）。前述の畑仕事の場面と違って、これらのシーンには普段は同じ現場で同じ仕事をしない男性と女性でも、ひとたび「緊急事態が発生したら、あるいは危機が訪れれば、ともに活動しなければならない」というメッセージが感じられる。それは一九六〇年代の若い活動家の心に、より強く響いていたかもしれない。

男女共同活動の別の例として、農民と非人の生活を少しでもよくするために、また、農民・非人の労働の成果を奪う武士階級の支配力を緩めるために努力している百姓「正助」が、若い百姓・非人のための勉強会を隠れて開くくだりがある（第十一章〔第三巻、二五〇ページ〕や第三十四章〔第九巻、四二ページ〕などで登場）。支配者層に抵抗するために必要な技術（読み書き能力など）と知識を学ぶのである。この勉強会に女性も積極的に参加する様子が描写されている。一九六〇年代の読者にとって、国家の中央教育機関の現場だった学校・大学の教室以外の場所で、国家の勢威と戦うために必要と思われた知識を若者が得ようとしている場面は、自分の立場の核心に関連しているように感じられただろう。とすれば、男性と一緒に勉強している女性の姿に、自分と同じ戦いに挑んでくれる「女戦士」の姿を見たかもしれない。

③男と別に働く女、男を喜ばせるために働く女

『カムイ伝』には、女性と男性が一緒に活動するシーンよりも、女性は男性と別に、別の内容の仕事をするシーンのほうが多い。例えば、農業が禁じられている非人部落では、共同作業の様子はほとんど描かれていない。第二章「カガリ」では、男たちが死んだ動物の始末や罪を犯した百姓の捕獲などをしている間、部落の女たちが百姓村を巡って施しを乞う場面がある（第一巻、一八八ページ）。

百姓村でも、女性は男性とともに従事する畑仕事以外に、女性だけで働く場面が多く描写されている。例として、第三章「剣」には、昼の間、男性と一緒に畑で働いたあと、検分で村に来る代官と役人のための宴の支度

（掃除、料理）をする女性が描かれている（第一巻、二一一ページ）。また、その役人たちが食べたり飲んだりしている間、村の若い女が踊らせられ、エンターテイナーとして働くことにもなる（第一巻、二二五ページ）。

農業でも、女だけの仕事がある。第十章「のろし」では、百姓の生活を少しでも豊かで安定したものにしたいと思っている多才な少年正助が、稲の脱穀を簡単にする「千把扱き」という農具を作って、みんなにその導入を勧める場面がある。が、集まってきた大勢の女たちによって破壊されてしまう。百姓の掟では、稲を扱くのは後家の仕事（収入源）であって、正助の農具によって仕事が失われると思ったからである。この女たちは、正助を手足や棒で殴ったり踏んだりして、彼を倒す（第三巻、二〇八ページ）。

また、現代でも多くのところで根強く「女の仕事」とされてきたことを、『カムイ伝』の女性もしている。ある村の若者組が設けた託児所で、預けられた子どもの面倒を見るのは女だけである（第五巻、一九五ページ、第八巻、一六七ページなど）。また、正助によって開始された前述の秘密の勉強会でも、先の託児所でも、いつの間にか文字を子どもたちに教える仕事は女が担当することになっている（第九巻、一九ページ、第十一巻、一二四ページなど）。いまの保育や小学教育の現場が思い浮かぶ。

このように、『カムイ伝』に登場する働く女性、活動する女性のほとんどが、料理や家事を担当する。男の前でエンターテイナーの役目を果たす。子どもの面倒を見る。子どもに初歩的なことを教える。重要ながら、どれもが慣習的な役割である。一九六〇年代の社会を変えようとしていた活動家たちが、『カムイ伝』のこのような女性たちを見たところで、女性に男性をサポートする以外の役割が見えるはずもなかっただろう。

④活躍する男を見送ったり、出迎えたり、応援したりする女

『カムイ伝』の第十七章「作造り」には、何かの罪を犯した男数人が流刑の判決を受け、船に乗せられる場面がある。波止場に見送りにきた女たち（受刑者の母や妻）が「いつまでもまっているど！」などと叫ぶ（第四巻、三

六九ページ)。第十八章「カタタガエ」では、漁に出る男たちの船を、「あんた、たのむわよ」などと言って見送る(第五巻、一〇一ページ)。次の章では、同じ漁村の女たちが、漁から帰った男たちを浜辺で迎える(第五巻、一九三ページ)。第二十二章「かくれみの」では、一揆に加わり戦いに出かけた百姓男が村に戻り、その妻が出迎えるシーンが描かれている(第六巻、七五ページ)。また、第三十五章「非常法」の一場面では、豊作・多産を願うための「梵天奉納」の祭りで、ある百姓村の女たちが、「ホデ」(ファルスの形に細工された巨大な丸太)を運ぶ若い男たちを大声で応援し、そしてその村が競争に勝ったら(つまり、ほかの村のよりも先にホデを神社の社殿に突っ込んだら)、はしゃいで喜ぶ(第九巻、一五四ページ)。

いうまでもなく、このような場面での女性の役割といえば、いまから活動する、あるいは活動した男性を待ったり心配したりサポートしたりすることだけだ。つまり危険がともなったり、体を張って成さなければならない仕事がある場合、現場に向かうのは男性である、というメッセージが含まれているといえるだろう。

⑤物として扱われる女

『カムイ伝』には、江戸時代の百姓の生活がどれだけ厳しく、百姓の立場はどれだけ弱いものだったかを示すための場面が多く含まれている。例えば、生存最低生活を送る百姓は、続く悪天候や家畜の死、農具の故障に見舞われると、収穫できる作物の量が激減し、年貢を納められなくなるおそれがあった。第二章「カガリ」では、ある百姓の馬が事故に遭い、死んでしまう。ほかにしようがなく、新しい馬を買う資金を作るため、その妻と娘を質奉公《しちぼうこう》に売る(第一巻、一八二ページ)。第十六章「谷地湯」でも、同じような理由によって、百姓の娘が売られる(第四巻、二七七ページ)。この状況下で、女性の価値は家畜や道具以下だったことがわかる。

作品にはこの「物扱い」に対して、女性が反発する場面もある。第三十章「査問」では、主人公の一人である百姓正助と彼を支持する若者たちが、集まった村民に、農具などは共用すべきものだと説得するが、抵抗に遭う。

賛成側の男が、「みんなのものは自分のものだと思えばええだ」と言えば、反対側の男は「そのりくつでいくと人のカカアも自分のものと思えっつうのと同じだ」と答える。そこである若い女が怒りだし、「なによ、わたしらは人間よ。クワや牛と一緒にする気！」と叫ぶ（第八巻、二〇七ページ）。

また別の場面では、百姓の労働の成果をもって生活を立てている人が、別の角度からこの問題をみる。第二十二章「かくれみの」では、ある山村の女たちが、城代家老の命によって牢に入られた仲間の解放を目指して、牢の前に集まる。家老は、その女らの振る舞いが無礼だ、殺してもいい、と言いだす。そこで、夢屋という商人が、「ハハハ、では、玉手の女を全部殺す気ですかのう？（略）マユ作りに女手は欠かせませんぞ」と発言する。それを聞いて、もう一人の商人、蔵屋が「いくらなんでもむちゃです！殺してしまえば元も子もなくなります！私はどうなります⁉」と焦って言う。生産者としての価値が認められ、山村の女たちの勝ちとなり、牢に入っていた仲間が解放される（第六巻、二七ページ）。

さらに、第五十一章「木の間クズシ」では、盗賊・テロ団体になった「木の間党」がある村を攻撃し、多くの女をさらう。怯えている百姓の男たちに党員が、「ヤイ出せ」「酒はどこだ！」と言う。百姓は「そんなものあるだか」「食うものさえろくにねえだぞ」と答えると、党の小頭が、「よし そんなら女どもをかっさらえ」と叫び、女たちを捕らえて、「ハハハ こいつらをたたき売りゃ酒にでも米にでもなるわさ」と言う（第十二巻、二九ページ）。同様に武力を握る男に女がさらわれ、盗品や戦利品のように扱われる場面は第四十三章（第十巻、三六一ページ）などにもあり、弱い立場にいた百姓、そして女性の無念さがしっかりと描写されている。

⑥男の性欲・支配欲の的になり、わいせつや性暴力に遭う女

この種のシーンは『カムイ伝』に多く含まれている。第三章「剣」には、非人部落の若い女とその弟が川の近くを歩いていると、いきなり石を投げつけられる。百姓村の少年数人が、「非人だ！」などと叫びながら二人を

囲む。「ヤイ。くせえぞ!」「何くってるだ? 馬の骨しゃぶってるだか?」という発言のあと、一人の少年が女の着物の裾を持ち上げて、「フフ、しりみせろ」と言い、女は「いやん!」と悲鳴をあげる。倒されて、顔が地面のほうに押し付けられる。しかしそこに主人公の一人、戦いに強いカムイという非人少年が現れ、百姓少年との揉み合いに勝つ(第一巻、二三三ページ)。社会構造が生み出した権力の差が可能にした女性への性暴行は、社会構造に縛られず、権力の差をなくそうと決めた力持ちの男によってくじかれた。

これと同じように、社会構造によって固定された権力の差が可能にしたわいせつ行為、性暴行を描くシーンの多くは、百姓の女性が被害者である。③「男と別に働く女、男を喜ばせるために働く女」にあげたのと似たような例だが、第四章「マスドリ」では、険見《けみ》をおこないに百姓村に来た藩の役人に、村の女たちが料理やお酒を出し、踊りを見せることになる。その踊りが面白くないと言う武士たちの一人が、箸を使って一人の女の着物をめくりあげて、覗き込んで笑う。もう一人の武士が太刀を抜いて女性の着物を切り裂いて、裸が見えるようにする。女性たちは村の庄屋に、「いやよ、そんなの…」「あんまりです」と苦情を言うが、「たのむ。村のためじゃ。お年貢がかるくなるもならぬも、おまえらの…」というのが庄屋の答え。結局、下着姿・半裸状態で踊らされる(第一巻、三三三ページ)。ほかにも似た内容をもつ場面が作品にあり、そのすべてで、武力・権力者の前では、何をされようが何の抵抗もできない弱い立場にいる者たちの悔しさが示されている。

また第五章「赤猫」では、ある若い、きれいな百姓女が藩主に目を付けられる。妾になるようにと説得されるが、別の男を愛しているため、「お城へあがるくらいなら、死んだほうがましです」と固く断る(第二巻、二五ページ)。そこで藩の目付(現代の警察署長のような高位役人)が動きだし、いろいろな手を使って、女の父親を年貢不納者にする。その時点でその百姓の家が「ツブレ」となり、家族全員が藩の支配する「下人」となる。女性は城で仕える女中にされ、部屋の掃除や風呂の世話をする羽目になる。ある夜、藩主が彼女がいる部屋に侵入する。抵抗するが強姦が始まる。藩主は、「下人のぶんざいで余の命令にそむくか!」と怒鳴り、女は部屋の外の番人役の武士に助けを乞うがかいなし。そのあと、女は堀に身を投げ、自殺する。運ばれた死体を見て、藩主は、「あやつめ！ 余をばかにしおって」と叫び、太刀で何度も切り付ける。また、親に死体を渡すことを禁じ、動物の死体と同様に非人に渡すようにと命じる（第二巻、五二ページ）。『カムイ伝』のこのような内容をもつほとんどの場面で、権力を握る「強い者」が、その支配下にいる「弱い者」を虐げることの一環として、男が女に性暴力をおこなうというパターンが描かれている。一九六〇年代の若い読者は、どのような思いでこういったシーンを読んだのだろう。

⑦お金目当てで、あるいは裕福な生活を得るために、男の遊び道具になる女

数はそれほど多くはないが、『カムイ伝』には、いわゆる「水商売」の女性や売春婦になった女性も描写されている。例えば、第三十八章「意図あり」には、城下町の店で浪人らしい武士（実は偽造藩札製造組の組員）が騒いだり、女と遊んだりする場面がある。浪人が女に、「さあ、飲め飲め」と言うと、「イヤンそんな」と女が答える。浪人が女を捕まえて、「笑わすねえ 酔うってがらか…　え？」と言えば、女は「バカ アン エッチ」と返す。今度は浪人が大量の藩札を投げ出して、「そら礼儀じゃ。金ならいくらでもあるんだ」と言い、店にいた多くの女たちがそれに飛び付き、拾い始める。もとの女は、「ずるい 全部あたいのよ」と叫び、浪人が「ハハハ がっつくなって」「ハハハ、金は天下のまわりもの ケチケチしたってはじまらねえ」と言う。もう一人の浪人は「どうせこんな世の中 おもしろくゆかいに行かなくちゃ」と言う。浪人たちが店を出たあと、彼らが去ったほうに向かって店の女たちが「またきてね」「愛してるー」と、大声をあげて見送る（第九巻、三五〇ページ）。

第七十二章「大白州（一）」では、京の荒れ果てた区域で働く売春婦が、酒を飲みながらふらふらと歩いて登場する。近くのボロボロの家屋から、性暴行を受けている女の悲鳴を聞いても、ただ「騒々しいねえ…」と言って通り過ぎる。後ろから男が、「まちやがれ すべため」と言って彼女をつかもうとするが、女は酒ビンで男を殴

って、「チェッ銭もねえくせに！」と怒鳴って追っ払う。謀略をめぐらせるためにやってきた日置藩の代官とその部下が通りかかると、女は、「ねえちょいとお侍さん…」と彼らに声をかける。さらに着物を開いて胸を見せて、「どう遊んでいかない」と尋ねる。何の返事もしない武士の男たちに対して腹を立てて、「チェッなんだいその目つきは」と叫び、酒ビンを投げつける。去っていく男たちに向かって、「くそ！てめえら何様だと思ってやがんでえ二度とくるなどすけべ」と怒鳴りつける（第十五巻、二〇一ページ）。

このようにお金目当てで動いている女性とは別の例が、第四十三章「木の間党」にある。ある若い百姓の女が、同じ村の男と林で密会し、抱き締め合っている。そこに藩の目付の嫡男がやってくる。百姓の男を刀の鞘で殴って気絶させ、女に着物を脱がせる。最初は怖がっていやがっていた女が、相手が目付の嫡男だとわかると、おとなしくなって彼に体を許す。つまり、高位な武士の妾になれれば、百姓のきつい生活から脱出し、豊かな暮らしが期待できると考えているわけである（実は前の第四十二章に、同じ道を歩むことになっていた百姓の女の話が出てきたばかりである）。そのあと、庄屋の屋敷の宴会のシーンで、彼女はさっそく目付の嫡男のそばにいる。暴力を受けた百姓の男に、村の人たちが「村のためだ。堪えて」などと言う（第十巻、三六七ページ）。

『カムイ伝』が描き、分析する「権力」のなかに、お金の力がある。この項の最初に登場した浪人の発言からもわかるが、「世界はお金で動いている」「お金さえあれば愉快な、安定した暮らしができる」「お金がなければ、何もできない」という考え方は、ほとんどの登場人物にとっては常識である。お金を手に入れるためなら、自分の体を利用する、自分の体を売ることとさえとがめられるはずがない行為である、と思わせるような世界が描かれている。また、社会構造的に非常に弱い立場にいた百姓層の人々の暮らしが、どれほど厳しいものだったかについては、繰り返し描かれているため、その生活から逃れるためならどのような手段を使ってもいいのではないかと思えてくる。ただし、一九六〇年代の若者からみれば、このような女性の姿のどれもが、はなはだしく因習的なものにみえただろう。

⑧いい男をものにしようとする、あるいはしたいと思う女

『カムイ伝』に登場する多くの女性は、頼りになる「いい男」と結ばれて一緒になることが生涯最大の念願、最高の幸せだと考えているようにみえる。場合によって「いい男」のイメージは異なるが（一生懸命働く男、力持ちで丈夫な男、頭が切れる男など）、女性にとって最も重要な目的はいい男の嫁などになることである、というメッセージはいろいろな場面に含まれている。

最もわかりやすい例が、多くの場面の舞台になる百姓村に暮らす、仲のいい三人の若い女性、おイネ、おサト、おフクである。最も頻繁に登場する女性のうちにも入り、多少幼く、おっちょこちょいのキャラクターで、多くの喜劇的息抜き場面で活躍する。とはいえ、決して不真面目でばからしい感じでは描かれていない。例えば、②「男と並んで働く、活動する女」で紹介した、三人と同じ村の百姓正助が開いた秘密の勉強会では、三人は初回からの参加者で、村の百姓たちや非人部落の人たちの生活を安定した、豊かなものにするための企画を成功させるために先頭に加わって活動する。しかし、それと同時に、いい男を見つけたい、いい男を夫にしたい、というこの三人の強い願望は、多くのシーンで繰り返し描写される。第十章「のろし」では、三人は畑仕事をしながら、最近別の村の若者との間に起こった争いで勝利をもたらしてくれた正助の話で盛り上がっている。おフクが「すてき！」と言えば、おサトは「だんぜんあたいのものにしよう」と言う（第三巻、一七五ページ）。次の日、正助が働いている畑に集まって、彼に話しかける。おイネ「正助さん」、おフク「あんた、まだ働いているの？」、〈三人が近寄ってくる〉、おサト「わたし、サト…」、おイネ「まだなんでしょ、夕飯？」、おフク「わたしたち、にぎりめしもってきただけど…」、〈正助がお握りを食べ始める〉、正助「ほんとにいいの…？」、おフク「いいわよ。そのためにもってきたんだもの」、おイネ「わたしはおイネよ、おぼえてて」、おイネ「あんた、女の子のこと、どう思う？」、正助「どうって…？」、おサト「好きな子いるの？」、おフク「わたしたちの中でだれがいい

とか…」、おイネ「だれかいるんでしょ、気にいった子が…？」、正助「好きって　なにが？」、おフク「ウン…にくらしい！」、おイネ「とぼけちゃって！」（第三巻、一七九ページ）。三人が正助の勉強会に参加し始めたきっかけも、彼への熱い思いだったといえる。

⑨男の活動・活躍を邪魔する、あるいは理解できないものとして扱われる女

前項では、「いい男」を自分のものにしたいという女性の願望について考察したのだが、ここでは女性のそのような気持ちが男の活動を妨げるものとして描かれた例をみる。例えば、第二十八章「雪どけ」には、前項の若い百姓女の三人組がまた登場する。正助が農業のことで考え込み落ち込んでいるとき、三人が「かわいそうだわ」「でもなやむ正助なんてのもすてき！」「このあたいの胸にだきしめてなぐさめてあげてもいいわ」と言えば、それを聞いた正助の親友である権《ごん》という男が、「ばっきゃろ！色ぐるいめ、ふざけてる場合じゃねえんだぞ！」と怒りだす（第七巻、三〇六ページ）。また少しあとで、三人が何かを持って正助のところに行こうとしていると権に見つかる。「オイ、おフク　おまえらどこへゆく…？」と権が険しい表情で尋ねれば、三人は「だってあのままじゃ…」「餓死しちまうだ」「なんにもくってねえよ」と答える。権はまた怒りだして、「だめだ、うぬらがいけばじゃまになる！」と言う（第七巻、三二七ページ）。

同じ百姓村が舞台となっている別のシーンが、第四十八章「要注意人物」にある。いろいろな災害に遭い、村人たちは大変な状況に陥っている。家畜の牛が死んで、何か手を打たなければ、ただ飢え死にするのを待つだけだと考えている一人の百姓の男が、一揆を起こすしかないと決心する。しかし彼の妻は、これが一家の大黒柱を失うことを意味していると思い、必死で止めようとする。夫の腕を引っ張るが、夫は「離せ」と言って、彼女を投げ倒して家を出る（第十一巻、二七七ページ）。

このような例には、問題の解決をめぐって必死に考え、戦うのは男性であり、活動しなければならないときが

きたら、女性は邪魔にならないように身を引くべき、という概念が潜んでいる。また、女性が重視する「恋」や「家庭」というものは、平和な時期なら尊重してもいいが、非常時となれば、活動する男はそのようなものにはかまっていられないのだ、という考え方も含まれているのだろう。

⑩愛する男に追っ払われる女

『カムイ伝』の一要素として、強くなろうとしている男性や、なんらかの修業に専念している男性が、女性とのあらゆる縁を強く拒む場面が多く見られる。そして、女性はその抵抗を押し切ろうと努力しても、結局受け入れてもらえない。

作品の中心的登場人物の一人である、非人部落の頭の娘サエサは、同じ部落の少年カムイを思っている（いうまでもなく、この人物は『カムイ伝』の主人公の一人である）。しかし、カムイは非人の社会的立場の弱さゆえや、その弱さゆえの生活苦と絶えることがない屈辱などを激しく嫌い、強くなって非人の上に立つものと戦うことを決心した者であり、サエサの思いをまったく受け入れようとしない。それどころか、作品中カムイはどの女性に対しても、興味を示すことは一度もない。繰り返して拒まれるサエサはそれでも諦めずに、熱狂的にカムイを追いかけ続ける。

第六章「斬首」に見られるサエサとカムイが初めて会う場面は、かなり激しいものである。カムイとサエサの父、横目が話している最中、木陰から見ていたサエサがカムイ目がけていきなり石を投げる。「娘のサエサじゃ。フフフ、おてんば娘でな…」と横目が彼女を紹介すると、サエサがカムイに近寄り、手に持った猫じゃらしでカムイの顔をいじりながら、「いい顔しているわね。フフフ」と言う。頭にきたカムイが足すくいをしてサエサを倒すと、彼女はカムイの顔に唾を吐きつけ、立ち上がるなり狂ったように攻撃する。カムイは彼女を容赦なく打って気絶させる（第二巻、一四五ページ）。その後、横目の指図によって、カムイと横目の部下が対決するのを木陰から眺めていたサエサは、カムイの強さを思い知る。去っていくカムイを物欲しげに見つめながら、「カムイ…」とささやく（第二巻、一五五ページ）。

二人は次の第七章「タブテ」でまた出会う。カムイは、非人や百姓の生活を惨めなものにしている権力者たち（ここでは主に武士と商人を指している）との戦いに参戦してくれる仲間を集め始める。サエサも仲間に入りたいと言って色じかけで説得しようとすると、カムイは彼女を強く打って倒す。地面に倒れているサエサを見ながら、「女になにができるんだ！」とカムイが言う（第二巻、二二八ページ）。作品中、二人の間では似たようなシーンが繰り返される。カムイへの思いがあまりにも強すぎて、サエサはときどき正気を失い、狂ったかのように見える。

サエサ以外にも、男性から拒まれる女性が何人かいる。例えば、第七十四章「海原」の一場面に、クシロという漁村の男に恋をした若い女サヨリが登場する。いろいろな苦しい思いを経験してきたクシロは、人けがないところに暮らし、鮫を狩りに海に出て、自然の力に対して戦いを挑むことに専念している。あるとき、漁村の頭であるサヨリの父に頼まれ、クシロは鮫狩りに出る。戻って代金をもらおうとするが、支払いをする際の頭の態度が失礼だったため、揉み合いが始まりそうな雰囲気となる。そこで、クシロに惚れたサヨリが心配して駆け付け、クシロにお金を素直に受け取るように説得する。娘を案じる頭は「クシロ　娘に手を出すな！ゆるさんぞ！」と言うが、クシロは、「ハハハ　鮫殺しに女はいらんわ！」と答える。その後クシロは浜を出ていくが、磯からサヨリが彼が去るのを寂しそうに眺める。

男が大きな挑戦に挑むときや重要な活動に専念しているときには、女や恋などに対する気持ちを断つべき、という概念は古くから存在し、慣例的なものであるため、『カムイ伝』の読者はこのような場面を読んでも違和感を抱いたとは思えない。少なくとも、女性は男性とともに活動し戦うべきものである、というイメージはこれらのシーンからはわいてこなかっただろう。

⑪男への愛のために自分のすべてを捧げる女、犠牲になる女

『カムイ伝』の女性像で最も多かったのが、この要素を含むものである。よく登場するパターンを単純化するなら、「女が男に惚れてしまい、自分のことはどうでもよくなり、ただひたすらにその男を思い続け、追い続ける」というものである。

例が多く、代表的なものを選ぶことさえ困難だが、まず前項で紹介した非人女性サエサの例をみたい。カムイを自分のものにすることが彼女の執念となり、どれほど厳しく断られても、どれだけ暴力をふるわれても、彼への思いが強くなっていくばかりである。修業のためにカムイが部落を離れ、遠い地に行くことになると、サエサも躊躇なく彼の後を追う。カムイが忍び（忍者）の世界に入ったと知ると、サエサは父の忠告を聞き入れようともせず、あっさりとくの一（女忍者）になることを決める（第四巻、二七三ページ、第五巻、一四三ページ）。雲水姿で現れた忍者の頭がサエサに、「おぬし、忍びとはどんなものかしっているのか？」と尋ねると、サエサは、「カムイにあえるならなんでもする！」と答える（第五巻、一五三ページ）。カムイの行方がわからなくなると、情報を得るためにあちこち走り回る。あるシーンでは、深い傷を負って倒れている男を見つける。その男が以前カムイと一緒に剣の修業をしていたと思い出したサエサは、情報を得るためにその男を看病する。父横目がその男のことを探りにきたとき、サエサは短剣をもって父に刃向かい、近寄らせない（第三巻、三四五ページ）。また別の場面では、横目とカムイが決闘する。横目が重傷を受け、命が危ない状態になる。それを知ったサエサは父のところに行くが、父を斬ったのがカムイだったと聞いたとたん、彼がまだ近くにいるかもしれないと思い、父のことを忘れ、すぐさま家から走り出て彼を探しにいく（第四巻、九八ページ）。カムイへの執念の深さによって、サエサは家を捨て、家族を捨て、危険な目に遭い、そして正気さえ失う。

物語中でサエサと同じくらい重要な人物であるもう一人の女性も似たように描かれている。それはアテナとい

う、武士階級の剣豪、元剣術師範の露木鉄山の娘で、なぎなたの名手にして隠れキリシタンである。アテナは、父の道場に剣の修業にきた笹一角という男に恋をし、死ぬまで彼のことを大事に思い続けることになる。カムイと違って、一角はアテナのことを大切に思ってはいるが、やりとげなければならない義務があるため、それを果たせるまで、女性に対する自分の気持ちにはかまっていられない状況にいる。武士の娘であるアテナはそれを理解しているため、前述の「男の活動・活躍を邪魔する、あるいは理解できないものとして扱われる女」にはなってない。その逆で、彼への思いを押し殺すことを自ら決意する。第八章「鉄山」では、アテナがサエサに、「一角さまはいま、女のことなど考える心では…」と、彼へ自分の思いを伝えないことを表明している（第二巻、三七八ページ）。

アテナの一角に対する思いはサエサが抱いているものほどは激しくないが、結局彼女も一角の後を追うために旅をし続ける。第四十一章「川ガラス」では、江戸で二人が再会する。江戸で一角は、物語のメイン舞台である日置藩の江戸上屋敷の近くを回り、辻斬りとなって仇である日置藩士を狙ったり、自分の家系を潰してしまった日置藩主を殺す機会を探ったりしている。アテナは水無月右近という浪人と一緒にその屋敷の前を通り過ぎると、物乞いの格好をしている一角を発見するが、何も言わない。右近に、「なぜことばをかけなかった」と聞かれたアテナは、「私にはあの人をとめる自信がありませぬ。（略）愛していることがその人の生き方の束縛になっては…。今のあの人から復讐を取ったらはたして生命は…」と答える（第十巻、二一九ページ）。その少しあと、ある神社の敷地内で二人がまた対面する。アテナと一緒に来た右近が、一角に、「お前を愛しているものの心は…その人の一生まで犠牲にしてもいいのか。（略）それほど価値があるのか。結局うぬは利己主義のガリガリ亡者よ」と言って、一角は「けっこう」と答える。三人が一角の滞在しているところに行って、そこでアテナと一角が直接会話を交わす。アテナが、「一角さま、私はあなたさまにお会いできただけで それだけでうれしゅうございます」。一角は、「アテナどの 右近のいうとおり拙者は手前勝手な男…。あなたの父上にもあなたにも それから拙者にいろいろ尽くしてくれた人々にも 結局何もしてあげられぬ… いやしないのだ」と言えば、アテナは、「違います あなたさまの意志も行動もあなた以外のものが支配しているのですわ。そうでなければ そうでなければ」と泣きながら答える（第十巻、二四一ページ）。

結局、一角は仇を討ちきれず、斬られて死ぬ。それでも、アテナの彼への忠実な思いは変わらない。第六十章「共鳴り（一）」では、彼女が尼の姿で登場し、日置領内に設けられた一角の墓の前で合掌している。「私にはやはりあの方の生まれた地で…」というアテナの発言から、その墓がある地に住むと決めたことがわかる（第十三巻、一二九ページ）。

このような、作品全体にわたって、少しずつ語られる例もあれば、非常に簡潔なものもある。例えば、第三章「剣」には、ある非人部落の女がほんのわずか登場する。百姓の男に惚れてしまった彼女は、非人と百姓は一緒になれないとわかり、首吊り自殺をする（第一巻、二四〇ページ）。この話はたったの二ページで終わるのだが、サエサとアテナの例と似ている。つまり、心から好きになった以上、自分の人生のすべてが、その男中心となる、というところが共通している。サエサもアテナも、物語中いろいろと活躍し、たくましく戦うこともする強い女性ではある（以下でこの点は詳しく述べる）。しかしそれも、二人にとっては、男への思いが行動の前提となっている。一九六〇年代の若い運動家の目に、このような例はどう映っていたのだろう。

⑫身内の男が犯した過ち、起こした失敗のために苦しむ、死ぬ女

『カムイ伝』の物語の焦点は、社会構造の不公平さであり、政治・経済的に無力にされた労働者階級の人々（百姓と非人）の、権力者（武士と商人）に対する反発と戦いである。繰り返し残酷に虐げられた百姓が、命がけで一揆や「打ち壊し」を起こすところが描写されている（一揆では武士が相手で、打ち壊しは商人に対するものである）。打ち壊しの場合、怒り狂った百姓が大勢で商人の屋敷に侵入し、文字どおり何もかもを打ち壊してしまい、

品物や資産を燃やしたり川底に捨てたりする。この際、百姓を苦しませた商人ばかりかその商人の家族（特に妻や娘）も被害を受けることが多い。例えば、第十一章「玉手騒動」には、数人の商人が打ち壊しに遭い、その身内の女性たちが必死に食料や着物などを守ろうとしているところが描かれている（第三巻、二六六ページ）。また、森に逃げ込んだ商人の妻や娘たちが恐怖と悲しみで泣いている姿も見られる（第三巻、二七二ページ）。第六十九章「号《さけ》び（二）」では、一揆の一環としておこなわれた打ち壊しに遭った何人かの商人の妻たちが、夫とともに裸にされ、木から吊るされたり木に縛られたりする場面がある（第十四巻、三七八ページ）。こういったシーンでは、百姓の怒りを呼び寄せたのは商人の商売のやり方だったにもかかわらず、その商人の家庭に所属する女性たちにも怒りの矛先が向くことになる。

　また、作品のところどころに、男性の行動や決断のせいで苦しむ、武家の女性も登場する。例えば、第九章「片目」では、前項にも出てきた笹一角が、親友の仇と思い込んで、ある武家へ侵入し、その武士を斬ろうとする。が、鈴という彼の娘が前に出て、「きるなら私を… そして父の話をきいてください」と言って、父をかばう。一角が躊躇することなく彼女を斬り殺すと、その父が、「一角、鈴は覚悟しておった…」という（第三巻、一八ページ）。これを聞いた一角は、落ち着いて彼の話を聞くことにし、そして彼がある目的をもってわざと一角の親友を裏切ったように見せかけていた、という事実を知る。つまり、鈴は、父のその計画のために死んでしまった、ということになる。

「仇」という概念にまつわる武士階級の女性の死は、ほかにも多く描かれている。例えば、第十四章「割り付け状」では、ある戦いで夫を斬り殺された女性が、仇を討つために息子と娘を連れて旅に出る。ある場所で、まだ幼いその息子が、「父上のかたきはどこに?」と母に聞き、彼女は、「今からそこへいくのです。武士の子です。臆するのではありません。わが遠藤家がつぶれるか残るかのだいじな時です」と言う（第四巻、一〇九ページ）。結局三人は、仇でもない者に殺される。また、第六十四章「朝霞」にある、似たような場面では、死んだ夫の妻がなぎなたを持って自ら戦おうとするが相手にかなわず、自分も一緒にいた若い息子も斬り殺される（第十三巻、三五四ページ）。ほかの例もあるが、すべて同じような結果となる。つまり、夫や父が戦いに負けてしまい、不名誉に死んだせいで、その汚名を払拭せずにいられなくなった妻や子どもたちも、死んでしまうという結末である。

⑬男の足手まといにならないように、自ら犠牲になる女、あるいは死ぬ女

第二十二章「かくれみの」では、ある百姓の男が、一揆に参加したと疑われ、引っ立てられる。拷問すれば一揆の指導者の行方を吐くかもしれない、というのが藩の役人の狙いなのである。これを見た百姓の妻は、「口をわるんじゃないよ。わたしと坊は先にいってまってるからね」と言い残して、子どもを抱いたまま崖から身を投げる（第六巻、一九ページ）。おそらく自分も子どもも捕らわれ、拷問を受けることになるだろうとわかってその行動をとった、ということになっている。もしそうなれば、一揆の指導者を守ろうとする夫の決心が弱くなるおそれがあると思い、自ら死を選んだのだ。

また、第五章でも、同じような行動をとる女性が登場する。ここでは、陰謀によって権力争いに負けてしまった武家の男たちが、死と名誉を交換に、最後の戦いの準備をしている。その準備の一つとして、あるいは一家の覚悟を示すものとして、屋敷の奥の部屋に、自決した妻と娘が倒れているのが見える（第二巻、九〇ページ）。いうまでもなく、彼女らの決断は、男たちが何の心配もなく戦えるようにするためのものだった。

このように死を選んだ女性は確かに勇敢に思われるが、こういう場面の裏には、「活動する男にとって、女は邪魔である」や、「行動する男にとって、女との縁が弱点である」という概念が潜んでいる。そういう意味では、先の⑨「男の活動・活躍を邪魔する、あるいは理解できないものとして扱われる女」の例も、これと類似している。また、⑪「男への愛のために自分のすべてを捧げる女、犠牲になる女」で紹介した、一角に対するアテナの控えめな態度も、この概念の延長線上にある。無論、「女は男とともに活動すべし」という考え方は、こういっ

たシーンからはまったく見えてこない。

⑭男の強い忠義心・決意を崩すために利用される女、男同士の戦いで利用される女

ここでは、前項にあげた女性たちが最も恐れていたことが、現実化してしまった例を紹介する。つまり、女性との縁が活動する男の弱点となり、その男の決心を弱めるための武器として使われる話である。第二十二章「かくれみの」では、ある一揆のあと、藩の兵士がそれに深く関わった百姓村の男たちを逮捕し、牢屋に入れる。しかし、拷問を受けても一揆に関する情報を漏らさない。そこで、調査を担当している城代家老が、その男たちの親族の女を捕らえるよう命じる。その女らが、村の男たちの目の前で拷問を受けることになる。牢の役人が、「やい、みろ！うぬらの娘や女房どもだ」と言って、男たちを追い込む（第六巻、二四ページ）。

またこれと少し異なるが、第四十一章「川ガラス」に、年老いた剣豪堂面六佐とその孫スミが登場する。二人は粗末な身なりをして、空腹の状態で江戸の街にたどり着く。六佐は元藩士で剣の名手だが、剣をもって奉仕することはもうしないと固く決めてきた。しかし、そのために最愛の孫スミを養うほどの経済力もない。そこで、彼の腕前を知っているある藩の江戸家老に仕事を勧められる。断りたいが、その家老の話を聞きにいった屋敷の庭で、ほかの女の子と楽しく鞠遊びをしているスミを見て、引き受けることを決心する（第十巻、二〇四ページ）。

これに似たような例は、第七十章「その後（一）」にある。ある非人部落の頭だった横目と呼ばれる男（⑩「愛する男に追っ払われる女」にも、サエサの父として登場した）が死んだあと、全国の非人大頭である弾佐衛門の使いとして、江戸の非人頭仁太夫がやってきて、横目の一番弟子だったキギスをその部落の次期非人頭に任命する。しかし、非人頭に課せられた仕事を激しく嫌っていたキギスは、それを断りたい。そこで仁太夫は、キギスが抱いているナナという女への強い愛情を利用し、「ナナさん親子をほうっておくのか」という不明瞭な脅迫をもって攻める。そのせいでキギスは任務を引き受ける（第十五巻、六〇ページ）。

最も残酷な例では、男性が立てた策略や陰謀を成功させるために、女性が粗末に利用される。そして、その例の多くは、『カムイ伝』のメイン舞台である日置藩に起こっている階級闘争と深く関係している。例えば、第二十三章「助命金」には、社会構造の仕組みによって敵同士の立場にいるはずの百姓と非人が仲よく一緒に行動をとっていることが、藩の目付などにばれてしまう。その間柄をまた悪くするために、目付所の手先である横目が考え付いた計画が実行される。まず、部下にある百姓の女を強姦させる。そして、犯人は非人だったかのように、偽物の証拠を現場に残す（第六巻、一六〇ページ）。しばらくの間この策略が見事に成功する。

また第六十四章「朝霞」にも、同じ目的をもつ、同じような策が横目によっておこなわれる。ある日、百姓村に設けられた、百姓の子どもも非人の子どもも通う託児所で子どもの面倒を見る女二人が、子どもたちを池に連れていって、水遊びをさせている。突然、子どもたちが水難に遭う。二人の女は池に飛び込んで子どもたちを救おうとするが、一人の非人の男子が溺れてしまう。実は、水の下に潜っていた横目が、彼の足を引っ張って溺死させたのだ。現場に駆け付けてきた死んだ子どもの両親が、悲しみながら怒りだす。彼は非人の子だったから助けなかったにちがいないという。夜になると、死んだ子どもと仲がよかった百姓の女の子が、池のそばで彼の死を悲しんでいる。すると突然、水の下で待っていた横目（あるいは横目の部下）が、彼女を池に引っ張り込んで、溺死させる。無論、非人の誰かが復讐するためにやったことと百姓に思わせるのが横目の策略である。また、託児所で子どもの面倒を見ていた一人の女が、横目の部下に強姦され、殺される。これもまた、復讐として非人がやったことに見せかけられる。横目の計画が成功し、次の日、集まった百姓が非人の部落を攻撃に出かける（第十三巻、三七〇ページ）。

⑮男を心配し、危険から守ろうとする女

ここまで紹介した例の多くからもわかることだが、『カムイ伝』に登場する女性のほとんどが、自分から何かの目的に向かって活動しているのではなく、ただ受動的に事件に巻き込まれたり、事の成り行きに流されたりする。また、男性が命がけで活動しているかたわらで、その男たちの安否などを心配する女性も数多く描かれている。

最もよく登場する女性の一人である非人部落のナナという人物も、誰よりも積極的に活動し、社会の上に立つ権力者と必死で戦っている二人の男性と深い縁をもちながら（ナナはカムイの姉で、百姓の正助の嫁である）、やはり同じように描写されている。例えば、第五章「赤猫」では、まだ幼いカムイが上位の人間に堂々たる態度を見せようとするとき、ナナはあわてて彼に目立たないようにと説得する（第二巻、二八ページ）。第六章「斬首」では、手配人となってしまったカムイに、逃走をやめるようにとまた説得しようとするが、聞き入れてもらえない（第二巻、一九三ページ）。少しあと、食料が不足していた非人部落に肉を届けようと、カムイが密猟をし始める。彼の仲間の一人が捕らえられたとき、ナナはカムイのところに駆け付け、その情報を教える。「タブテがつかまったのよ。まさかあんたも…。（略）ね、ちがうでしょ!? もしいっしょにやったんだったら…！」とカムイに言うのだが、その行動の必要性については何も考えず、ただひたすらに彼のことを心配しているだけなのは明らかである（第二巻、二八一ページ）。

ナナは誰に対しても非常に心の優しい女性として、作品全体にわたって描かれている人物なので、このような振る舞いや反応は自然であり、当然なことである。またこういう女性であるため、すべての人から深く愛されている。例えば第十一章「玉手騒動」では、一揆の指揮者だった男が、身を隠すために非人に化けて、ナナの部落にやってくる。子どもたちが彼のことをからかったり、いじめたりし始めると、ナナがそれを止めようとする（第三巻、三二〇ページ）。また、非人生活に慣れていないこの男のために、食事の準備などしてやる（第三巻、三五八ページ）。当然、この男にとって、ナナは女神のような人に見え、彼は一生彼女を大切に思うことになる。

似たような例は『カムイ伝』に非常に多く見られる。ナナ以外にも、このように男性の心配をし、できるだけ危険から守ろうと、男の苦労を癒そうとする女性が登場する。こういう行為は、この作品が描き出す女性の役割の一つを示すものであることは確かである。

⑯男の苦しみや死を悲しみ嘆く女

『カムイ伝』では、社会構造（身分制度など）によって虐げられた人々のために行動する男性の多くは、遅かれ早かれ藩当局に捕らえられ、厳しい罰を受けることになる。数々の場面で、その立場に陥った男性の苦しみや死を悲しむ女性のことが描かれている。

例えば、第七十章「その後（一）」では、大規模な一揆を成功させた集団の男たちが、出頭することを決める。そうすれば、江戸にいる幕府の家老たちに、藩内の状況や不正について直接、または正式に訴えることができる、と考えている。無論、その目的を果たせたとしても死刑に処せられる、というのも覚悟のうえのことである。そして、第七十三章「大白州（二）」には、篭に閉じ込められている男たちが、江戸に連れていかれる場面がある。その列が道を通るとき、近くの百姓村や非人部落から集まった人々のなかに、多くの女たちもいる。夫の名前を叫んだりして深く悲しむ。多くの人が、篭に向かい、なかに閉じ込められているのが人間ではなく、菩薩や神だと思っているかのように、その名前を神格化し、「五郎大権現さま」や「正助大明神」などと叫びながら拝む。寒いので、女たちが自分の着物を脱いで、篭の上にそれを掛けようとする。列が去ったあと、半裸になった女が崩れ落ち、嘆く（第十五巻、二三四ページ）。あとで、江戸からこの男たちの首が戻され、さらされる。その首を見にいく人のなかに、悲しんで泣き崩れる女性も描写されている（第十五巻、二九〇ページ）。

⑰男の看病をする女

戦う男、危険な仕事をする男に関わる女性の最も因習的・慣例的な役割を言えば、その男たちのけがや病気などを看病することだろう。『カムイ伝』でも、活動する男たちを介抱することが、女たちの重要な役割である。

第十五章「赤目」に出てくる例は、特に印象的なものである。二人の武士が、身を隠すため、ナナ（⑮「男を心配し、危険から守ろうとする女」を参照）が住む非人部落に連れてこられる。けがや疲労で弱っているので、ナナが二人の介抱をする。また、武士の生活しか知らないその二人が非人暮らしに慣れるように、彼女が優しく指導してやる（第四巻、一三八ページ）。しかし、時間がたっても、武士の誇りを捨てきれない二人にとって、非人の暮らしは苦しすぎて、なかなか立ち直れない。特に、非人が食べなければならない食べ物は、汚くて食べられない。それを見たナナが心配して、特別に雑煮を作る。が、渡そうとすると、一人の武士がそれを彼女の手から払う。熱い汁がナナの顔にかかり、彼女がやけどを負う（第四巻、一六九ページ）。それを見て怒った部落の男は、後日、その武士を連れて百姓村を見下ろせる高台に行く。そこから、侮辱されながら物乞いをしているナナの姿が見える。ナナが、「なんでもします。部落には病人で動けない者もいるのです」と百姓の男たちに言うと、その一人は、「ハハハ、なんでもするとよ」と言い、もう一人は、「なら、四つばいになって犬のまねをしろ」と言う。ナナは躊躇なくこの指示に従う。百姓の二人が、「ハハハ、うめえもんだ」「けつの感じがよくでてら」と喜ぶ。非人男性が、「みたか？ 非人は生きるためにああしているのだ。ナナさんが毎日、うぬに少しでも食べさせようとして届ける雑煮は、ああやってできるのだ」と武士に教える。これを見た武士は、そのあと何があっても、苦しみを耐えようと決心する（第四巻、一七七ページ）。

この場面のあと、ナナの看病によって健康になり、力がつき、闘志もわいてきたこの武士は、力なき労働者（百姓と非人）のために大活躍をすることになる。もし、「前線で戦う男を、戦えるように養う」のが『カムイ伝』が推奨している女性が果たせる役割の一つだとすれば、ナナは大手柄を立てた、ということになるだろう。

⑱男に救われる女、男が救おうとする女

第二十章「つぼみ」には、アケミという若い百姓の女が登場する。父が死んで、母も病気で寝たきりになり、ツブレ（年貢を納められない者）になる危機に瀕している一家を救うために、アケミが一人で一生懸命家の田んぼをこしらえようとする。そこに権という力持ちの若い男が助けにくるが、二人がかりでもすべての仕事を終えることは無理である。正助がそれを知り、近くの非人部落の子どもたちに田植えを頼み、仕事はすぐ終わる。アケミが強く感謝し、快くみんなに麦を与える（第五巻、二四〇ページ）。

第二十五章「掟返し」では、百姓と非人の共同性を高めるためにいろいろな活動をしてきた正助が、身分制度の規則を犯した罪で藩の役人に逮捕され、牢屋に入れられる。逮捕された一つの原因は、百姓と非人の交流に関する厳しい掟を無視し、非人の女ナナ（カムイの姉）と夫婦関係になったことである。牢屋で拷問を受けてもなかなか反省しない正助の意志力を砕くために、目付所の役人によって、ナナも逮捕される（これは、⑭「男の強い忠義心・決意を崩すために利用される女、男同士の戦いで利用される女」の一例にもなる）。杭に縛られ、日照りにさらされることになり苦しむが、正助の百姓村と自分の部落の人々にいろいろと助けられる。前の第二十三章「助命金」では、目付の命令でナナを強姦した男連中がまた来て同じことをしようとするが、村と部落の男たちに捕まり、打ちのめされる（第六巻、三二〇ページ）。そのあとにも、縛られているナナに藩の兵士が寄ってきて、その一人が、「なかなかのしろものじゃねえか…。どうだひとつからかってやるか」と言い、触ろうとするが、百姓村の男たちと非人部落の少年たちに守られる（第六巻、三四五ページ）。

また、第二十九章「怒濤」では、キクという若い女が、隠れキリシタンであることが藩の役人に発覚し、逮捕される。実は、このキクは、藩の経済力を衰えさせようとしている夢屋という商人の養女であり、逮捕すれば夢屋をおとなしくさせられるだろうと思って目付所が動いたのである（したがって、キクは⑭「男同士の戦いで利用される女」の例にもあてはまる）。夢屋とともに活動している赤目という、幕府の忍者隊から命がけで抜けた忍びが、キクを助け出すため牢に忍び込む。が、キクはほかのキリシタンの女と一緒にとどまり、逃げないという。女たちの一人が、「いま私たちは神の試練にたえているのです」と説明する。あきれた赤目が眠り薬を撒いてみんなを眠らせてしまい、意識を失ったキクを連れ出す。そのあと赤目はキクに、「わしと遠いところへいって住まんか⁉」と頼むが、断られる。死を意味しているにもかかわらず、キクは残るという。その理由について、「私も自分の意志に生きたいのです。どのような者もだれも… 私の心 私の信仰を奪い支配することはできないのです。たとえ死ぬようなことがあっても それが私の生きているという証拠なのです。そのためにはどのような責め苦や迫害もおそれませぬ… 私の生きがいなのです」と言う。そして最後に、「皆のところに帰ります」と言って、牢に戻る。その後、厳しい拷問を受けた末、火あぶりの刑を受けそうになるが、赤目とほかの二人の男によって、またも無理やり救われる(第八巻、七一ページ)。

このような例からわかることは、『カムイ伝』で権力者に対して必死で戦う男性にとっては、女性はともに戦ってくれる同士ではなく、戦いの付随的損害を受けやすい被害者であり、危険から守らなければならない対象である。女性自身がたとえ守られたくなくとも、無理やりでも守るべきものなのである。

⑲自分を守るために男を動かす女、あるいは男を信用しない女

ここまでは、どちらかというと受け身の立場にいる女性を多く紹介してきたが、⑩「愛する男に追っ払われる女」のサエサや、前項のキクのように、積極的に動く女性もたくさん描かれている。

例えば、前項にも登場した百姓の女性のアケミも、その一人である。父を亡くし、病気の母を抱えている彼女にとって、力強い男性を婿として迎えなければ、家系が潰れてしまい、自分も母も「下人」(土地をもたず他人の下で働かなければならない、奴隷に近い百姓)になってしまう。そうなれば、若い女性であるアケミの場合、上の人間の遊び相手にされるか、売られてしまうおそれが大いにある、というのはほかの例からもわかる(⑤「物として扱われる女」と⑥「男の性欲・支配欲の的になり、わいせつや性暴力に遭う女」を参照)。

運がいいことに、前項の例でもアケミを助けた権という若くて強い男が、アケミのことを好きになる。ただし、問題がある。権は長男であるため、婿入り婚はできない身なのである。第三十章「査問」では、人けがない池のそばでアケミが、はっきりとした答えをくれない権を攻める。権が、いろいろな案を考えているから待ってほしいと言うと、アケミは、「そんなことあてになんかなるもんか！」と反発する。「それじゃおまえは　わしら若者組がやってることを信じられねえだか！」と権が怒って聞くと、「だけど私の家はどうなるの　ずうっと続いてきた私の家は…」と返す。権「おめえ　なにいってるだ。正助をみろ　ナナさんだって…」、アケミ「フン、あたしゃナナじゃないからね、そんなのがまんできない！」。アケミが権から離れて、池に立って着物を脱ぎ、権に裸を見せる。「ゴン、どうしたの。わたしがほしくないの？　男だったらだいてごらん。（略）きょうははっきりした返事をきかせて！　さもないと、あたいはムコをもらうしかないのよ！」と権に言う。そこで、別の百姓村の若大将、五郎が登場する。権が彼を見てアケミに、「ムコの話というのは　こいつのことか…」と聞けば、アケミは、「そうよ。どっちにするの（略）あんたの返事ひとつできまるのよ」と答える（第八巻、二二三ページ）。

結局、権はアケミの要求に応えられず、彼女はこの五郎と結婚することになる。第三十二章「不穏」では、権が開拓されたばかりの新田を眺めながら独り言を言う場面がある。「この新開地には今まで田畑をもてなかった下人や次男三男たちが一人前の百姓として移ってくる。（略）そのときはおれもアケミもここで…。新しい大地に新しい作物がみのり…。おれたちの子どもが育つ…。（略）だがやつは待てなかった…。信じられなかっただ。おれたちの力を…　若者組の力を信じられなかっただ」と恨めしそうに語る（第八巻、三二九ページ）。アケミは確かに、自分と自分の家族の安泰を危うくする難問を解決するために積極的に、そして必死に動いていたのだが、『カムイ伝』では彼女の努力は評価されていないようである。

数はさほど多くはないが、別の例もある。例えば、第六十七章「第三の領主」では、検分で百姓村に来た武士二人が、その村の二人の女を見て性欲がわいてくる場面がある。男の一人が女のところに行って、捕まえ、体を触りながら、近くの民家へ引き入れようとする。強姦されそうなところで、女性は武士をとめて、用足しにいかなければいけないと訴える。便所に行って、そこの桶に溜めてあった糞尿を頭から被り、出る。武士のほうに手を差し出しながら、女性が、「アーン　落ちちゃった…」と言い、近寄ろうとする。武士は、「ウッ　こ、こらち、近よるな」とあわてながら言って、逃げる。二人の武士が去ったあとを見て、女性は舌を出して笑う。寄ってきた別の女もクスクスと笑う（第十四巻、二二六ページ）。前出のアケミの話とずいぶん違いはあるが、男から自分を守るために男を動かす女性の例としては、申し分ないと思われる。

⑳辱めて男を動かす女、ちゃかして男に屈辱を与える女

前述の⑱「男に救われる女、男が救おうとする女」では、杭に縛られ日照りにさらされた非人のナナのところに、前に彼女を強姦した男の集団が寄ってきて、また同じようなことをしようとする場面を紹介した。そこでは、その男らはナナを守りにきた男たちによって逆に暴力を受けたところで話が終わったが、実はその後、男らは杭に縛られ、性器にカニが好む液体を塗られて、カニの餌食にされるところまで場面が続く。そして、同じ第二十五章「掟返し」の少し進んだところに、この男たちがまた登場する。今度は、⑧「いい男をものにしようとする、あるいはしたいと思う女」などで紹介した、いつも一緒にいる三人の若い女（おイネ、おサト、おフク）の畑の前を、この男たちがぼろぼろの姿で通り過ぎる。三人は、「ヨーヨー、そこへいくのチギレのあんちゃんらでねえかや」「どうだ、その後のぐええは…?」「カニには気いつけろよや」と笑いながらちゃかす。惨めな表情を浮かべて男たちは、「ちきしょう…」「あんなおかめにまで…」「なさけね…」と言い合う。彼らにとって、女性にからかわれることが何よりの侮辱なのである（第六巻、三四八ページ）。

また、第六十二章「見分」では、いろいろな活動によってだんだんと豊かになってきた百姓村の村民たちが深刻に話し合っている場面がある。実は、開拓したばかりの新田や綿畑が、幕府の役人によって検分されることに

なったのである。せっかく再び土地をもてるようになり、下人から本百姓に戻れた人たちが、もしかしたら検分後に下人に戻され、自分で開拓した土地で小作人や下人として働く羽目になるかもしれないので、対策を打とうと話し合っているところが描写されている。ところが、のんき屋の元下人の一人が、「ヘン おらは はあ ごめんだ」と言うので周りの者たちに、「こめんだと このぬけ作 土地がなけりゃどうする気だ」「しまいにまた元の下人にもどるだぞ」と怒られる。やっと問題の重大さがわかってきた元下人が、自分の妻に、「かあちゃん どうすべえ」と心配そうに聞くと、彼女が怒り、「どうするだじゃないよ 日頃強そうなこといって あんた男なんだろう、そいつの好きにさせとく気かい！」と彼を責める（第十三巻、二二三ページ）。女性が男性より賢明で活動的であるという、『カムイ伝』では非常に珍しい例である。

㉑男が率いる組織・グループの計画を実行するために働く女、苦しむ女、または死ぬ女

『カムイ伝』には、さまざまな目的をもって男性が統制する組織の一員になり、あるいは一時的にその組織に協力する女性も登場する。

例えば、⑪「男への愛のために自分のすべてを捧げる女、犠牲になる女」でも紹介したように、非人部落の頭である横目の娘サエサが、幕府のためにはたらく忍者隊に入る。彼女がその組織がおこなう作戦や計画を進める工作員になったことは、いくつもの場面から確認できる。その例の一つとして、第二十二章「かくれみの」には、その忍者隊の頭がサエサに、ある人物を見張るようにと任務を与え、彼女がその命令に従うところが描かれている（第六巻、三四ページ）。

またこの活動とは別に、サエサはときどき父・横目が率いる藩の目付所などの手先としても動く、非人から成る「秘密警察」の役割を果たすグループの作戦にも協力する。例えば、第四十八章「要注意人物」と第四十九章「月の輪」では、藩役所の人々が、百姓と非人の抵抗や反乱を引き起こしている男、正助の行方を必死に探って

いる。横目に頼まれたサエサが正助を探し出し、捕らえようとする（第十一巻、二四六、二八四、三〇二ページ）。しかしいずれの場合でも、サエサにとっては、忍者隊の目的が何であろうが、父の目的が何であろうが、どうでもいいことなのである。サエサ自身の目的は、いつもただ一つ、カムイのあとを追うこと。忍者部隊の隊員としてはたらけば、いつかは同じ部隊の忍びであるカムイに出会えると考えていた。のちにカムイがその部隊を抜け、もとの仲間に追われるようになってからは、カムイを追跡している部隊の一員として動けば、彼の居場所にたどり着く可能性が高い、と考えを改め、忍びとして活躍し続ける（無論、カムイを見つけても、彼を忍者隊に渡すつもりはない）。父に協力したときも、動機は同じだった。実をいえば、その父も、サエサのカムイへの気持ちを利用して、彼女を動かしたのである。カムイの姉であるナナと夫婦関係にある正助ならば、カムイの行方について何か知っているかもしれないと横目がサエサに言ったことから、サエサが正助を探し始めたのである（第十一巻、二四八ページ）。

しかし、サエサは例としてはいささか極端である。男性が率いる組織やグループに協力するほかの女性は、そのグループが目指している目的を重要だと思っているし、その組織の活動の成功を本気で願っている。最もわかりやすい例は、百姓の正助が開いた勉強会に参加した若い女性（②「男と並んで働く、活動する女」を参照）や、正助のアイデアを実現するために動く百姓村の若者組と一緒に活動する若い女性（第八巻、二〇六ページなど）である。

㉒活動する男を支えるため、危険な役割を引き受ける女

『カムイ伝』のなかに、物語のメイン舞台である日置藩から大勢の百姓と非人が去り、別の藩に移るくだりがある。そこで、男性たちは鉱山で働く下人（奴隷に同等）にされることになってしまう。第五十七章「山盗り（一）」では、抜け山を試みた百姓の正助が、逃走中に川で流され、意識を失う。気がつくと、山の近くの百姓村

の家のなかにいて、その家族の娘である妙という若い女性に発見され、助けられたことがわかる。その後、村の人々が集まったところで、正助が鉱山のひどさを訴え、山にいる者を助けなければ、とみんなを説得している最中、村の庄屋と役人が来るとわかってみんなが正助を隠す。そして妙と一人の男がヒョットコとオタフクの面をかぶり、踊り始め、庄屋たちが入ってくると、ただ早めの夏祭りで集まっただけだ、と偽る。危機が去ってからまた出てきた正助が、妙に、「これで二度助けられたことになるな」と言う。また、このあと、正助が目立たないように村を出られるように、妙が道案内をしてやる。正助に惚れてしまった妙が、「あんた好きな人があるの」と尋ねると、正助は嫁も子どももいることを告げる。彼が去っていった方向を、妙は切なそうに眺める（第十二巻、三四〇ページ）。

その後、山抜けに成功した日置領の百姓と非人たちはもとの地に戻り、妙と兄とともに訪れ、そこの村民となる。妙は新しい土地でも、権力者と戦う百姓と非人たちをサポートし続ける。第六十五章「カンダチ」でも、男性を守るために一芝居を打つ。ここでは、一揆を指導していた男連中が、森を通って逃れようとするが、藩役所の兵士の部隊に見つけられてしまい、森のなかにある金精神の社に参る途中である、と偽りの口実を述べる。すると布の下から全裸の妙が現れ、トランス状態に陥っているふりをして、自分の体をなでたりする。村の男たちが彼女に向かって拝み始め、「オオ 神様のおこしじゃ」「ああ 尊きかな」「ありがたや ありがたや」と言う。そして兵士に向かって、「神マイリと申しまして年頃になってもまだ月のものをみぬ乙女を夜参りさせるのです。（略）今ちょうど男神があの娘をおとずれ情交をなされておるのです」と説明をする。部隊が去ってから、男たちが彼女に、「妙 少しやりすぎだぞ」と言えば、妙が、「冗談じゃないよもし見抜かれてごらん みんなパクられちまうだよ」と返す。そこで別の男が、「娘さん ありがとうよ。よく救うて下された」と礼を言うと、妙は、「ハハ あたいも満更ではないよね 女に生まれて こりゃ良かったかな」と笑いながら言う（第十四巻、八四ページ）。

また第六十七章「第三の領主」には、一揆を計画している日置領中の男たちが一カ所に集まって相談会を開きたいのに、非人頭の横目とその部下の見張りが厳しすぎて、なかなか実現できないというくだりがある。そこで、いくつもの農村の女たちが同時に動きだす。見張っている者の目を男たちからそらせるため、わざと怪しい動きを見せながら、各村から少しずつ離れた温泉に集まる。監察中の横目が彼女らを見て、「ウーム 北からも十組。しかし全部女ってえのは初めてだ」と不思議そうに言い、彼の部下の一人は、「こりゃ新戦術ですぜ 奴らめ」と言う。こうして、女性たちが横目らの目を引いている間、村・部落の男たちが別のところで無事相談会を開く。温泉に着いた女たちは、服を脱いで湯に飛び込んで、「久しぶりじゃのう」「わしら働きづめの百姓女にとっちゃ湯治ちゃあなんたってえ」「ほんまに骨休めじゃ」「アアー ええ気持ちじゃのう」「これで酒でもあってグーッとなあ」「ついでに男か…」などと会話を交わす（第十四巻、一七八ページ）。彼女らも妙も直接に戦ってはいないが、危険な役割を果たしながら、権力者と対立している男性が自由に活動できるように支援している。

㉓女の強さ、活動力・意志力を訴える女

前項では、百姓女性の妙が男たちを助けてから、「あたいも満更ではないよね 女に生まれて こりゃ良かったかな」と述べている。これは、自分は女だから、労働者階級の生活を苦しいものにしている武士や商人に対抗している男たちと同じような活動はしていないが、それでもその戦いには役立っている、という考えを示している。そして、女には、女でなければできない仕事もあるのだ、と主張しているのだろう。『カムイ伝』のほかの場面でも、女性特有の強さ、女ならではの決心が語られる。

もう一つの例は武士階級の若い女性、剣豪露木鉄山の娘アテナである（⑪「男への愛のために自分のすべてを捧げる女、犠牲になる女」に登場した）。元剣術師範役の父の影響もあり、彼女はなぎなたの名手として登場する。道場で恐ろしく強い男性と対決し、勝つところが数回、描かれている（この点を、次の項で取り上げる）。第十三章

「霞ぎり」では、アテナの試合を見たカムイが、その際彼女が披露したなぎなたの妙技の伝授を頼む。アテナがそれを教えてやると、重要なヒントをもらったカムイがその場で自分の新しい秘剣を生み出す（第四巻、二二ページ）。その秘剣を身につけたカムイは、以前と比べものにならないほど強くなり、武士階級の権力や幕府の勢威を維持させるために戦う相手（幕府の忍者隊の忍びや非人頭が率いる秘密組織の工作員など）とはじめて対決できるようになる。『カムイ伝』で描かれている十七世紀中・後期では、なぎなたは主に女性の武具だった（室町時代までは男性も利用していたが、そのあとは槍に変わる）。つまり、アテナの武術は女特有の武術であり、彼女の強さは男にはない、女特有の強さである、ということになる。女性にしか存在しない「強さ」を得て、カムイがより熟練した、より強力な戦士になれたのである。

第二十一章「風《シナド》のトエラ」で女性の決断力について語るのは、まだ子どもである少女コダマである。男の子の格好をし、男のように振る舞うコダマは、百姓の男の子ツムジとけんかをするが、仲直りをした二人は、夢を語り合い始める。ツムジが、「仙人になる」と言うと、コダマが、「じゃ、あたい仙人のおよめになるかな」ときっぱりと言う。これに対して、ツムジが、「ばかこくでね。仙人によめさんがあってたまっかよ」と言い切る。コダマは、「ヘン！　じゃあ　あたいは女仙人になるだ」と言い返すと、「ババアの仙人なんて、きいたことねえよ」とツムジがちゃかす。コダマが、「なかったら、あたいの代からはじまるだよ」と話を終わらせる（第五巻、三三四ページ）。幼すぎて、人間社会の慣例主義性の強さ、因習尊重の重さについてまだ知る由もないが、それでも、女だからといって、なれないものはない、という彼女の純粋な信念は強く鳴り響く。

コダマの決意は、男の子への思いによる条件反応にすぎない、という意見もあるかもしれないが、第二十九章「怒濤」で登場する女性キクの決心にはそのような影はみじんもない。⑱「男に救われる女、男が救おうとする女」にもあるように、彼女は隠れキリシタンであることが藩の役人に発覚し、牢に入れられる。そこに元幕府忍者隊員である赤目という男が来て、キクを救出しようとするが、キクはそれを断る。ほかの隠れキリシタンの女性とともに神から与えられた試練を受け続ける、と断言する。納得いかない赤目が無理やり彼女を連れ出すと、キクは、自分の意志に生きたい、そのためには迫害も恐れない、と言って牢に戻る。キクのこの行為は、男への愛情ではなく宗教的信念による条件反応である、という見方があるかもしれないが、それでもやはり、すさまじい決断力である。

最後に例としてあげたいのは、第五十七章「山盗り（一）」にある、⑱「男に救われる女、男が救おうとする女」と⑲「自分を守るために男を動かす女、あるいは男を信用しない女」にも取り上げた百姓女性アケミが登場する場面である。㉒「活動する男を支えるため、危険な役割を引き受ける女」の話にも出たこのシーンでは、口置藩から脱藩し、別の藩に逃れてきた多くの百姓と非人が集まって、ある問題について論じ合っている。その問題とは、日置に帰る前に、近くの鉱山で奴隷として労働させられている仲間を救い出してみるべきか、あるいはそれをやめて、ただ日置に帰るべきか、というものである。後者に決まりそうなところでアケミが立ち上がり、「あたしは行くよ」と言うと、夫の五郎が、アケミの真の目的は鉱山にいる元恋人の権（⑲「自分を守るために男を動かす女、あるいは男を信用しない女」を参照）を救うことだと勘違いして、「ぬしゃ やっぱりゴンのことを……」と怪しむ。アケミがそれに対して、「ホホホ 見そこなったわ あんた。そんなけちくさい心で今までこのあたしを抱いてたんかい 笑わせないでおくれ 花巻村のアケミいやあ 少しは骨のある女として知られてたもんだ。フン あたしの亭主はもっと男らしい男だと思ってたんだ。あたしの勘違いだったんだね。とんだお笑い草だわ」と言って、スピーチを続ける。「今このまま村へ帰ってごらん。あんたたちは一生それを苦にして生きていくんだ。もしなんかのときに力を合わせようったって、それがいつも心の中にどす黒いシコリになって、何をやったって うまくいくもんかい。そんな生きかたをするんじゃあたしゃごめんだね。なにが「男の友情」だい。酒を飲んだときだけのざれごとかい。女にだって友情はあるんだ。人としての誇りだってあるんだ。あばよ」。そう言って、アケミは鉱山のほうへと歩きだす。夫の五郎は、「えれえ… じつにたいしたもんだ。（略）女房がその気ならこっちゃあこええもんはねえんだ」などと言って、彼女のあとを追って行く。結局、このアケミの言葉によって自分を恥じ、集まった者の多くは仲間を救うために戦うことを決心する（第十二巻、四〇四ページ）。

⑲「自分を守るために男を動かす女、あるいは男を信用しない女」では、アケミを「自分を守るために男を動かす女」の例としてあげた。ここでも、わざと面目を潰すことで男を動かしているのだが、それは自分のためではない。そしてこの場合重要なのは、アケミの男性を立ち上がらせる力というのは、女性だからこそ所有している力であることである。恐怖で躊躇し、戦いから逃れる道を探している男たちを鼻で笑い、勇敢な態度を示すのが女性である場合、『カムイ伝』の世界では影響が大きい。女がやるのに、男がやらないとは言えない。女が戦うと言っているのに、男は戦わないとはとても言えない。『カムイ伝』では、このように計算ずくで「男の面目を潰す」力も、女性特有の力の一つとなっている。

㉔武器・武芸をもって戦う女

武力をもって実際に戦う女性の例は『カムイ伝』には比較的多いが、戦う動機はさまざまで、多少整理しておきたい。ここでは、その例を三つのグループに分けて考えることにする。

最初は、いわゆる「正義のため」に戦う女性である。この例では、戦う女性が抱いている世界観や道徳観からみて、敵対者が罪を犯した者、犯罪をおこなおうとしている者、あるいは、悪いことをしたか、しようとしている者となる。つまり、相手がしようとしていることをできなくするために戦うか、してしまったことに対して罰を与えるために戦う、ということになる。

⑫「身内の男が犯した過ち、起こした失敗のために苦しむ、死ぬ女」にも登場した、夫や父を殺した男に仇を討とうとする武士の妻や娘がこの例となる。物語の三つの場面で描かれているこのような女性にとって、たとえ武器を使うことに慣れていなくても、たとえ勝ち目がまったくなくても、家門の名誉に傷をつけた者を倒さなけ

ればならない。そうしなければ、武士社会で家門の地位を保てなくなる。夫や父が殺された理由は何であれ、とにかく仇を討つべし、というのが当時の武士社会に通用した「正義」だった。

アテナも、仇討ちと類似した目的をもって戦うことがある。例えば、第十三章「霞ぎり」では、アテナが所属する、青木鉄心という剣豪の道場に、荒々しく無慈悲な浪人の風穴坊が果たし合いを求めてくる。アテナは道場主に自分が彼の相手になると言い、なぎなたの妙技を使って浪人の足と腕を切断して勝つ。試合を受けた理由として、「かつて、あの男のために兄が死にました」とアテナは説明する（第四巻、一三ページ）。

また第四十一章「川ガラス」の場面では、幕府に対する反乱を企てていた武士のグループを残酷に裏切った、道満という幕府の協力者を罰することを決心する。病人のふりをしたアテナはある寺の本堂で寝込む。そこに坊主の格好の道満が来る。二人きりになったところで、道満が自分の正体を明かし、「もっともそっちの出ようではかわいがってやらんこともない」と言ってアテナを強姦しようとする。そこに、アテナの仲間である男二人が駆け込む。戦いとなり、道満が「女！」と叫ぶが、半裸にされたアテナが一撃で道満の首を刺して殺す。そこに、アテナの仲間である男二人が駆け込む。

に向かってアテナは、「私も武士の娘です 放浪の生活がどのようなものか存じております。この男が死んでも亡くなったかたがたは戻りませぬ」と道満を殺した理由と同時に、復讐そのものの限界について語る（第十巻、二六九ページ）。

アテナが最後に登場する第六十四章「朝霞」の場面でも、彼女はなぎなたで戦う。⑭「男の強い忠義心・決意を崩すために利用される女、男同士の戦いで利用される女」の最後でも紹介したように、物語のこの部分では、仲よく協力しあうようになった日置領の百姓と非人の関係を壊し、憎しみを復活させるために、非人頭の横目とその部下がいろいろな陰謀や工作を仕掛ける。彼らの計画が成功し、ある日、百姓村の人々が集まり、非人部落を攻撃しようとする。そこへアテナがなぎなたを持って道を防いで、「一歩でも進めば斬ります。どうしても行くとなれば… この私を倒して行きなさい」と言い、彼らを必死で止めようとする。かかってきた一人の百姓を峰打ちで倒すが、陰から横目が「兜割り」（武器として投げる鉄球）で彼を殺す。死んでいる仲間を見て血眼になった百姓たちが、農具などでアテナを殺す（第十三巻、三八四ページ）。

自分が信じる「正義」のために戦う女性のほかの例として、物語の第五十一・五十三・五十四章で登場する音丸がいる。彼女は幕府の忍者隊のくの一であり、幕府の権力と権威を守るためにさまざまな場面で活躍する。『カムイ伝』では、その反対側にいる、幕府の権力を砕こうとしている人物の立場が主唱されているため、音丸は「敵側の戦士」の一人にはなるが、彼女からみれば、自分は世間の安定を保障する唯一の組織のために戦っている、という解釈になるだろう。

次の「戦う女」は、「家庭や子どもを守るため」に武器を手に取る二人の女性である。一人目は、すでに①「母親の本能で必死に動く女。また、子どもを産む能力で重視される女」で紹介した、ある百姓村の女性である。登場する場面を簡潔に要約すると、ある一揆の最中、藩の代官の兵隊が彼女の村を攻撃し、女を強姦したり、女と子どもを刺し殺したりする。彼女が強姦されているところを幼い息子が見てしまい、その犯人に飛びかかるが、剣で斬られる。それを見た女は刃物で武士の首を刺して、子どものところに飛び付く。が、刺された武士が後ろから彼女を斬り殺す（第十四巻、三三三ページ）。この母親にとって、けがをした子どもを危険から守るためならば、どのような者が相手でも、たとえ勝ち目がないとしても、反射的に戦う。

残酷さのレベルはまるで違うのだが、もう一人の例もこれに類似する。第十七章「作造り」では、赤目という幕府忍者隊の忍び（⑱「男に救われる女、男が救おうとする女」と㉓「女の強さ、活動力・意志力を訴える女」にも登場）が、その部隊から抜け出す場面が描かれている。追っ手をかわすために、人けが多い街に来て、服を盗んで町人の格好をし、泥棒騒ぎを起こそうとする。泥棒のまねをし、ある商人の家に忍び込むが、そこにおフクという大柄で頑丈そうな女房がいる。怒り狂ったおフクは赤目のことを少しも怖がらず、手足で激しく攻撃し、ぶちのめす。彼を打ちながらおフクが、「うちへはいった…からにゃ…ただでは…帰さんよ！」と言う（第四巻、三四六ページ)。コミカルな息抜きのシーンではあるが、それでもおフクが自分の家庭の平和をおびやかした者を相手に、必死に戦っていることは明らかである。

三番目の「戦う女」は、「男のため」に戦う二人の女性である。この二人が、⑪「男への愛のために自分のすべてを捧げる女、犠牲になる女」の最も重要な例になったサエサとアテナであるのは、いうまでもないだろう。アテナの場合、本項ですでに紹介した、道場での浪人風穴坊と対決する場面がまた例となる。戦いに勝ったあと、試合を挑んだ理由の一つとして、アテナが自分の兄が風穴坊に殺されたことを明かす。しかしその後も、「理由は別にもあったのです」とアテナが言う。その理由について聞かれると、アテナはただ、「ホホホ、そんなことはどうでもよいこと…」と質問をかわす(第四巻、一八ページ)。だが、理由は明らかである。もし自分が浪人の相手にならなければ、同じ道場で修業するアテナの想い人である笹一角が試合をすることになったかもしれない。恐ろしい武術を扱う風穴坊との交戦になった場合、一角が殺されるかけがを負うおそれが十分にあったのだ。そのためアテナがかわりに試合を引き受けたのである。

最後の「戦う女」の例として登場するサエサは、『カムイ伝』で最も多くの場面で武器を使う女性である。ときには自分を守るために戦うが、ほとんどの場合、彼女のカムイに対する激しい思いが戦いの動機になっている。忍びの世界で生きる非人頭の横目の娘であるサエサは、最初の登場シーンから、争いや暴力に慣れていることが明らかである。武器の扱いなどについて、父から教えられていたかもしれないが、そうした場面は物語中にはない。一方、忍びになったカムイの後を追うことを決意したサエサが、強くなるために一生懸命訓練しているところは描かれている。例えば、第十一章「玉手騒動」では、忍びの技術を身につけようと決めたサエサが、横目の一番弟子のキギスと激しい稽古をする。まだまだ弱いサエサに、キギスが、「だめだよ。いくらおまえでも。女だもん」と言えば、サエサは、「キギス、あたいを男と思って!(略)あたいは男になるんだ!」と言い、苦しみながら訓練に励む。それを観察していた横目は、「あわれなやつ… 気がつよいだけにのう…」と心のなかで呟く。サエサが、「あたいの夢はカムイよ…。きっとみつけてみせる！　そのためには強くなるんだ…　男なんかに負けるものか！」と断言する。そして、だんだんと自分の腕が上がってきていることに気づき、喜びを感じる（第三巻、三二七ページ）。

また第十九章「夢の男」で、忍びの世界に入ったサエサが、ある訓練所に来る。そこに、幕府忍者隊の小頭が現れ、サエサに、「では、なにができるかの？」と尋ねる。サエサが、「あたいを、ただの女の子と思ったら大まちがいよ」と言いながら、懐から棒手裏剣を取り出す。小頭「ホウ、手裏剣か！　やってごらん」。サエサ「手かげんしないわよ！」。小頭「ハハハ、かまわんかまわん」。サエサが投げた四本の手裏剣はすべて小頭の腕を刺すが、彼は「ハハハハ、その程度ではこたえんわい」と言いながら、平気そうにそれらを振り落とす。そこから二人の激しい対決が始まる。サエサは打たれまくるが、頑固に戦い続ける。ついに気を失ったサエサを見て、小頭が、「フフフ、さすがはやつの娘だ。ものになるな」と言う（第五巻、一五三ページ）。

このように強くなったサエサは、くの一として活躍するようになるが、彼女にとってはカムイを探し出すことが唯一の目的である。そして彼女が戦うことになるほとんどの場面には、カムイが関わっている。例えば、第八章「鉄山」では、カムイを看病していたアテナに嫉妬し、小刀でアテナを激しく攻撃する。しかし武芸の腕が上であるアテナに投げられ、「カムイはあたいのもんだよ。カムイはわたさないから！」と叫びながら逃げる（第二巻、三七五ページ）。また、第二十五章「掟返し」では、カムイを追っていた忍びの連中によって、カムイが目の前で殺されたと思い込み、悲しみと怒りで狂ったサエサは、忍びの小頭を毒を塗った短剣で刺し殺す。その後、忍び部隊の大頭が現れ、自分がカムイの始末を命じたことを明かすと、サエサは即座に手裏剣で刃向かう（第六巻、三八〇ページ）。無論、このときのサエサにとって、殺した小頭も攻撃した大頭も、自分が所属している幕府忍者隊の仲間であることはどうでもいいのである。サエサは『カムイ伝』に登場する、武器を持って男を相手に容赦なく戦う数少ない「女戦士」であるため、貴重な存在ではあるが、その半狂的な戦いぶりとカムイに対する狂気に近い愛情によって、一九六〇年代の若い運動家の読者（男女問わず）からも敬遠されたはずである。

4　『カムイ伝』の女性描写と一九六〇年代の女性運動家

一九六〇年代の学生運動に参加した若者たちは、バリケードの内側などで白土三平の作品を読んでいたとき、その物語に出てくる女性登場人物をどう思ったのだろう。もちろん、彼らが感じたことを確実に知ることはできないが、本章の冒頭でふれた当時の運動家の発言などを考えれば、推測できる部分はある。

まず、『カムイ伝』が描写する階級闘争での女性の立場と役割に関しては、何の驚きも感じなかっただろう。学生運動に加わった女性運動家にふさわしいと思われた役割――つまり前線で戦う男、活動の方針や計画を決める男、全面的に指揮権を握る男を支持し、「後援部隊」的なサポートをすること――は、『カムイ伝』の女性たちの行動と共通する。けがや病気で弱っている男を看病する（前節⑰「男の看病をする女」）。食事の用意をする（前節③「男と別に働く女、男を喜ばせるために働く女」）。力もないのにデモやバリケードなど前線で戦おうとすれば男性の迷惑になるだろうと思って控えた女学生の言葉を読み返すと、前節⑬の「男の足手まといにならないように、自らを犠牲にする」女性登場人物の姿と重なる。そもそも、学生運動に参加したほとんどの女性は、前節㉑の「男が率いる組織・グループの計画を実行するために働く女、苦しむ女、または死ぬ女」と同様の立場にいたという気がする。女子大で男の指示なしで動き、男性運動家と同様の仕事をおこなった女性運動家は確かに前節②の「男と並んで働く、活動する女」に類似するが、それでもやはり男性が指揮をとっていた活動グループの全国的同盟や連盟の影響を強く受けたため、結局のところ男女共学の大学に通っていた女学生活動家とそれほど差はなかったと思われる。そして男性運動家が計画したデモなどで、石運びや石拾いをしていた女性や、ときどき逮捕もされた女性は、前節㉒の「活動する男を支えるため、危険な役割を引き受ける女」に当てはまらなくはない。

女性の活動がこのようなものに限られたことは、女性の体力の限界や精神力の特徴に基づいた当然な「役割分担」の結果だと思っていた男性活動家は、[15]『カムイ伝』の「女性活動家」の描写に対して何の違和感ももたなかったろう。また、本章第1節で紹介した、体力の差などを理由に自分たちには後援的な活動が妥当だとあっさりと認めていた女性運動家も、『カムイ伝』のこのような場面に違和感は感じなかったのだろう。しかし、体力などの差を認めながら、やはり男性同様に活躍したい、石を投げたい、「装甲車の向こうに行きたい」「〝革命戦〟になれば、当然、私たち女も銃を持って立つ」のような意見をもっていた女性運動家は『カムイ伝』のこうした描写に対して、不満を抱き、落胆していたかもしれない。

では、積極的な活動に取り組みたかったこのような女性運動家たち（あるいは、女性のより活発な活動を望み、期待していた男性運動家たち）が、『カムイ伝』の「戦う女」が登場するシーンを見たとき、喜んだかといえば、きっとそうではなかっただろう。一つの問題は、戦う動機にある。例えば前節最後の㉔「武器・武芸をもって戦う女」で紹介したように、『カムイ伝』には「家庭や子どもを守るため」に戦う女性の例もあるが、彼女らは要するに動物のメスと同様に、本能によって戦っていたといえるだろう。それは尊敬に値する、たくましい女性に見えるかもしれないが、世界の不平等さを正すための闘争への参戦を考えていた活動家から見れば、まったく違う動機による戦いにしか見えないだろう。

では、「男のために」戦った女性、特にサエサは、運動家たちの目にはどう映っていたのだろう。戦うための技術を一生懸命身につけ、男性を相手に身を捨てるかのように激しく戦っているところは魅力的ではあるが、やはり「好きな男を我が物にする」という、自分本位の目的を乗り越えることなく戦い続けたサエサは、昔から文学作品などで描かれてきた「嫉妬に狂い危険になった」恐ろしい女性（『源氏物語』の六条御息所や『道成寺』の真名古庄司の娘などがその例となる）のように見えなくはない。

最後に残るのは、「正義のため」に戦う女性たちである。まずは、『カムイ伝』の女性のなかで最も重要な登場人物の一人であるアテナをはじめとする、仇を討つために男を相手に戦う女性だが、アテナ以外の者は、戦闘力に欠け勝ち目がないことが明らかであるにもかかわらず、恐怖感を押し殺し、勇敢に戦う姿には、確かに輝かしいところがある。ただし、『カムイ伝』では武士階級の価値観や生き方などが絶え間なく批判し続けられているため、その価値観に縛られ、「名誉」を求めて機械のように動き、自分の命も自分の幼い子どもの命も捨ててしまう彼女らは、結局哀れな存在にしか見えない。

アテナの「敵討ち」はもう少し複雑なものだった。例えば、前節の㉔「武器・武芸をもって戦う女」で紹介したように、兄を殺した男が目の前に現れた際、アテナは自らその相手になり、躊躇なく切り倒した。この行為に関して、現代のほとんどの読者は「正しい」と評価するだろう（復讐を果たすこと自体の倫理の問題に悩む人もいるかもしれないが）。しかし、前にも述べたように、この場面でアテナが戦う真の動機は愛する男性（一角）を守ることだったため、これを「正義を求める戦い」としては受け入れにくい。これと対照的な例が、アテナのもう一つの「敵討ち」である。ここでは、アテナが自ら一人で、社会的革命を目指して幕府を討とうとした反逆グループを裏切った通報者を探し出して殺した。これが同様に社会的革命を起こすために運動していた一九六〇年代の活動家の読者に、共感を呼び起こしても不思議はない。しかし、この場面にも、一つ気がかりな問題がある。それは、相手を油断させる手段として、アテナが「力がない、弱っている、抵抗できない美しい女」を演じた点である。つまり、彼女は、男性の女性に対する傲慢さと性欲を前提に作戦を練り、見事にそれに引っかかった男（つまり、防御できない美女を見て反射的に彼女を犯そうとした男）が油断したところを殺したわけである。六〇年代の運動家のなかには、人間社会の残酷なリアリティーを反映する「すばらしい戦略」とか「鋭い判断」などと評価する者もいたかもしれないが、「女の武器」（涙と体、消極性とセックス）に関するステレオタイプを永続させるものとして批判する者もいただろう。

「正義のため」に戦う女性のもう一つの例として紹介した忍者隊のくの一音丸が戦うすべての場面にも、この「性を武器に使う」要素が含まれている。一九六〇年代に「女戦士」としての活躍を夢見ていた女学生は、音丸の努力や献身ぶりを称賛したい気分だったかもしれないが、彼女の戦略に対しては、「女が戦うには、こういう手しかないのか」と落胆の気持ちを抱いたことだろう。結局、『カムイ伝』の戦う女性のなかに、学生運動に参加した女性運動家の真の見本となり、励ましとなる例は一つもなかった、ということがいえるだろう。

考察の焦点を戦わない女の描写に戻しても、慣例的でない女性の描写はなかなか見当たらない。例えば、前節⑧の「いい男をものにしようとする、あるいはしたいと思う女」では、第1節で言及された、大学に通うことを「花嫁修業」の一環として考えていた女性や、活動家の彼氏に振られたくないという理由で学生運動に参加していた女学生などが思い浮かぶ。そして何よりも、物語に登場する、男性によって構築された社会のしきたりやルールによって、男性同士の争いに巻き込まれ、男性が立てた計画や策によって、苦しみ、死に、犠牲になり、被害者になる女性登場人物の驚くべき多さが、読者を意気消沈させる。結局、『カムイ伝』が発する女性に関する最も深刻なメッセージは、「女性の役割は、苦しむことであり、苦しみを耐えることであり、苦しみを受け入れることである」ではないかとさえ思える。一九六〇年代の若者の目には、この数々の場面はどう映ったのだろう。作者の白土三平と同様に、熱烈なマルクス主義者だった者たちは、これを自然に感じていたのだろう。マルクス主義型の理論のすべてに、新世界を作るには限りなく残酷な闘争は避けられない、という概念が含まれているからだ。確かに、『カムイ伝』では、苦しむのは何も女ばかりではない。が、消極的に、受け身のままで苦しみ、犠牲になる女性が目立つ。どこか深いところに、「男性が作り出す新世界を待っていろ」という、女性に対する教訓が潜んでいるように感じられる。

一九六〇年代の日本では、これ以上の女性運動家の役割を想像することはほぼ不可能だったのかもしれない。社会的女性解放運動（いわゆるウーマン・リブ運動）がまだ本格的に開始されていなかった当時の日本(16)では、多くの女性の頭の中に、非慣例的な「活動する女」という理想はまだ存在していなかった。ましてや男性の間では、論じるべき要点としてまだ意識されていなかった。したがって、『カムイ伝』やそのほかの当時のメディア作品に、「新しい女戦士」などが描かれていなくとも、驚くことでも残念がることでもないだろう。ただし、六〇年代日本の学生運動が結局大きな成果をあげられなかった原因の一つとして、より多くの女性の参加が得られなかったことや、女性運動家の活動が活発ではなかったことを、当時の実況を見てきた社会評論家が指摘した。[17]『カムイ伝』のような、若者の間で高く評価されていたメディア作品での「活動する女」のイメージがもっと違うふうに描写されていたとしたら、それは大きな影響を及ぼしていたかもしれない。

注

（1）当時の政治経済的・社会的運動の歴史や状況については、小熊英二『一九六八――若者たちの叛乱とその背景』（上、新曜社、二〇〇九年）、同『一九六八――叛乱の終焉とその遺産』（下、新曜社、二〇〇九年）と、David E. Apter and Nagayo Sawa, *Against the State: Politics and Social Protest in Japan*, Harvard University Press, 1984 を参考にした。
（2）前掲『一九六八』下、六七五―六七七ページ
（3）同書六七七ページ
（4）同書六七九ページ
（5）同書六七八ページ
（6）同書六七八―六七九ページ
（7）七十四章からなる「カムイ伝」は、「ガロ」の創刊号である一九六四年十二月号から七一年七月号まで、七十四回にわたって掲載された。この間の「ガロ」で「カムイ伝」が掲載されなかったのは、六六年の十二月号、六八年の五

月号・十月号・十一月号、七〇年の一月号と七月号である。

（8）もう一人の創刊者は、「ガロ」を出版するために青林堂という出版社を設立し、社長兼編集者を務めた長井勝一（一九二一—九六）だった。創刊時の「ガロ」、あるいは当時の白土三平の目的などについては、ライアン・ホルムバーグの博士論文（Ryan Holmberg, *Paper Megaphone: Garo Manga, 1964-1971*, PhD Dissertation, Yale University, 2007）が詳しい。

（9）前掲『一九六八』上、八五ページ

（10）同書六〇一ページ

（11）前掲『一九六八』下、二八三ページ

（12）「月刊漫画ガロ」一九六五年十一月号、青林堂、一〇八ページ

（13）『カムイ伝』に登場する女性を考察する前学として、田中優子『カムイ伝講義』（小学館、二〇〇八年）の第十章「『カムイ伝』の女たち」がある。本章とはかなり違う角度から作品中の女性を論じているため、ここではその内容にはふれない。

（14）『カムイ伝』の定本として、白土三平『カムイ伝』（全十五巻〔小学館文庫〕、小学館、一九九五年）を用いた。以下、本文中に（巻数、ページ数）という形式で小学館文庫からの引用文の出典を示す。

（15）例えば、小熊英二の著書に次のような意見を抱く男性運動家が紹介される。「男性活動家のほうは、自覚的な差別意識などなく、役割分担だと考えているケースが多かった。六八年末に社学同委員長になった荒岱介は、雑誌の取材にたいし「女子活動家は男の仕事を補佐するという役目が多い。だから、デモの動員体制を整えたり、救助対策（逮捕された学生への差し入れやカンパ）などのウラの仕事が主になりますね」と述べている。荒がそれを差別だと思っていた気配は、この口調からは感じられない」（前掲『一九六八』下、六七八ページ）

（16）日本のウーマン・リブ運動の始まりと特徴については、前掲『一九六八』（下）の第十七章「リブと「私」」を参照のこと。

（17）Gavan McCormack, “The Student Left in Japan,” *New Left Review*, 65, January-February, 1971. この論文は、Jon

Livingston, Joe Moore and Felicia Oldfatehr eds., *Postwar Japan: 1945 to the Present*, Pantheon Books, 1973 にも所収されている。

［著者略歴］

山口ヨシ子（やまぐち・よしこ）
神奈川大学外国語学部教授
津田塾大学大学院文学研究科博士後期課程満期退学
専攻はアメリカ文学
著書に『ワーキングガールのアメリカ』『ダイムノヴェルのアメリカ』『女詐欺師たちのアメリカ』（いずれも彩流社）など

土屋和代（つちや・かずよ）
神奈川大学外国語学部准教授
カリフォルニア大学サンディエゴ校大学院歴史学研究科博士課程修了、PhD（歴史学）
専攻はアメリカ史、人種・エスニシティ研究、日米交流史
著書に *Reinventing Citizenship*（University of Minnesota Press）、共著に『流動する〈黒人〉コミュニティ』『越境する一九六〇年代』（ともに彩流社）など

村井まや子（むらい・まやこ）
神奈川大学外国語学部教授
ロンドン大学ユニヴァーシティ・カレッジ博士課程修了、PhD（比較文学）
専攻はおとぎ話、比較文学、イギリス文学
著書に *From Dog Bridegroom to Wolf Girl* (Wayne State University Press)、共著に *Angela Carter traductrice-Angela Carter en traduction* (Centre de traduction littéraire)、*Grimms' Tales around the Globe* (Wayne State University Press)など

熊谷謙介（くまがい・けんすけ）
神奈川大学外国語学部准教授
パリ＝ソルボンヌ大学博士課程修了、PhD（フランス文学）
専攻はフランス文学・文化、表象文化論
著書に *La Fête selon Mallarmé. République, catholicisme et simulacre*（L'Harmattan）、共著に『〈悪女〉と〈良女〉の身体表象』（青弓社）、共訳書に『古典ＢＬ小説集』（平凡社）など

クリスチャン・ラットクリフ
神奈川大学外国語学部准教授
イェール大学大学院東アジア言語文学学部博士課程修了、PhD（日本古典文学）
専攻は日本中世文学・文化史
共著に『和歌の文化学』（フェリス女学院大学）、論文に "The Difference between Modern Literature and Literature of Modernity in the Early Meiji Period"（「人文研究」第166号）、"The Traveling Poet as Witness"（*Proceedings of the Association for Japanese Literary Studies*, Vol. 6）など

［編者］
神奈川大学人文学研究所（かながわだいがくじんぶんがくけんきゅうしょ）

［編著者略歴］
小松原由理（こまつばら・ゆり）
神奈川大学外国語学部准教授
東京外国語大学大学院博士課程修了、博士（学術）
専攻はドイツ芸術・文化、前衛芸術思想
共著に『ジェンダー・ポリティクスを読む』（御茶の水書房）、『ドイツ文化史への招待』（大阪大学出版会）、論文に「〈女たちのフォトモンタージュ〉に向けて」（「Flaschenpost」第34号）など

神奈川大学人文学研究叢書37

〈68年《ねん》〉の性《せい》　変容する社会と「わたし」の身体

発行　2016年2月20日　第1刷
定価　3400円＋税
編者　神奈川大学人文学研究所©
編著者　小松原由理
発行者　矢野恵二
発行所　株式会社青弓社
〒101-0061 東京都千代田区三崎町3-3-4
電話 03-3265-8548（代）
http://www.seikyusha.co.jp
印刷所　三松堂
製本所　三松堂

ISBN978-4-7872-3395-0　C0036